espejo
de
españa

153

«Ni está el mañana —ni el ayer— escrito.»

ANTONIO MACHADO

El dios Ibero

1. La colección ESPEJO DE ESPAÑA, bajo el signo de Editorial Planeta, pretende aportar su colaboración, no por modesta menos decidida, al cumplimiento de una tarea que, pese a contar con tantos precedentes ilustres, día tras día se evidencia como más urgente y necesaria: el esclarecimiento de las complejas realidades peninsulares de toda índole —humanas, históricas, políticas, sociológicas, económicas...— que nos conforman individual y colectivamente, y, con preferencia, de aquellas de ayer que gravitan sobre hoy condicionando el mañana.

2. Esta aportación, a la que de manera muy especial invitamos a colaborar a los escritores de las diversas lenguas hispánicas, se articula inicialmente en siete series:

I los españoles
II biografías y memorias
III movimientos políticos, sociales y económicos
IV la historia viva
V la guerra civil
VI la España de la posguerra
VII testigos del futuro

Con ellas, y con las que en lo sucesivo se crea oportuno incorporar, aspiramos a traducir en realidades el propósito que nos anima.

3. Bueno será, sin embargo, advertir —puesto que no se pretende engañar a nadie— que somos conscientes de cuantas circunstancias nos limitan. Así, por ejemplo, en su deseo de suplir una bibliografía inexistente muchas veces, que cabe confiar estudios posteriores completen y enriquezcan, ESPEJO DE ESPAÑA en algunos casos sólo podrá intentar, *aquí* y *ahora*, una aproximación —sin falseamiento, por descontado, de cuanto se explique o interprete— a los temas propuestos, pero permítasenos pensar, a fuer de posibilistas, que tal vez los logros futuros se fundamentan ya en las tentativas presentes sin solución de continuidad.

4. Al texto de los autores que en cada caso se eligen por su idoneidad manifiesta para el tratamiento de los temas seleccionados, la colección incorpora un muy abundante material gráfico, no, obviamente, por razones estéticas, sino en función de su interés documental, y, cuando la obra lo requiere, tablas cronológicas, cuadros sinópticos y todos aquellos elementos que pueden complementarlo eficazmente. Se trata, en definitiva, de que cada uno de los títulos, en su unidad texto-imagen, responda a la voluntad de testimonio que preside las diversas series.

5. Sería ingenuo desconocer, empero, que este ESPEJO que, acogido a la definición que Stendhal aplicara a la novela, pretendemos pasear a lo largo del camino, según se proyecte a su izquierda o a su derecha recogerá, sin duda, sobre los mismos hombres, sobre los mismos hechos y sobre las mismas ideas, imágenes diversas y hasta contrapuestas. Nada más natural y deseable. La colección integra, sin que ello presuponga identificación con una u otra tendencia, obras y autores de plural ideología, consecuente con el principio de que ser liberal presupone estar siempre dispuesto a admitir que *el otro* puede tener razón. Aspiramos a crear un ágora de libre acceso, cerrada, única excepción, para quienes frente a la dialéctica de la palabra preconicen, aunque sólo sea por escrito, la dialéctica de la pistola.

6. Y si en algunas ocasiones la estampa que ESPEJO DE ESPAÑA nos ofrezca hiere nuestra sensibilidad o conturba nuestra visión convencional, unamos nuestra voluntad de reforma a la voluntad de testimonio antes aludida y recordemos la vigencia de lo dicho por Quevedo: «Arrojar la cara importa, que el espejo no hay de qué.»

RAFAEL BORRÀS BETRIU
Director

Diciembre de 1973.

Emilio Romero

Un desnudo de la Historia

Emilio Romero

Un desnudo de la Historia

EDITORIAL PLANETA BARCELONA

ESPEJO DE ESPAÑA
Dirección: Rafael Borràs Betriu
Serie: Movimientos políticos, sociales y económicos

Córcega, 273-279, 08008 Barcelona (España)
Diseño colección y cubierta de Hans Romberg
Ilustración cubierta: pintura de Celedonio Perellón, fotos Archivo Editorial Planeta, Cover, Lumifot

Procedencia de las ilustraciones: Archivo Editorial Planeta, Contifoto, Cover, EFE, El País, Europa Press, Gamma, L. Poirot, Lumifot, Martín Santos Yubero, Queca

Primera edición: marzo de 1992
Depósito Legal: B. 7.326-1992
ISBN 84-320-7552-3
Composición: Fort (Aster, 10/11)
Impresión: Duplex, S. A., Ciudad de Asunción, 26, int., letra D, 08030 Barcelona
Encuadernación: Auxiliar Gráfica JIRO, S. A.
Printed in Spain - Impreso en España

ÍNDICE

Advertencia

«Un desnudo de la Historia» no ha pretendido ser el resumen histórico de medio siglo español, porque eso habría obligado a una selectividad polémica o discutible. Es solamente una crónica de dos regímenes políticos diferentes, desde los comienzos de los 40, tras una guerra civil, hasta el año 1992, como un año histórico también, porque tiene dos celebraciones universales: la celebración del V Centenario del Descubrimiento de América, con su Exposición Universal en Sevilla, y los Juegos Olímpicos que se celebrarán en Barcelona. Los dos regímenes fueron: uno autoritario, con formas originales de participación o de representación social, y que conformaba una dictadura constituyente, y una democracia, a la manera clásica, con sus libertades y sus varios pluralismos.

Esto no podía tener otra pretensión que la de una larga crónica, pero con la exigencia del rigor. Y para esta exigencia he acompañado la crónica de los testimonios correspondientes a los efectos de la veracidad. Naturalmente, la selectividad de los testimonios se ha hecho en función del esclarecimiento de asuntos capitales. Pero también merece la pena su lectura, porque resultan valiosos a la hora de comprender la importancia del tiempo y de la Historia, que son móviles, y en este siglo hasta vertiginosos.

Otra exigencia propia, a la hora de hacer este libro, ha sido la de la independencia, la objetividad y el distanciamiento de cualquiera implicación del autor en sucesos y en personajes con el protagonismo de las ideas. He sido testigo directo, y hasta privilegiado, de los sucesos de este medio siglo, y esto último por el ejercicio de la profesión periodística y que empezaría dirigiendo periódicos en 1942. Así es que he tenido delante los dos regímenes, y con sus sucesos principales y sus personajes. Por otro lado, siempre figuraría entre mis predilecciones la historia moderna y contemporánea. Los siglos XIX y XX fueron, y siguen siendo, mi devoción constante. Y no solamente para las ideologías y para la historia, sino también para la literatura. El Romanticismo, el liberalismo liquidador del absolutismo, y el socialismo como iniciador de una conciencia social frente a la injusticia inclemente e instalada, han sido mis pilares. Después, y principalmente en la juventud, he fabricado las utopías para muchas cosas que se corresponden con las varias generaciones de esos dos siglos. Pero a estas alturas de los finales del siglo XX *me acompaña el escepticismo, que genera la experiencia y no mueve la curiosidad. Todo esto quiere decir que ejerzo el sosiego, y solamente en orden a la polémica, a las desavenencias naturales y al ejercicio de la crítica, me asisto de un espíritu satírico clásico que me nacería pronto, y que ahora puedo ejercerlo con plenitud.*

Y, finalmente, este libro he querido que tuviera una semejanza con la pintura, y cualquiera que sea su clasificación en orden a lo figurativo, lo impresionista, lo expresionista y el surrealismo. Solamente estos géneros. Por eso, en la cubierta de este libro, y en virtud de que he pretendido hacer un desnudo de la Historia, aparece un célebre cuadro de ese gran pintor que es Celedonio Perellón, pero escogiendo un desnudo que no fuera completo o total, porque he renunciado a intimidades o episodios que reclamaran un desnudo pleno, aunque tampoco a la manera de la finura o de lo sublime de aquellas mujeres de Magritte. La intención ha sido la del atrevimiento y la del realismo, y olvidando la indecente figura de la Historia. Así es que este libro no es una fotografía de estudio, con sus luces y sus sombras, sino una pintura en la que aparecen los sucesos reales y las gentes, pero con la originalidad alabada, o malparada, del pintor o del autor. Esto es lo que he querido hacer: un cuadro histórico sin fantasía y con realismo. Estoy seguro de que a este cuadro le faltan muchas cosas, porque la historia de medio siglo no puede contarse en un libro breve, y la selectividad es de mi responsabilidad. Y lo que también aparece en este cuadro, para que tenga una parte de eso que tanto admiro que es el surrealismo, algunas cosas de mi desván, que colaboran con esta pintura a la manera de una vitrina histórica, y también algunas noticias del autor, y de fuentes de mi admiración y de mi gratitud, para que todo ello tenga la libertad de una composición, necesariamente dispuesta al agrado, a la crítica, a la discrepancia, o a lo que se quiera. Si he ejercido la libertad para hacer lo que me ha convenido, o me ha gustado, en el periodismo, en el verso, en la novela y en el teatro, me ocurre lo mismo con la Historia. Tengo también que declarar que siempre con la Historia, y no con la política, me ha gustado ir del brazo. A veces he ido un poco por delante, y lo he tenido que pagar, pero nunca detrás.

EL AUTOR

El general Franco y su dictadura constituyente

El periódico soviético «Izvestia» —en los últimos tiempos de Gorbachov— me pidió una semblanza reducida del general Franco para un proyecto de suplementos referidos a personajes históricos del siglo XX. Me hizo gracia el origen de esta propuesta, y la acepté. La originalidad era grandiosa. Había escrito y publicado una biografía política e histórica de Mijail Gorbachov en 1990 en Madrid y, poco después, se me reclamaba una semblanza de Franco para Moscú. Estar en el espacio, a la manera de un extraterrestre, que es un poco mi lugar en los finales de mi biografía, me disponía a todo esto. Entonces esta semblanza o figura aparece en este capítulo, aunque ampliada. El espíritu es el del distanciamiento y el de la realidad. Conocí a este personaje histórico, y viví todo su tiempo. Pero, inevitablemente, hay que hacer el retrato de su régimen político un poco a la manera de *La familia de Carlos IV* de Goya, o *El Lavatorio* de Tintoretto, a los efectos de las lealtades interiores. Mi disposición es la de hacer un retrato ajeno a sentimientos, a actitudes previas, a disposiciones parciales, sino a la manera como veo ya el pasado desde mi larga experiencia histórica. La frialdad o el escepticismo de haber tenido noticia de este país, desde al salida del rey don Alfonso XIII, hasta varios años de reinado de su nieto don Juan Carlos I —desde 1931 a 1992—, es útil para acercarse a la realidad, sin estar en alguna parte de creencias, de resentimientos, o de pasiones. En ocasiones me preocupa mi sosiego, por un alejamiento del interés por algo. Es como una señal de liquidación de las ambiciones. Y si, al propio tiempo, he ejercido el periodismo a lo largo de medio siglo, ininterrumpidamente, y he conocido todo el período de este personaje histórico, especialmente desde 1939 en adelante, y he tenido conversaciones a solas con él, en las audiencias corrientes de un Jefe de Estado, resulta evidente que esta semblanza tiene elementos y juicios informativos bastante cercanos a la realidad.

Hasta en una ocasión el editor de este libro, José Manuel Lara, gran fundador y creador de la Editorial Planeta, pidió a Franco que escribiera sus memorias, y ante la negativa de Franco, le ofrecería en seguida dos colaboradores: aquel gran periodista y que fue brillantemente embajador, Manuel Aznar, y yo. Franco le dijo a Lara que en el supuesto de decidirse a escribirlas se pronunciaba a favor de Emilio Romero. Probablemente quería que fueran calientes, y el clásico Aznar tenía la tradición del encendimiento incondicional a la figura y a la obra del general Franco, y haría unas memorias sin alfileres. Yo pertenecía a otra generación, estaba en posiciones críticas en el régimen mismo, y a varios de sus personajes, y Franco manifestaría esta tentación o inclinación. Pero yo nunca creí que iba a recibir esta proposición. Y así sucedió. Franco ejercía la audacia, solamente, desde la astucia y la prudencia. No se lanzaría nunca a este compromiso. Jamás haría sus memorias en vida. Eran demasiadas gentes y sucesos para la virtud y para la vileza, que fabricarían unas memorias nucleares. Quien ha tenido el poder de Franco, lógicamente, tenía una larga lista de servidores, de serviles, de interesados, de confidentes, de tramas, de conjuras, de colaboradores asombrosos, y de ambiciones nobles, o de gatuperios. Y después estaban todos sus materiales políticos de las varias familias, civiles y militares, que gobernaban, pero que ya era puro surrealismo, a la manera de aquel famoso cuadro de René Magritte, *Meditación*, que es un camino vecinal en el que aparecen una bicicleta, una mesa de billar, un león recostado, y otras cosas. Nada tenían que ver, entre sí, estos personajes, a manera de símbolo, Girón, Martín Artajo, Arburúa, López Rodó, José Solís, y los monárquicos de El Pardo y de Estoril.

Francisco Franco Bahamonde era, básicamente, un militar, y no solamente en vocación, sino en ejercicio. Tuvo una de las carreras militares más brillantes de Europa en el primer tercio de este siglo XX. Fue comandante a los 23 años, y general a los 33, y todo ello por méritos de guerra. El escenario fue el conflicto bélico con Marruecos. Este pueblo árabe del norte de África, y separado de España y del Mediterráneo, tenía desde hacía mucho tiempo los protectorados de Francia y de España, y todo esto, y lo propio, avivaba las rebeliones internas de los marroquíes y las guerras con los dos países, y todo esto en el siglo XIX y en el siglo XX. Francisco Franco se alistaría voluntariamente en seguida, cuando ya era oficial, en unas unidades de vanguardia como la Legión, y con la liquidación victoriosa de la guerra de Marruecos se haría cargo de la dirección de la Academia General de Zaragoza. Por lo tanto, su ambición estaba muy clara, y se fundamentaba en la ambición mediante el valor. El sentimiento de «lo patriótico» era general, en aquel tiempo, y venía de lejos. Claramente, desde la guerra de la Independencia frente a Napoleón. Lo que ocurría después es que «lo patriótico», tras la aparición de los movimientos políticos y sociales revolucionarios del socialismo, del anarquismo y del comunismo, en este siglo, estaba sometido también a litigio, por orígenes y circunstancias. Finalmente, solamente los orgullosos de aquella España universal, desde los Reyes Católicos en adelante, sentirían siempre el valor emocional y orgulloso de patria, pero —como digo— promociones, o generaciones, de intelectuales progresistas, desde el XVIII en adelante, y luego la izquierda revolucionaria, ya no identificaban lo de patria como un valor sublime. Pero en una gran parte de los militares permanecía. Era su formación y su objetivo. La Revolución francesa nos había traído a los ilustrados, y la Revolución soviética a los revolucionarios. Eran dos acontecimientos universales con «la libertad, igualdad y fraternidad», y luego con Marx.

Aquel primer tercio de este siglo XX seguía en España con el protagonismo de los militares, también a la manera del siglo anterior, desde la invasión de Napoleón en 1808. El destino de España en estos dos siglos fue fabricado por políticos y militares, y ambos repartían el protagonismo, o estaban en connivencia. España tenía guerras civiles interiores, y asistía al final de su colonialismo en América. Había asumido la decadencia, y sería muy largo el canibalismo político.

Cuando tuvo lugar la proclamación de la República en 1931, con el destronamiento del rey Alfonso XIII, los recelos a los militares por parte de la izquierda política y social, fueron grandes. Los reyes habían sido siempre militaristas por la tradición imperial. Entonces el general Francisco Franco fue destinado a las islas Baleares, a la manera de un destierro cordial, porque también lo de África había terminado antes de la proclamación de la República. Los militares inactivos eran peligrosos. Pero ocurrió en 1934 que se produciría en la región minera de Asturias una revolución social de obreros socialistas, comunistas y anarquistas. También, y simultáneamente, hubo un levantamiento nacionalista en Cataluña, con el separatismo nacionalista activo representado por Luis Companys. Entonces quienes estaban en el poder —los republicanos moderados y democráticos— requirieron la presencia en Madrid del general Franco para llevar adelante la acción contra los revolucionarios. Lo hizo con eficacia, y de acuerdo con su historia de frialdad militar y de valor personal. En seguida lo pondrían al frente del Estado Mayor Central. Era una reintegración del general Franco a Madrid. Aquel joven general estaba al frente de los destinos militares del país. Se le había perdido el miedo y se le agradecían sus servicios. Había sido también director de la Escuela Militar de Zaragoza, desde el final de la guerra de Marruecos, y antes de la proclamación de la República, y tenía crédito e influencia en la nueva generación de militares.

Pero cuando en 1936 triunfaba electoralmente un Frente Popular constituido por toda la izquierda —la de Manuel Azaña y la de los revolucionarios—, inmediatamente sería destinado el general Franco a un alto destino militar lejano, a la manera de un destierro encubierto, como gobernador en las Islas Canarias. El mundo político de la izquierda tenía grandes recelos de los militares llamados «africanistas», y entre ellos estaba Franco. El 10 de agosto de 1932 había tenido ya lugar el primer levantamiento militar, a cargo de uno de los generales africanistas más célebres: el general Sanjurjo. Aquello fracasó. Pero era la continuación del protagonismo militar y civil en la vida española. Los militares trajeron la primera democracia española en 1869. Los militares derribaron la primera República de 1873. Los militares hicieron la restauración de don Alfonso XII. Los militares acabaron en 1923 con la democracia de 1876. Unos militares republicanos se alzaron contra la monarquía de don Alfonso XIII, un año antes de su destronamiento. Y unos militares hicieron el levantamiento o alzamiento de julio de 1936, con su guerra civil posterior. Pero en todas las ocasiones tuvieron el acompañamiento, o la inspiración, o la llamada angustiosa, de políticos. Después un pueblo refrendaba y otro padecía. Se contaba que lo militar no era una solución, sino un arreglo de los desarreglos políticos. Pero algunos militares serían protagonistas, como Primo de Rivera y Franco en este siglo.

La llegada de ese Frente Popular en febrero de 1936, alarmó a la vieja sociedad española, o a todo lo que no era izquierda política o social. Se habían abierto ya las famosas dos Españas que entraban violentamente en colisión, tanto en las ideas como en los métodos. Era imposible la convivencia entre ellas. Habían aparecido en Europa esos dos grandes movimientos político-sociales del fascismo y nazismo, y del comunismo, y también en España encontrarían su imagen. El comunismo en 1920; el fascismo en 1933. La construcción de una democracia como las de ahora, en los finales del siglo XX, era entonces imposible. Las otras democracias españolas anteriores también habían fracasado. Los materiales de la última democracia española, la IV, la de aquella República de 1931, tenía estos materiales: por la derecha, las fuerzas políticas católicas, con mayor implantación en lo rural, y las dos fuerzas monárquicas del tradicionalismo y de don Alfonso XIII residente en Roma. Y la moderación republicana de Alcalá Zamora, de Maura y de Lerroux.

Enfrente de esta España, aparecía la otra, constituida por unos republicanos progresistas o de izquierdas, capitaneados por la figura histórica de Manuel Azaña, y el socialismo, el anarquismo y el comunismo, en sus dos derivaciones políticas y sindicales. Algunos socialistas, y los comunistas, aparecían inspirados por la revo-

En 1934 quienes estaban en el Poder —los republicanos moderados y democráticos— requirieron la presencia en Madrid del general Franco para llevar adelante la acción contra los revolucionarios. Lo hizo con eficacia, y de acuerdo con su historia de frialdad militar, y de valor personal. (Franco con el presidente de la República, Alcalá Zamora.)

Tras la victoria política del Frente Popular, en febrero de 1936, empezaría la conspiración de militares, alentados preferentemente por los políticos monárquicos, para una sublevación que acabara con ese riesgo de los revolucionarios. Era la cuarta democracia condenada al fracaso por los extremismos de unos y otros. (El general Mola en Pamplona, junio de 1936.)

En aquel mes de julio de 1936 los falangistas o fascistas mataban a un teniente socialista, Castillo, y unos jefes y oficiales adictos a la República asesinaban a quien entonces era el más importante líder de la oposición monárquica en el Parlamento.

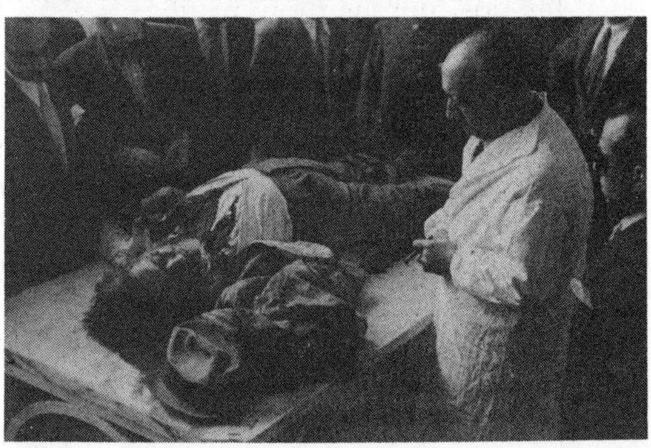

lución soviética de Lenin y por la ideología de Marx. Y también estaba allí el socialismo liberal de Indalecio Prieto. El anarquismo era muy vigoroso en lo político y en lo sindical, pero no tenía la letra ni la música de aquel Stalin, sino un utópico y violento comunismo con la gran utopía social sin sistema.

Con todos estos materiales principales —de la derecha y de la izquierda— era imposible hacer o construir una democracia de convivencia y una España pacífica. El ánimo de unos y de otros era la liquidación del contrario, y especialmente la izquierda más dura, que venía del espíritu de dos revoluciones universales: la francesa del siglo XVIII y la rusa del siglo XX. Por eso, y tras la victoria política del Frente Popular, en febrero de 1936 empezaría la conspiración de militares, alentados preferentemente por los políticos monárquicos, para una sublevación que acabara con ese riesgo de los revolucionarios. Era la cuarta democracia condenada al fracaso por los extremismos de unos y de otros.

El general Franco no estaba en la conspiración, sino otros generales, pero al final sería llamado y convencido para ponerse al frente de las unidades militares acampadas en Marruecos —todavía protectorado español— para saltar al territorio peninsular. Franco lo aceptó, y así se cumpliría. En aquel mes de julio de 1936 los falangistas o fascistas mataban a un teniente socialista, Castillo, y unos jefes y oficiales adictos a la República asesinaban a quien entonces era el más importante líder de la oposición monárquica en el Parlamento, que era José Calvo Sotelo. Desde la primavera, el fundador y líder de Falange Española, la imagen del fascismo en España, José Antonio Primo de Rivera, estaba en la cárcel. Esta ideología era antimarxista, anticapitalista, republicana, y con el fervor del nacionalismo histórico español.

El asesinato de José Calvo Sotelo aceleró las cosas y tendría lugar el estallido del 18 de julio de 1936, el levantamiento militar en varios lugares; en unos, con fortuna, y en otros sin ella. Pero el general Franco saltaba con sus tropas desde Marruecos a España, y comenzaría desde el Sur una gran ofensiva triunfadora hacia arriba. La guerra civil había comenzado.

En Madrid, en Barcelona y en Valencia fracasaron los sublevados, y se armaba al pueblo revolucionario para construir un ejército nuevo, o de milicianos, en defensa de la República. En la famosa y monumental Puerta de Alcalá, en Madrid, estaban las efigies gigantescas de Marx, de Lenin y de Stalin. El ejército de aquella República se tendría que fabricar con anarquistas, con socialistas y con comunistas, y que tendría nombres legendarios. Los militares de adhesión a la República eran escasos y de adorno. Los fulgurantes eran los milicianos llevados al liderazgo de la guerra como Líster, el Campesino, Mera o Modesto. Era un pueblo revolucionario en armas que tenía algunos militares profesionales de acompañamiento o de dirección, pero sin gran relieve. El idealismo político, y combativo, de las dos zonas fue tremendo. El heroísmo y el valor se correspondían con los ideales de los fervores ideológicos en uno y en otro lado. Lo atroz y lo sublime se enredaban. Las grandes vilezas se hacían en las retaguardias con los asesinatos.

Esta guerra duraría cerca de tres años y cada Ejército, en uno y otro bando, tuvo estas colaboraciones: el nazismo alemán y el fascismo italiano ayudaron a la España del general Franco, designado generalísimo en octubre de ese año; y la Unión Soviética colaboraría con el Ejército republicano con material y militares. Hubo también combatientes alemanes e italianos en el Ejército de Franco, y las famosas Brigadas Internacionales al lado de la República. El resto de los países europeos, en sus Gobiernos, se pronunciaban «por la no intervención». Europa sabía el riesgo de su propia guerra y lo aplazaba. El fascismo y el comunismo eran el polvorín.

El triunfador de aquella larga guerra civil fue el general Franco, con una de las dos Españas a su lado. A partir de entonces, en abril de 1939, sería el jefe del Estado y la encarnación de todo el poder, hasta su muerte en 1975, y construía un régimen que nada tenía que ver con las democracias clásicas, y que un ilustre profesor universitario calificaría como «dictadura constituyente». Ciertamente, el general Franco tenía todos los poderes, y lo que se construía para el Estado y la sociedad era otro modelo de democracia en una dictadura. Primaba entonces la ideología del falangismo. El ideario de los vencedores trataba de acercarse a la ideología de la versión española del fascismo. Una representación social sin partidos y con una nueva generación de líderes y de militantes. Pero Franco sabía que aquello que se llamaba «la España nacional» tenía varias especies políticas. Todas ellas habían tomado parte en la guerra y demandaban sitio y relevancia. Eran falangistas, católicos, monárquicos y tradicionalistas o carlistas. Luego estaba también el protagonismo militar, con una larga lista de nombres en la política misma. Todo esto lo congregaba, o lo reunía, o lo coordinaba Franco, con enorme habilidad y firmeza. El nuevo régimen autoritario que empezaba era plural, y así hasta su fin.

También estaban obligados los vencedores a hacer la revolución desde arriba, mediante una economía y una socialización dirigidas, y la colaboración de lo privado, en la empresa y en la banca, y la disposición de hacer la revolución industrial exigible. La iniciativa principal sería la de la empresa pública, o Instituto Nacional de Industria. España era en lo económico y en lo social un país subdesarrollado o tercermundista y el propósito, aunque autoritario, era cambiarlo. Las dos personalidades históricas de la iniciativa económica y social fueron Juan Antonio Suanzes y José Antonio Girón de Velasco. La empresa pública y la Seguridad Social aparecieron.

En realidad, el mundo joven de aquellos años 30, que fueron los iniciales, o tercera década de este siglo, era estas cuatro cosas en España: o socialistas, o anarquistas, o comunistas, o falangistas. No había liberales o demócratas clásicos. Eso era la gente mayor, quienes habían fracasado en las pendencias de monarquía o república, y en la concurrencia de liberalismo, de progresismo y de conservadurismo.

Por otro lado, la España de entonces estaba económica y socialmente atrasada, con altos niveles de pobreza en el centro y en el Sur, con una clase poderosa bien instalada y con un analfabetismo alto. Por eso las nuevas generaciones de todas las ideas estaban en otra parte. Pero no estaban en la libertad, sino en la justicia. Tenía, luego, España minorías selectas y brillantes en el pensamiento y en las bellas artes. El pueblo estaba atrasado y sometido a la explotación. No se había hecho la revolución industrial y comercial que se correspondía con aquel tiempo, ni tampoco la asistencia social al trabajo. Todo esto provocaba revolucionarios o reformadores, y el cambio era obligado. Los que ganaron la guerra civil estaban animados y obligados a realizar algo de lo exigible, pero sin libertades. Si Franco no tenía a su lado a otros que a la derecha, más los falangistas, tenía que llevar adelante algún espíritu obligado y razonable de la izquierda social —de los derrotados en la guerra civil— y esto sería encomendado a los que tenían una doctrina más avanzada en lo social que eran los falangistas, y también muchos militares.

El anticomunismo de Franco le obligaba a crear una conciencia social. Y todo esto mucho más apremiante después de los resultados de la segunda guerra mundial, que comenzaría en 1939, muy cerca de su victoria, y terminaría en 1946. En un solo diván europeo estuvieron Churchill, Roosevelt y Stalin excomulgando a Franco, pero sin una intervención para derrocarle.

El régimen político español del general Franco sobrevivía por estas tres cosas: por no haber participado en la guerra mundial de los 40; por el temor de la Europa occidental y democrática al expansionismo soviético; y por las mudanzas políticas en el régimen mismo de Franco hacia la conciliación con Europa y las Naciones Unidas, sin alterar la autoridad. Desde los 50 en adelante se hacía más elástico y flexible en todo lo que no pusiera en riesgo su existencia.

La primera gran cuestión que tuvo Franco fue el estallido de esa segunda guerra mundial. España no estaba en condiciones de sumarse a esta guerra porque venía de otra, y el país estaba en situaciones muy difíciles. Franco tuvo la pericia de tranquilizar a Hitler en su conversación de Hendaya, porque los alemanes deseaban la participación española en función del privilegiado lugar geográfico de pasadizo entre Europa y África, y con los dos mares protagonistas alrededor, el Mediterráneo y el Atlántico; pero aquella España de Franco que era principalmente anticomunista, reforzaría esa tranquilidad de los alemanes, llevando la famosa División Azul combatiente y voluntaria a la Unión Soviética, pero declaraba su neutralidad, o su «no beligerancia», en la guerra. Franco quedaba bien con Hitler y no entraba en la guerra mundial, y también quedaba bien con Churchill y con Roosevelt. El tiempo de aquella División Azul, de voluntarios entusiastas o fervorosos, en la Unión Soviética, tuvo los resultados de una parte heroicos, y de otra dramáticos, como se corresponde siempre con el idealismo. Pero, al propio tiempo, y por bajo, el general Franco tranquilizaba —como digo— a los presidentes norteamericano y británico, Roosevelt y Churchill, con su neutralidad, porque, efectivamente, y en la estrategia militar europea, España era una zona básica. La guerra se había extendido fuera del continente, y con un gran protagonismo en el Mediterráneo. Franco no era amado por los Estados Unidos e Inglaterra, pero Stalin era temido. Por eso Churchill y Roosevelt, y luego sus sucesores, bailaban a dos aguas.

La victoria de los aliados contra el Eje Berlín-Roma-Tokio traería una nueva constitución europea, tras los acuerdos de Yalta y de Postdam. Los grandes triunfadores fueron los Estados Unidos, la Unión Soviética, Inglaterra y Francia. Lo demás era acompañamiento. La España de Franco había sido censurada o inhabilitada en Potsdam, pero sin anuncio de intervencionismo. Todo esto se dedicaba a la acción de los propios españoles para derribar la dictadura y construir un sistema político democrático. Por eso reflorecían en Europa y en América los derrotados de la guerra civil. En seguida aparecerían «guerrillas» en las montañas, de ideología comunista, para colaborar en la destrucción de la dictadura. El régimen de Franco era fuerte y nada decisivo ocurría para el derribo. Las propias guerrillas duraron seis años, con millares de muertos. La construcción militar y policial de la dictadura era muy importante, y el pueblo tenía muy cercana la tragedia de la guerra civil. Estas nuevas guerrillas comunistas no tendrían la misma fortuna que aquellas otras contra Napoleón, en la famosa guerra de la Independencia, de los comienzos del siglo pasado. USA e Inglaterra tenían el temor al derribo de Franco porque, inmediatamente, se restauraría la república con la influencia decisiva de los comunistas, grandes protagonistas de la guerra civil; y en las grandes potencias aliadas había la desconfianza de dos mundos políticos e ideológicos diferentes. Una España sin Franco en 1946 estaría más próxima a Stalin que a Truman o Attle, los sucesores de Roosevelt y de Churchill. En la plaza de Oriente de Madrid, y frente al Palacio Real, tendría lugar una gigantesca y multitudinaria manifestación pública de adhesión a Franco tras lo de Potsdam. Allí estaban también gentes ilustres, sin tradición franquista, como el doctor Gregorio Marañón o el autor de teatro Jacinto Benavente, porque el regreso de los derrotados, ayudados por Europa y la URSS, supondría otra patética represión. El régimen de Franco había hecho la suya, al terminar la guerra, y ahora se produciría la gran venganza a todo lo de la guerra y de la posguerra. Un infierno de sangre. El resentimiento y los odios estaban en un primer plano. Todo esto lo vieron, o lo imaginaron, los ingleses con preferencia.

Sin embargo, se produciría una conspiración de militares y de monárquicos para derribar a Franco y su régimen, con la inocencia de restaurar la monarquía. El protagonista era el descendiente de don Alfonso XIII, don Juan de Borbón, y que aspiraba al trono. Redactaría el famoso Manifiesto de Laussane, postulando la restauración monárquica y con ella la democracia. Ciertamente, los monárquicos conspiradores en los tiempos anteriores a la guerra civil, no aceptaban que el triunfo de esa guerra no hubiera realizado la restauración de la monarquía. Pero resultaba que los jóvenes combatientes que estuvieron al lado del general Franco no estaban en la ilusión monárquica, sino en otras ideas. La monarquía había muerto para muchos españoles aquel 14 de abril de 1931, cuando se proclamaba la República. A la monarquía se la hacía responsable del atraso y de la injusticia en España, porque su séquito político era de liberales y de conservadores, de aristócratas y de grandes burgueses y no daban entrada a la modernidad de la justicia del siglo XX. Por otro lado, la otra España, la de los derrotados, era republicana y nunca fue monárquica. Así es que el destino de la monarquía era entonces imposible. Si Franco hubiera aceptado las soluciones de esa conspiración, la monarquía habría sido la fórmula del regreso triunfante de los derrotados en la guerra civil. Así se lo contaba Prieto a un amigo suyo de París, en una célebre y famosa carta. El general Franco —sin embargo— era monárquico, y el rey don Alfonso XIII y su mujer la reina Victoria habían sido sus padrinos en su boda, celebrada en Asturias, y en los tiempos de la guerra de Marruecos. Pero Franco comprendía que la restauración monárquica todavía no era posible y había que esperar. Tampoco Franco era demócrata o liberal. Lo del Manifiesto de don Juan de Borbón, en aquel tiempo, era toda una

El general Franco saltaba con sus tropas desde Marruecos a España, y comenzaría desde el sur una gran ofensiva triunfadora hacia arriba. La guerra civil había comenzado.

Los militares de adhesión a la República eran escasos y de adorno. Los fulgurantes eran los milicianos llevados al liderazgo de la guerra, como Líster, el Campesino, Mera o Modesto. Era un pueblo revolucionario que tenía algunos militares profesionales de acompañamiento o de dirección, pero sin gran relieve.

inocentada. Había que esperar a otra generación sin totalitarios y sin violentos para esas pretensiones de restaurar la democracia. La guerra civil estaba muy cerca. Si la victoria hubiera sido de los llamados «rojos», habrían construido el mismo régimen totalitario, excluyente, y de gran influencia comunista. Hasta Manuel Azaña no pudo aguantarlos y se fue a Francia antes de terminar la guerra, abandonando la presidencia de la República. Los socialistas fueron también preteridos, y solamente Juan Negrín sería el obediente pragmático de Moscú. Si los monárquicos y los militares habían sido los grandes protagonistas del Alzamiento del 18 de julio de 1936, aunque secundados por toda la derecha nacional, el falangismo y el tradicionalismo, algunos de ellos no aceptaban que la monarquía no regresara tras la victoria. Todo esto lo ha contado deliciosamente el monárquico Joaquín Satrústegui en una conferencia pronunciada en Madrid. Había un general preferente en aquella conspiración, que fue Kindelán, y después todos estos personajes fueron relevantes en «la operación regreso a la monarquía»: Pedro Sáinz Rodríguez, José María Gil Robles, Eugenio Vegas Latapie, Joaquín Satrústegui y listas variadas y nutridas, con arreglo a los distintos períodos. La clase política de los vencedores de la guerra era otra. El monarquismo sobrevivía, pero aparte de unos cuantos con devociones congénitas, estaban también los políticamente desafortunados en la nueva situación. Hasta una lista reducida de procuradores en Cortes pedía a Franco en 1943 la restauración monárquica por lo que estaba pasando en Europa, y la iniciaba el duque de Alba, algunos militares y la «alta clase» que había tenido fulgor en la guerra y en la influencia. Aquello era la gran inocencia, porque los derrotados tenían la República vigente en el exterior y se admitía por todos «su legalidad». Al calor de Europa, de los Estados Unidos y de la Unión Soviética, habrían regresado los derrotados y con los resentimientos vivos. Los casi tres años de guerra civil habían generado otra población en la llamada «zona nacional». El monarquismo no fue otra cosa en la República que una minoría con pocos seguidores. Lo que tenía era relevantes conspiradores contrarios a la República.

Pero a partir de aquel Manifiesto de Laussane, por parte de don Juan de Borbón, en el que se descalificaba políticamente al régimen de Franco, las cosas fueron más difíciles. El tema de la restauración monárquica quedaba aplazado definitivamente y sin horizonte. La figura del dictador o caudillo se institucionalizaba, y la monarquía era un riesgo que se residenciaba en Estoril, en Portugal, acompañada por decepcionados del franquismo, por precipitados ambiciosos y por esa hierba española, clásica y fecunda, de la conspiración.

Más tarde, don Juan de Borbón se acompañaba en su maquinación restauradora hasta por el sector socialista de Indalecio Prieto, que era el más moderado o liberal, pero dirigente clásico del socialismo, y entonces antifranquista en el exilio, con gran influencia en la América hispana, en los Estados Unidos y en Europa. Prieto tenía adictos, pero no masas. Las relaciones, en cuanto a la esperanza, del general Franco con don Juan de Borbón, estaban rotas. Y como por la cabeza del general Franco no entraba la idea de establecer otra república, entonces conseguiría de don Juan de Borbón, mediante monárquicos que seguían al lado de Franco, la solución de que el hijo de don Juan de Borbón, el actual rey Juan Carlos, hiciera sus estudios en España siguiendo la tradición de los príncipes hereditarios. Esta fue la gran baza de Franco. Don Juan de Borbón aparecía exiliado voluntariamente en Portugal y su hijo don Juan Carlos estudiaba en Madrid bajo la vigilancia de Franco, y a su lado en el ceremonial. La monarquía estaba condenada a largo plazo, y luego se ha podido probar, que para su triunfo. Todo esto ocurría también porque Franco tenía monárquicos de doble habitalidad. Muchos eran fieles a su persona y, al tiempo, también a la de don Juan. El monárquico de constitución clásica estaba con los dos a la vez, en El Pardo y en Estoril. Franco era la seguridad y don Juan el deber político y devocional hacia la monarquía. Esta doble fidelidad era difícil, pero así se producía, mientras que había otros monárquicos aislados, intrigantes, que solamente estaban en el famoso destierro de Estoril con don Juan de Borbón. Franco congregaba a su lado el miedo, y don Juan la lealtad a la corona. Así estaban las cosas. Pero sobre esto algo más hay que decir más adelante, porque es sabroso.

El otro monarquismo, el de los carlistas originarios del siglo XIX, y que eran más integristas y menos liberales, eran fieles a Franco. Eran los llamados «tradicionalistas», y cuyas raíces principales estaban en el Norte. De aquel viejo carlismo del siglo XIX, en sus cuatro guerras civiles con los liberales, nacería el nacionalismo vasco que tenemos ahora con todo su esplendor, y cuya meta o ideales son los de la independencia, dentro o fuera de España. Este nacionalismo se divide ahora, fundamentalmente, en dos especies: la violenta o de terrorismo, representada por ETA, y la moderna o democrática que representan distintos partidos nacionalistas, o varias familias, y que cada una va a su aire. Este asunto quedará muy claro en otro capítulo.

Franco tenía una cabeza mixta entre lo que quería conservar de la derecha tradicional, y lo que tenía que realizar de la izquierda social de la época. Pero todo esto lo realizaba desde su dictadura, y sin el socialismo clásico. Tenía como todo dictador de origen militar un desprecio grande hacia la política, y el interés único por las obras y servicios. Y todo eso realizado desde la obediencia y la disciplina, que eran su formación. Las ideas básicas de Franco sobre la democracia y el capitalismo liberal, respecto a la democracia sostenían esto: «Se hace necesario renovar la política, hacer que la democracia sea más sincera y no mate la unidad y la cohesión interna de los pueblos; que éstos no sean engañados y explotados por una minoría de políticos profesionales afectos a sus ambiciones.» Tenía la vieja imagen de las democracias españolas fracasadas. En cuanto al capitalismo liberal, pensaba de esta manera: «Es conveniente que nos preguntemos: ¿a dónde va el mundo? ¿Camina hacia esquemas capitalistas liberales tipo siglo XIX, o hacia fórmulas sociales más sinceras y de mayor eficacia? Este camino es el nuestro. Nadie discute ya que vivir en la miseria es la anulación de toda clase de libertad.» Por último, su antimarxismo y anticomunismo eran viscerales.

Franco no ha podido ser testigo de la caída del comunismo, pero su anticomunismo era su imagen política principal. Franco era anticomunista pleno y en acción; vigilante de la masonería con constancia; distante de los conservadores de la antigüedad; alejado de los liberales por desdén; fervoroso de la Iglesia católica de manera ascendente; nada olvidadizo de los focos separatistas de las provincias Vascongadas y de Cataluña; adoración a España como «unidad de destino en lo universal»; inclinaciones a la cultura árabe, y menos a la judía. Franco no tenía las ideas o la imagen de Hitler o de Mussolini, que fueron dos socialistas nacionales con adoraciones nacionalistas de expansión, y con seducciones personales y dialécticas originales. Franco era básicamente un devoto de «su Historia de España», fabricado en la estrategia de la astucia para la defensa, sin atractivo de líder, sino de generalísimo o caudillo, y de derechas de toda la vida. Quien ha estado en la Legión y luego ha caminado bajo palio nada tiene que ver con el fascismo. Es otra cosa. Estaba educado contra los revolucionarios y también contra los «ilustrados progresistas», en virtud de este escenario histórico: los asesinatos de tres presidentes —Cánovas, Canalejas y Dato—; por «la semana trágica» de Barcelona; por las rebeliones sociales de 1917 y 1934; por la quema de conventos e iglesias en mayo de 1931; por una beligeración creciente contra la Iglesia católica, y por una decadencia del orgullo español por su pasado. El sentimiento de «patriotismo» no aparecía en la izquierda política, económica, social e intelectual. Hasta el general Primo de Rivera, en su dictadura, crearía aquello de la «Unión Patriótica». Aquellos profesores ilustres de un socialismo científico y moderado como Luis Giménez de Asúa, Julián Besteiro y Fernando de los Ríos, no le serenaron porque, ciertamente, las masas decisorias estaban con los obreros Pablo Iglesias y Francisco Lar-

El nazismo alemán y el fascismo italiano ayudaron a la España del general Franco, designado Generalísimo; la Unión Soviética colaboraría con el Ejército republicano con material y militares.

Franco sabía que aquello que se llamaba «la España nacional» tenía varias especies políticas. Todas ellas habían tomado parte en la guerra, y demandaban sitio y relevancia. Eran falangistas, católicos, monárquicos y tradicionalistas o carlistas. Luego estaba también el protagonismo militar, con una larga lista de nombres en la política misma. (En el Monasterio de las Huelgas, con el Consejo Nacional de la FET y de la JONS.)

go Caballero, dos líderes sagrados. Las imágenes de los anarquistas de la FAI y de los comunistas adoradores de la Rusia de Lenin, de Trotski o de Stalin, eran todo un cuadro de alarma para aquellas Fuerzas Armadas y para la derecha en su globalidad. Y las dos lumbreras intelectuales de la época, como Ortega y Gasset y Unamuno, estuvieron contra la monarquía, reprobaron los modos de la República, y eran solamente, como los filósofos clásicos, plañideras sin influencia para construir sus paraísos. Unamuno hasta se sumaría al levantamiento militar del 36, y luego se lamentaría, tras una escena esperpéntica de un militar glorioso en la guerra de África, Millán Astray, con sus «mueras a la inteligencia» delante del propio Unamuno, y en Salamanca, donde el profesor vasco era todo un símbolo.

Tras la derrota del fascismo en la guerra mundial, haría en seguida Franco unos cambios políticos en cuanto a influencia o poder. El Vaticano le había sido leal en función de los compromisos de la Iglesia en la guerra civil y en su régimen, y dio entrada en el Gobierno y en las instituciones a más gente de origen católico. No destruía el falangismo o el fascismo porque eran sus leales principales, pero ya no aparecían en solitario, o con gran fuerza, en el poder. El régimen de Franco tenía las varias familias políticas y todas se congregaban en los Gobiernos y en las instituciones. Tenía también las buenas relaciones y la colaboración de algunas repúblicas suramericanas, y de algunos países árabes, y aguantó el cerco. Los militares tienen esta doble vertiente del espíritu ofensivo y defensivo. Por otro lado, Francia, Inglaterra y los Estados Unidos eran contrarios a la dictadura, pero ya había nacido la confrontación con la Unión Soviética de Stalin, y colaboraban de alguna manera, aunque subterráneamente, para que no fuera posible el regreso de la influencia comunista de la guerra civil —como ya he dicho— y cuyos dirigentes principales estaban en la Unión Soviética, al tiempo que otras gentes valiosas y decididas esperaban en Europa y en la clandestinidad española. Se confiaba más en un desgaste progresivo de la dictadura hacia una democracia asegurada, que en el rompimiento con todos los riesgos.

La «Democracia orgánica»

La «Dictadura constituyente», o régimen del general Franco, empezaría a llamarse en seguida «Democracia orgánica», y que consistía en lo siguiente: un partido único que se llamaba «Movimiento Nacional», y cuya organización aparecía en las provincias y en las ciudades de toda España. Tenía un Consejo Nacional, y luego los Consejos Provinciales y Locales. La afiliación era voluntaria, pero muy numerosa. El Consejo Nacional del Movimiento venía a ser como la segunda Cámara de la Nación o el antiguo Senado. Cincuenta miembros, uno por cada provincia, eran elegidos por elección en el propio partido, y cuarenta eran designados por el caudillo o jefe de Estado. Después la sociedad estaba organizada por estas tres agrupaciones: la de la familia, el municipio y el sindicato. Con estas organizaciones se hacían las elecciones generales para elegir los componentes de la primera Cámara o Cortes Españolas. Un tercio de cada una de ellas era la composición, y después eran también miembros de las Cortes Españolas los Consejeros Nacionales del Movimiento en su totalidad, o miembros de la otra Cámara. Todo esto —las dos Cámaras— era el Parlamento de la dictadura, que tenía la misión de hacer las leyes a la manera como en las democracias clásicas. Pero el Poder Ejecutivo, o Gobierno, era fundamental o principal. La diferencia estaba en la naturaleza de la representación. En la democracia están los partidos políticos, y en la dictadura de Franco estaba la representación familiar, la municipal, la sindical y la de las corporaciones, o «democracia orgánica». No había partidos. Era otra manera de crear la representación popular en el Parlamento, sin los partidos políticos, sino solamente con representación social y el partido único. Éste no era el retrato de la Europa democrática. Y las libertades de asociación y de expresión estaban limitadas. Hubo censura de prensa hasta 1966. Y luego controles legales hasta el final. Había también censura literaria. Lo que ocurrió fue que el régimen político se hacía más abierto con el paso del tiempo. Ni la prensa, ni las obras de teatro, eran lo mismo en los 60 que en los 40. En libertades se iba hacia más, pero sin exageración. Se admitía lo digerible, pero no la indigestión. Por lo tanto, era un régimen autoritario, con la exigencia de la lealtad al sistema y a los principios. La subversión o la oposición estaban fuera del régimen. Y la crítica dentro tenía sus límites.

Lo más importante de todo esto era el mundo sindical. Esta organización era la más numerosa, y de más influencia, en el régimen. La sindicalización era obligatoria. Todos los trabajadores, y todos los empresarios, estaban obligados a estar en la Organización Sindical. Su sostenimiento era el de una cuota sindical obligatoria de la cual, y a la hora de entregar los jornales o los sueldos, tres partes las pagaba la empresa, y una los trabajadores. De esta manera el sindicalismo tenía arraigo en todo el país, y dedicaba una buena parte de sus fondos a obras asistenciales o de formación profesional. A partir de los años 60 el jefe supremo de los sindicatos sería también ministro. Este sindicalismo tenía dos líneas: una política, la de los jefes, líderes o dirigentes administrativos; y otra la de representación, que se creaba o se renovaba mediante elección. Los empresarios y los trabajadores no aparecían unidos, aunque estuvieran ambos en la misma organización sindical, sino que cada cual hacía lo propio, y en su lugar. Los trabajadores gestionaban o realizaban la política social, y los empresarios manifestaban la política económica. Después, y al estar juntos en la misma organización, hacían en común los acuerdos, pacíficamente, porque la huelga estaba prohibida. Estaban obligados a entenderse, y cuando se producían las colisiones, a niveles individuales en la relación empresario y trabajador, lo resolvían los tribunales creados, y que se llamaban Magistraturas del Trabajo, o el Gobierno si se refería a subida de salarios u otras reivindicaciones sociales. Franco y su régimen imponían la paz y el entendimiento, aunque ofrecían ocasiones para negociaciones y la solución de conflictos. Los que no se resolvían dentro, lo hacían luego el Gobierno o las Magistraturas del Trabajo. Las representaciones obreras eran auténticas y podían ser críticas, pero nunca subversivas. El empresariado tenía su función a dos bandas: una en los sindicatos y otra en el Gobierno. En ocasiones se produjeron algunas huelgas, que eran ilegales, pero o eran resueltas por los dirigentes del propio sindicalismo, o eran reprimidas por las fuerzas de seguridad. Así es que en el orden político y social, éstas eran las dos grandes organizaciones de la llamada democracia orgánica: el Movimiento, con su Secretaría General y su Consejo Nacional; y la Organización Sindical, con una autoridad suprema que se denominaba Delegación Nacional de Sindicatos. Más el Parlamento de las dos Cámaras. Los poderes del general Franco eran plenos, pero los usaba en virtud de la gravedad o de la importancia de los asuntos o de los sucesos. Era jefe de Estado, jefe de Gobierno y Generalísimo de las Fuerzas Armadas. Por otro lado tenía el caudillaje reservado como el gran vencedor o protagonista de la guerra civil. Era un régimen de colaboradores —con opiniones varias— pero sin poner en peligro el sistema. Franco era dirigente, árbitro y conciliador. Las gentes de su régimen se encasillaban, se amaban o se detestaban. Pero todo eso, como se decía entonces, «dentro de un orden».

El subsuelo del régimen

En el subsuelo del régimen estaba toda esta variedad política, que no se traducía en partidos, sino en familias, clanes e influencias: falangistas, tradicionalistas, católicos de la ACNDP, monárquicos, gentes sobresalientes, Opus Dei e independientes. La guerra entre todos era sin piedad, pero silenciosa y amainada. La selección de ministros, o de gentes, para funciones relevantes, estaba orientada hacia la eficacia, y también eran de cotización «los historiales». En lo político, en lo social, en lo económico y en lo exterior, estos nombres alcanzaron notoriedad: Girón, Solís, Fernández-Cuesta, Arrese, Arburúa, Ullastres, Suanzes, Arias-Salgado, Ibáñez Martín, Blas Pérez, Cavestany, López de Letona, Fernández de la Mora, López Rodó, Navarro Rubio, Iturmendi, Oriol, Silva, López Bravo, Arias Navarro, Fraga, Fernando Herrero, Utrera, Martín Artajo, Castiella; básicamente en orden a influencia y poder Luis Carrero Blanco. En un período tan largo la relación sería extensa, pero ésta podría ser un símbolo de referencias de notoriedad. Luego hubo embajadores famosos, como Areilza, Aznar, Alfaro, Valdés, Garrigues y Díaz Cañabate, Cortina, algunos de los cuales, más tarde, serían ministros. La difícil política exterior estaba obligada a tener buenos cerebros, que tuvieran la calidad diplomática difícil de la elasticidad, sin perder las formas. Los militares en gran número fueron mitos, por la guerra, como Moscardó, Varela, Muñoz Grandes, Yagüe, García Valiño, Alonso Vega, y así hasta unos cuadros extensos como en ninguna otra situación. Eran los protagonistas de la Victoria. Pero todo eso, la política y la milicia, tenían que ser pastoreadas, y el rebaño variadísimo era difícil de agrupar y de conducir. Franco iniciaba la resistencia en 1946, fuera de España, ante la hostilidad de los vencedores de la guerra mundial, y dentro de España para gobernar con sus ricas y diferentes tribus.

El ateísmo en España y adjudicable principalmente a la izquierda política, intelectual y social, había sido el gran perseguidor de la Iglesia en función de una confrontación que venía de lejos, entre clericalismo y anticlericalismo. Era un problema desde el siglo XVIII en adelante. Una vez instaurada la República en 1931 se procedería a la quema de las iglesias y conventos. Cuando estalló la guerra civil, la persecución a la Iglesia fue tremenda en la zona republicana, con millares de clérigos, de frailes y de monjas asesinados. Entonces la Iglesia, y con el beneplácito de Roma, se puso al lado de la España católica, y que era la del general Franco. La influencia de la Iglesia fue grande en aquella guerra y después de ella. El pensamiento católico tradicional nunca había sido mayor. Había un Cardenal Primado que era respetadísimo, y también todos los obispos. A partir de los años 50 empezarían movimientos católicos de independencia o de libertad respecto a aquel régimen, pero no eran de gran consideración. Más adelante y mediante el Concilio Vaticano II, las cosas empezaron a cambiar, y ya algunos obispos estaban en la acción de su independencia respecto al régimen, y hasta en su crítica, y postulando que no hubiera ningún compromiso político. En algunas instituciones del régimen, y en el Parlamento mismo, estaba la representación de la

Iglesia. Finalmente, y en los años correspondientes hacia la transición a la democracia, algunos obispos ejercieron un gran papel de colaboración en esta transición. En cualquier caso, y a lo largo de toda la dictadura del general Franco, la Iglesia tuvo un papel principal de influencia y de presencia. Luego el Concilio Vaticano II cambió el horizonte. La Iglesia universal renunciaba a los compromisos políticos o de estado. Se replegaba, con independencia, hacia sí misma.

Los tres Ejércitos de Tierra, Mar y Aire procedían de la victoria de la guerra civil, y el gran vencedor había sido un militar —el general Franco— acompañado por una larga lista de figuras militares de relieve y glorificadas en las tres Armas, y cuyos orígenes eran aquellos de Marruecos o de África. Las capitanías generales en las varias regiones tenían un gran poder e influencia, en paralelo con los gobernadores civiles. El poder, realmente, era el de Franco y su Gobierno, el de los capitanes generales, y el de los gobernadores civiles. Después estaba la clase política que se ha relatado. Este pluralismo estaba unido en el ideario nacional de la guerra civil y de la posguerra, y mediante Leyes fundamentales. Ocurría también que algunos militares o generales, eran tan prestigiosos o relevantes que hubo ocasiones en las que creaban algunos problemas, pero el general Franco tenía siempre su aparato de leales o de fieles que aislaba a los rebeldes o a los críticos. Las academias militares eran tan brillantes en vocaciones y en promociones como las universitarias. Los militares, siempre con vidas económicas austeras, eran siempre respetados y celebrados. Eran la esencia de los ideales y de las acciones de la guerra civil. Algunos generales tenían inclinaciones por los monárquicos, y otros por los falangistas. Así es que entre ellos mismos se clasificaban, pero no creaban problemas políticos de clan, sino que sus compromisos eran de ocasión, o de presencia. Tenían la relevancia personal y social.

El falangismo era la gran novedad influyente de los vencedores de la guerra civil, pero en la obediencia y disciplina a Franco. Eran la lealtad más confirmada. Luego Franco pondría al falangismo en un lugar del escenario, al lado de las otras fuerzas, en función de un pluralismo más exigente después de los acontecimientos y sucesos de la segunda guerra mundial. Ya eran varios, y no solamente uno en la exclusividad. El fascismo había muerto en Europa y su versión española se obligaba a existir, pero en el conjunto. Todos los Gobiernos eran de coalición. Franco no era fascista, ni tenía esa figura. En el lenguaje político clásico, el régimen de Franco tenía la «derecha» de católicos y monárquicos, y la «izquierda» de la Falange. Así creaba su equilibrio.

En aquella década peligrosa de los 50 la Junta Nacional de la

Las dos personalidades históricas de la iniciativa económica y social fueron Juan Antonio Suanzes y José Antonio Girón de Velasco. La empresa pública y la Seguridad Social aparecieron.
(Ambos ministros con Franco y otros jerarcas en el palacio de Oriente, diciembre de 1946.)

En un solo diván europeo estuvieron Churchill, Roosevelt y Stalin, excomulgando a Franco, pero sin una intervención para derrocarle.

Lo del Manifiesto de don Juan de Borbón, en aquel tiempo, era toda una inocentada. Había que esperar a otra generación, sin totalitarios y sin violentos, para esas pretensiones de restaurar la democracia. La guerra civil estaba muy cerca.

Texto auténtico del manifiesto de S. M. el Rey

ESPAÑOLES:

Conozco vuestra dolorosa desilusión y comparto vuestros temores. Acaso lo siento más en carne viva que vosotros, ya que, en el libre ambiente de esta atalaya centro-europea, donde la voluntad de Dios me ha situado, no pesan sobre mi espíritu ni vendas ni mordazas. A diario puedo escuchar y meditar lo que se dice sobre España.

Desde Abril de 1931 en que el Rey, mi Padre, suspendió sus regias prerrogativas, ha pasado España por uno de los periodos más trágicos de su historia. Durante los cinco años de República, el estado de inseguridad y de anarquía, creado por innumerables atentados, huelgas y desórdenes de toda especie, desembocó en la guerra civil que, por tres años, asoló y ensangrentó la Patria. El generoso sacrificio del Rey de abandonar el territorio nacional para evitar el derramamiento de sangre española, resultó inútil.

Hoy, pasados seis años desde que finalizó la guerra civil, el régimen implantado por el General Franco, inspirado desde el principio en los sistemas totalitarios de las potencias del Eje, tan contrario al carácter y a la tradición de nuestro pueblo, es fundamentalmente incompatible con las circunstancias que la guerra presente está creando en el mundo. La política exterior seguida por el Régimen compromete también el porvenir de la Nación.

Corre España el riesgo de verse arrastrada a una nueva lucha fratricida y de encontrarse totalmente aislada del mundo. El régimen actual, por muchos que sean sus esfuerzos para adaptarse a la nueva situación, provoca este doble peligro; y una nueva república, por moderada que fuera en sus comienzos e intenciones, no tardaría en desplazarse hacia uno de los extremos, reforzando así al otro, para terminar en una nueva guerra civil.

Sólo la Monarquía Tradicional puede ser instrumento de paz y de concordia para reconciliar a los españoles; sólo ella puede obtener respeto en el exterior, mediante un efectivo estado de derecho, y realizar una armoniosa síntesis del orden y de la libertad en que se basa la concepción cristiana del Estado. Millones de españoles de las más variadas ideologías, convencidos de esta verdad, ven en la Monarquía la única Institución salvadora.

Desde que por renuncia y subsiguiente muerte del Rey Don Alfonso XIII en 1941, asumí los deberes y derechos a la Corona de España, mostré mi disconformidad con la política interior y exterior seguida por el General Franco. En cartas dirigidas a él y a mi Representante hice constar mi insolidaridad con el régimen que representaba y por dos veces, en declaraciones a la Prensa, manifesté cuán contraria era mi posición en muy fundamentales cuestiones.

Por estas razones, me resuelvo, para descargar mi conciencia del agobio cada día más apremiante de la responsabilidad que me incumbe, a levantar mi voz y requerir solemnemente al General Franco para que reconociendo el fracaso de su concepción totalitaria del Estado, abandone el Poder y dé libre paso a la restauración del régimen tradicional de España, único capaz de garantizar la Religión, el Orden y la Libertad.

Bajo la Monarquía—reconciliadora, justiciera y tolerante—caben cuantas reformas demande el interés de la Nación. Primordiales tareas serán: aprobación inmediata, por votación popular, de una Constitución política; reconocimiento de todos los derechos inherentes a la persona humana y garantía de las libertades políticas correspondientes; establecimiento de una Asamblea legislativa elegida por la Nación; reconocimiento de la diversidad regional; amplia amnistía política; una más justa distribución de la riqueza y la supresión de injustos contrastes sociales contra los cuales no sólo claman los preceptos del Cristianismo, sino que están en flagrante y peligrosísima contradicción con los signos político-económicos de nuestro tiempo.

No levanto bandera de rebeldía, ni incito a nadie a la sedición, pero quiero recordar a quienes apoyan al actual régimen, la inmensa responsabilidad en que incurren contribuyendo a prolongar una situación que está en trance de llevar al país a una irreparable catástrofe.

Fuerte en mi confianza en Dios y en mis derechos y deberes imprescriptibles, espero el momento en que pueda realizar mi mayor anhelo: la Paz y la Concordia de todos los Españoles.

¡Viva España!

Lausanne, 19 de marzo de 1945.

JUAN.

Vieja Guardia falangista hacía un documento de identidad del cual voy a extraer aquello más identificable de lo social y que era «su socialismo», y las ideas para una reforma fiscal, y de la empresa misma. Franco leía todo esto, y caminaba por el realismo, pero ejerciendo su cortesía en algo con «su izquierda y las utopías».

Suponer que el gran problema social puede llegar a resolverse de manera definitiva merced a la simple concesión de aumentos de salario o de otras ventajas económicas a las clases obreras es, a juicio de los que suscriben, encerrarse en el clima materialista que caracteriza al marxismo. No es sólo cuestión de riquezas: en el origen del problema cuenta un importantísimo factor de equidad. Y toda sociedad que permita entre sus fundamentos un solo principio injusto, estará siempre amenazado por la discordia y la rebelión. Para alcanzar la paz entre los hombres habrá de instaurarse la fórmula nueva y exacta, la fórmula justa de un nuevo concepto de la sociedad y de la convivencia social, en sustitución de los sistemas del capitalismo liberal.

Hoy el capitalismo, sometido a la presión del peligro marxista, trata de salvar sus reductos esenciales mediante concesiones económicas, que no afectan a sus mismos principios. Se busca llenar los estómagos y aún los bolsillos de los descontentos y necesitados para seguir teniendo pletóricos los propios, y, sobre todo, para seguir detentando el poder social. Que es, en realidad, el verdadero objetivo.

Frente al «mundo de proletarios» del marxismo, el capitalismo insinúa inclusive la posibilidad de un mundo en el que todos sean capitalistas. El señuelo es demasiado inconsistente y utópico.

Consideran que en España, si bien es cierto el gran avance logrado por el régimen en legislación laboral, no es menos real que los grupos capitalistas mantienen casi intactas, cuando no incrementadas, sus estructuras de dominio económico y de presión. Esencialmente, el capitalismo español sigue aferrado a los más viejos y despóticos principios del capitalismo liberal, siendo quizá uno de los últimos restos del que pudiera denominarse «capitalismo marxista», por ser aquel cuyos excesos inspiraron a Marx la proclamación de sus críticas. Por eso resulta más curioso el coro de elogios y alabanzas que los portavoces de esos grupos entonan cada vez que algún régimen capitalista extranjero impone reformas que ellos nunca estarían dispuestos a aplicar en nuestro país.

Más que las escaseces materiales, ha de pesar sobre el ánimo del proletario la desesperanza de que sus descendientes alcancen a superar la situación a que él se ve sometido por el simple hecho de su nacimiento, porque para el individuo que no se beneficia de él, lo más irritante del sistema clasista contemporáneo es el inmobilismo social que prácticamente determina. El obrero aspira a que sus hijos dejen de ser obreros; pero sabe que la necesidad les obligará a trabajar tempranamente, que la falta de medios y de tiempo les impedirá estudiar y que la escasez de conocimientos no les permitirá nunca salir de la clase en que han nacido. El encono de este obrero es proporcional a la reacción del rico que contemplara la posibilidad de que sus hijos forzosamente hubieran de ser proletarios.

Teóricamente nada impide que un hombre nacido en clase humilde ascienda hasta las más elevadas; hay, incluso, no pocos ejemplos de ello. Pero a pesar de las excepciones, la regla es muy otra. La sociedad actual exige a la inmensa mayoría de sus componentes unas virtudes extraordinarias y unos esfuerzos casi heroicos para concederles lo mismo que regala a una minoría.

Esa situación resulta nefasta para la sociedad misma y puede ser causa de su atraso económico, técnico y cultural. En España, por ejemplo, nacen anualmente decenas de miles de nuevos cerebros; sin embargo, nuestro país ha venido seleccionando sus técnicos entre los vástagos de unos centenares de familias acomodadas. Es indudable que esto significa el desaprovechamiento de talentos, en evidente perjuicio del bien común.

Lo cierto es que el sistema de clases irreductibles, convertidas en auténticas castas, no sólo no aporta ningún bien a la sociedad, sino que entraña para ésta graves defectos y peligros. Peligros que agudiza y aumenta la enorme y creciente diferencia que separa a las distintas clases. Esa diferencia, en el mundo actual, va estando en proporción inversa al desarrollo de los países.

Para la solución de las cuestiones planteadas y para llegar a una sociedad más justa es arma importantísima la política fiscal, al servicio de la redistribución de la riqueza. Poco o nada se hace en este sentido. La Hacienda es un organismo muy escasamente respetado en la vida española. En las empresas, el sistema de llevar dos contabilidades, la oficial y la verdadera, es casi general; en los particulares, las cifras de declarantes positivos para tributar por renta, mueve a indignación o a hilaridad; en los contratos de compra-venta —aún en los públicos— rara vez no aparecen falseadas las cifras estipuladas... Y todo esto, en la casi completa impunidad.

La Hacienda, que aparece tímida y cobarde frente al capital, busca en su misión la línea de menor resistencia y se lanza por el más fácil camino de los impuestos indirectos, cargando así sobre las indiscriminadas espaldas de los consumidores los gastos de sostenimiento de un Estado del que no todos se benefician por igual. La desproporción entre las cifras recaudadas por impuestos directos e impuestos indirectos es demasiado chocante. Tanto más, cuanto las cifras de distribución de la renta nacional son altamente insatisfactorias, pues aproximadamente un tercio de la población se beneficia de los dos tercios de la renta y viceversa.

Es urgente la necesidad de dotar al Fisco de armas y de fuerzas para que pueda cumplir su alta misión de justicia social, no por caminos improvisados o arbitristas, sino por el clásico procedimiento de podar las ramas excesivamente frondosas y revertir las recaudaciones a los ministerios de producción a fin de que empleados por éstos en inversiones rentables, aumenten la renta nacional; único procedimiento para que de verdad resulten beneficiados equitativamente todos los españoles.

En el régimen capitalista, que se dice basado en el derecho del hombre a la propiedad, lo que de verdad ocurre es que ese derecho sólo les es reconocido y aplicado a los previamente «propietarios»; es decir, a las clases económicamente fuertes, integradas por una minoría, mientras que prácticamente se le niega a la gran mayoría restante. Porque entre los derechos naturales del hombre, entre los derechos que no se le pueden arrebatar sin caer en pecado, está el derecho natural a la propiedad; esto es, que el hombre tiene un natural derecho a ejercer posesión sobre los frutos directos de su trabajo personal. Y el capitalismo, sustancialmente, no concede ese derecho a sus obreros, que prestan su trabajo a cambio de una cantidad fija, el salario, renunciando a toda ulterior proyección económica y humana sobre el fruto de su labor, que queda a entera disposición del capitalista.

La Historia es así de sorprendente. Este socialismo de la Falange sería ahora suscrito por los socialistas actuales, en estos finales de siglo, en sus desavenencias con el empresariado y el capitalismo. La Biblia es un libro hermoso de desavenidos y en ocasiones coincidentes.

La novedad de los 60: el Opus Dei

En los años 60 aparecía una influencia nueva en el régimen de Franco que era la de los católicos del Opus Dei. Era una nueva generación que estaba en la universidad, en la empresa y en la banca, principalmente. Su profesionalización aparecía muy tecnocratizada y profesional, y su introducción en el poder fue prodigiosa. Representaban la renovación de los católicos clásicos. Estos nuevos ministros de la década de los 60 harían los famosos Planes

La figura del Dictador o Caudillo se institucionalizaba, y la Monarquía era un riesgo que se residenciaba en Estoril, en Portugal, acompañada por decepcionados del franquismo, por precipitados ambiciosos, y por esa hierba española, clásica y fecunda, de la conspiración.

Don Juan de Borbón aparecía exiliado voluntariamente en Portugal, y su hijo don Juan Carlos estudiaba en Madrid bajo la vigilancia de Franco, y a su lado en el ceremonial.

Franco tenía como todo dictador de origen militar un desprecio grande hacia la política, y el interés único por las obras y servicios.

de Desarrollo y el gran *boom* económico. Sus personajes más relevantes fueron Laureano López Rodó, Gregorio López Bravo y Alberto Ullastres. Así es que tenía lugar el suceso político de dos familias de políticos católicos: la ACNDP, la clásica, con el símbolo máximo de quien alcanzaría el cardenalato, Herrera Oria, aunque fuera un poco tarde a la Iglesia; y la de monseñor Escrivá de Balaguer, incluido para su beatificación en Roma. El Opus Dei era una versión más populista de la religión católica, pero, al tiempo, tenía personalidades numerosas inscritas voluntariamente, y en lo civil, en el ejercicio de los tres votos de «pobreza, castidad y obediencia». Y al tiempo de todo esto ejercían la solidaridad entre ellos, pero eso no significaba que pensaran lo mismo en los sucesos políticos. La gran muestra sería, en los finales del franquismo, las diferencias plenas de comportamiento y de pensamiento de estas dos personalidades relevantes, y con ejercicio de los tres votos: Laureano López Rodó y Rafael Calvo Serer. El primero fue el gran promotor de los famosos Planes de Desarrollo del régimen de Franco, y el segundo se aliaría con el líder comunista Santiago Carrillo en París, haciendo una famosa plataforma política. Su artículo publicado en *Le Monde* fue célebre.

España se incorporaba —en estos años— a la Comunidad Económica Europea, aunque no todavía como socio, sino con acuerdos que llegaron a ser preferenciales. Asimismo, tendría lugar el gran progreso de la empresa pública y de la empresa privada. España salía de su autarquía, y de su aislamiento importante, y se intensificaban sus relaciones de todo carácter con el mundo exterior. Lo que ocurría es que España no entraba en el Mercado Común ni en la OTAN. En el primer caso la relación era mediante acuerdos que no dificultaban el mercado. Y en el segundo, todo sería resuelto con las bases americanas de utilización conjunta, que se inaugurarían en 1953, como retaguardia de la OTAN, aunque sin confesarlo, y que las glorificaría el general Eisenhower en su visita a España en 1959, con aquel desfile en Madrid acompañado del general Franco. En los finales de los 50 tuve una larga conversación con el General, y me dijo su pensamiento en orden a lo económico y social. Pensaba como en los comienzos: la fracturación política, económica y social era el gran riesgo. Había fabricado la empresa pública con Juan Antonio Suanzes al frente, como el gran estímulo y para cubrir vacíos de nuestra difícil economía industrial y de comercio. Sus palabras textuales fueron estas: «La lucha de clases es dañosa para la patria, ruinosa para la producción, perjudicial para empresarios y obreros e inadmisible en los tiempos modernos. Todas sus batallas acabaron siempre en la esterilidad y en la necesidad de un entendimiento. El orden y la paz son indispensables para el progreso económico. La agitación política mezclándose a la lucha de clases las empujó siempre a la subversión del orden establecido.» Esto era verdad, pero el arrinconamiento de las libertades era imposible. La justicia social plena y satisfactoria impuesta desde el poder era imposible, y hasta utópica. Pero, además, estábamos en la Europa democrática de la vecindad y del mercado. Pero Franco no estaba dispuesto a fabricar una democracia con todo el pasado español encima, y con una oposición creciente de la nueva generación en la universidad y en el trabajo, y con un exilio exterior activo y ayudado. La beligerancia de la guerra civil no había concluido, y mucho mundo joven empezaba a estar en otra parte, con estas tres referencias: la Europa democrática, la Unión Soviética y los Estados Unidos.

Por fin, la recepción exterior

La España del general Franco no iba del brazo con Europa, por delante, pero sí por detrás. Los Estados Unidos y las Naciones Unidas eran el nexo. Aquella proscripción del 46 se había terminado pocos años más tarde. Finalmente, y tras su mandato antes de morir, viajaría a Madrid el general De Gaulle para hablar largamente con Franco y hacer recapitulaciones del pasado. La España de Franco no era admitida en algunos grandes salones, pero algunas de sus conversaciones básicas con los países de Europa era en las cocinas. Hasta algunos políticos europeos resonantes señalaban que Franco no era grato, pero sí útil. Los norteamericanos habían sido requeridos por tercera vez en este siglo para ayudar a la Europa del Atlántico. Y esta vez frente a la Unión Soviética y sus países europeos políticamente secuestrados, y entonces los americanos habían impuesto la presencia de España por su necesidad estratégica. El general Franco no cambiaba la construcción de su régimen, aunque lo hacía más flexible, pero su fuerza estaba, precisamente, en que resultaba necesario. La democracia, como sistema de partidos, nunca estuvo en la cabeza de Franco. Su argumentación era que el atraso de España se debía, precisamente, a la democracia, en virtud de que ésta dedicaba más tiempo a la política en los enfrentamientos que a la paz y a la concordia en las obras. Alguna razón tenía respecto al pasado, pero era en función de que las cuatro democracias anteriores habían sido violentas y canibalescas. La primera, en 1869, duró dos años y medio. La segunda once meses, en 1873. La tercera duró bastante más, desde 1876 a 1923, pero fue de lucha constante entre los monopolistas conservadores y liberales, frente a los movimientos revolucionarios y sociales que nacían, y con los intelectuales profundamente críticos. La cuarta democracia fue la de 1931 a 1935 que terminaría en una guerra civil, y con las dos Españas en su beligerancia. Las otras alternativas en España, y a lo largo de un siglo, eran las dictaduras que, irremediablemente, se aparecían como correcciones o soluciones temporales. El proceso constituyente español venía desde la guerra de la Independencia de 1808 hasta nuestros días. La democracia española actual, en estos finales de siglo —sin embargo—, tiene los mejores materiales de convivencia en su pluralismo político y ardoroso, pero con un terrorismo de nacionalistas vascos que dura ya treinta años, y con desvertebraciones varias que denunciaría el filósofo Ortega si viviera. La España de Franco regularizaba sus relaciones con el mundo en los comienzos de los 50. Era un régimen a la defensiva. Los países comunistas eran la barrera, pero había comunicaciones económicas subterráneas y que iban ofreciéndose y levantándose. La más sensacional fue la de China en los finales. La España democrática actual aparece integrada en el compromiso global de Europa y todos los caminos anteriores están abiertos. Un aislamiento de dos siglos terminaba con la quinta Democracia española. Ya no estaba Franco en el poder. Las puertas del mundo se abrieron de par en par.

La historia del ingreso de la España de Franco en Naciones Unidas la ha contado muy bien el embajador español, José María de Areilza, a quien correspondería esta difícil y afortunada misión del acceso. Eran los años 54 y el nuevo secretario general era el escandinavo Dag Hammarskjold. En aquel tiempo las relaciones de los Estados Unidos con la Unión Soviética eran muy difíciles, y había comenzado hacía tiempo la llamada «guerra fría». Solamente había un centenar de países miembros en la ONU, y había esperando muchos. Pero el acceso tenía que ser con el acuerdo de USA y de la URSS y cada cual ofrecía sus candidatos. Pero también tenía lugar la designación de países a título de «observadores», sin rango diplomático y sin voz ni voto en las sesiones. El secretario general fue entrando en razón y sugirió que España solicitara esta situación de «observador». La resolución inicial, y votada en San Francisco, declaraba explícitamente que la España vencedora en la guerra civil no sería admitida en las Naciones Unidas. El caso es que el representante de USA, Henry Cabot Lodge, animó al representante de la España de Franco, y hasta le sugirió el contacto con la delegación soviética, cuyo jefe era Sobolev, el segundo de a bordo de Vichinsky, que había fallecido repentinamente pocos días antes. Sobolev recibió a José María de Areilza y así empezaron a ir bien las cosas. Un día sería admitida España como «observador permanente», y Sobolev afirmaba que había que acabar con los perjuicios de antaño, porque resultaban anacrónicos. Unos meses más tarde España sería ya admitida como

«Nación-miembro». Todo ello era el resultado del equilibrio ejercido por Washington y Moscú. El gran promotor fue José María de Areilza, que fue también embajador en Argentina y en Francia, y finalmente ministro de Relaciones Exteriores en los tiempos de la prerrestauración de la democracia, tras la muerte de Franco. Uno de los temas eternos es el de Gibraltar. Merece la pena conocer también este asunto, tras la normalización diplomática.

Alegato español sobre Gibraltar

En el año 1704 los ingleses conquistan el peñón de Gibraltar en nombre del Archiduque Carlos —pretendiente al trono de España en la Guerra de Sucesión—. El título jurídico justificativo del derecho inglés a la Roca viene representado por el artículo X del Tratado de Utrech. A lo largo de la Historia el contencioso hispano-inglés sobre este territorio ha sido constante. Diversas instancias de organismos internacionales han tratado de resolver favorablemente el contencioso a favor de España, pero sin éxitos espectaculares. Recuérdese al respecto el Consejo del «Comité de los Veinticuatro», de 16 de octubre de 1964, donde se reconoce la existencia de una situación colonial en Gibraltar, invitándose al Reino Unido y a España «a iniciar sin demora conversaciones». Un año después, la Asamblea General de las Naciones Unidas aprueba la Resolución 2070 (XX), por la que se invita de nuevo a entablar conversaciones.

Así, el 18 de mayo de 1966 se inician en Londres las negociaciones entre España y el Reino Unido sobre Gibraltar. El llamado «alegato español sobre Gibraltar» fue enorme y extenso, y solamente recojo estos párrafos a los efectos del clima en la negociación. El documento tiene que estar, aunque yo lo tengo, en los archivos del Estado. Éstos son algunos párrafos:

> Gibraltar ha sido, para los españoles, fundamentalmente, la base extranjera en el territorio nacional, el cuerpo extraño en el propio organismo, sirviendo a unos intereses ajenos que rozan ásperamente con los de España. Ha significado una desmembración de nuestro territorio, una solución en la continuidad de nuestras costas, una especie de cuña militar que ha entorpecido las comunicaciones entre dos mares y las relaciones entre dos continentes. Gibraltar está situado en uno de los puntos vitales de la geografía española y ha sido siempre preocupación fundamental de los españoles, que han luchado secularmente por conservarlo o reintegrarlo, si estaba en otras manos, a la totalidad del territorio. Hasta tal punto esto es así, que una de las cláusulas más importantes del testamento político de la reina

Isabel la Católica —en el momento en que existían ya definitivamente la idea y realidad totales de la unidad española—, es la que manda a sus sucesores la conservación inflexible de la plaza de Gibraltar y prohíbe que la den ni enajenen jamás. Pero no sólo ha sido una desmembración territorial de España, sino que Gibraltar ha producido una constante mediatización en los asuntos interiores y exteriores españoles.

Gibraltar como base militar significa un peligro constante para España. Precisamente la evolución que ha sufrido desde que nació como una fortaleza británica más en el siglo XVIII, hasta hoy, en que la Roca es un lugar de cooperación militar internacional, en la que no participamos, la ha convertido en un riesgo que se ha extendido a todo el territorio nacional y que España soporta a título gratuito. Si con motivo de la segunda guerra mundial —guerra de armas convencionales— España sufrió pérdidas de vidas y bienes por la presencia de la base gibraltareña, e incluso en los actuales tiempos de paz ha recibido daños con motivo de maniobras, ejercicios y concentraciones militares en la Roca vecina, es fácil imaginar lo que los españoles pueden temer de esa base extranjera en una guerra nuclear. Y si España está dispuesta a aceptar riesgos de esta índole, en virtud de alianzas en que se sirvan intereses españoles, no lo está en favor de intereses o alianzas ajenos, y menos aún cuando las perspectivas de una guerra actual pueden convertir a Gibraltar en un seguro objetivo de armas nucleares. La práctica adscripción de Gibraltar al servicio de la OTAN ha aumentado los peligros y, es más, el dedo acusador de todo un bloque militar rival del Atlántico ha acentuado esta peligrosidad, dando a entender en las Naciones Unidas que al no pedir España, pura y simplemente, la eliminación de la base gibraltareña estaba asumiendo voluntariamente los riesgos que entraña la misma.

El Gobierno español, consciente de esta nueva y sombría amenaza que se cierne sobre toda España, se ha visto obligado a declarar en términos inequívocos que para nosotros Gibraltar no es una base al servicio de la OTAN. En consecuencia, el 20 de enero de 1966, se enviaba a todos los países miembros de la Alianza Atlántica —con excepción de Inglaterra— una nota en la que, después de afirmarse que el status gibraltareño había sido fijado bilateralmente por España y el Reino Unido —status actualmente en discusión—, nuestro país no podía considerar a Gibraltar como una base al servicio de la Organización Atlántica y no estaba dispuesto, por lo tanto, a conceder las facilidades que de él dependan para su utilización por los miembros de la misma. España señalaba, además, que veía con toda reserva cuantas maniobras y operaciones militares, navales y aéreas, se verificaran con apoyo en Gibraltar y en las que intervinieran países distintos de Gran Bretaña.

La influencia de la Iglesia fue grande en aquella guerra, y después de ella. El pensamiento católico tradicional nunca había sido mayor. (El cardenal Segura con el general Queipo de Llano, en Sevilla.)

Algunos militares o generales eran tan prestigiosos o relevantes, que hubo ocasiones en las que creaban algunos problemas, pero el general Franco tenía siempre su aparato de leales o de fieles que aislaba a los rebeldes o a los críticos.

Franco pondría al falangismo en un lugar del escenario, al lado de las otras fuerzas, en función de un pluralismo más exigente después de los acontecimientos y sucesos de la segunda guerra mundial.

Los trabajadores españoles, auténtica población activa de Gibraltar, nunca han podido residir en la Roca porque las leyes británicas así se lo han prohibido. A diario han tenido que pasar la frontera abandonando el territorio en donde dejaban su esfuerzo de todos los días. Son los exiliados de Gibraltar, los parias históricos de la ciudad, los que no han tenido ni voz ni voto en los asuntos gibraltareños; son, verdaderamente, la otra población de Gibraltar a la que nadie se refiere, de la que no se habla cuando se aborda el futuro de la Roca, pero que está ahí y de la que depende —al menos en el día de hoy— la vida cotidiana de Gibraltar. Detrás de ellos, en la zona española vecina, están sus familias formando un núcleo demográfico que acaso llegue a los 40 o 50.000 habitantes y sobre los que ha operado —repito— un verdadero colonialismo. A la vista de estos datos queda bien claro que, ante el vacío creado por la implantación militar británica en la Roca, se ha producido una realidad democrática —habitantes de la Plaza, trabajadores españoles y familias del Campo— sobre la cual ha incidido una situación colonial y que tiene que ser contemplada en su conjunto a la hora de abordar el problema de Gibraltar y de su porvenir.

Españoles de todas las ideologías políticas y de todas las clases sociales han coincidido siempre en una reclamación que a lo largo de doscientos sesenta y dos años se ha manifestado en tres sitios militares, millares de combatientes muertos, innumerables gestiones diplomáticas, numerosas conversaciones de estadistas, seis intentos de canje y una bibliografía inmensa y unánime, que es la fuerza moral más importante del Gobierno español en el instante de estas conversaciones. Quizá para los oídos británicos tengan especial resonancia y significación unas palabras escritas el 29 de octubre de 1935 por don Salvador de Madariaga, entonces representante de España en la Sociedad de las Naciones, en un Informe al ministro de Estado español, que se encuentra guardado en el archivo de nuestro Ministerio de Asuntos Exteriores. Relatando el señor Madariaga una conversación suya con Mr. Anthony Eden, da cuenta de que tocó «otra vez el punto de la ocupación de un territorio tan evidentemente nacional como Gibraltar, recordándole que no se trataba de una isla de nacionalidad más o menos disputable como Malta, sino de un trozo de territorio nacional, indiscutiblemente español, caso único en la geografía europea».

Felipe Mellizo, corresponsal en Londres del periódico que yo dirigía, me enviaba algunas cartas, de las cuales he recogido todas estas cosas. El ingenio de Felipe Mellizo era luminoso:

Paso a informarte, como en ocasiones anteriores, sobre el caso Gibraltar, tal como transcurre oficialmente y tal como yo lo veo. Esta exposición justifica el tono de mis crónicas, pero en todo caso, lo que pretendo es que estés enterado de algunos recovecos. En primer lugar, me parece que la crónica mía publicada en *Pueblo* el pasado día de febrero no gustó en el Ministerio de Asuntos Exteriores. Así lo entiendo, porque me llamó el embajador, que siempre es sumamente amable conmigo, y me pidió que le leyese una copia, lo que hice. En la conversación me indicó que no había gustado en Madrid mi interpretación del debate de la Cámara de los Lores a que hacía alusión la crónica. Mis razones, como le expliqué al embajador, son clarísimas:

a) Nos pasamos la vida diciendo en la prensa española que la Cámara de los Lores no sirve para nada, ni tiene importancia. No podemos, pues, cambiar de opinión —porque el público no es idiota— cuando en esa Cámara se dice algo favorable a España.

b) Subrayé en la crónica la exposición que lord Sheperd hizo de los trámites constitucionales en Gibraltar, porque a mi juicio, eso es importante. En cambio, los discursos de Moynihan y de Mowbray, en los que había cosas agradables de oír en España, no mueven ni un guijarro de la Roca. Eso, sin contar que, por lo menos lord Moynihan, es más famoso por estar casado con una «bailarina del vientre», y por visitar Tánger a menudo, que por su talento político y legislativo.

c) Otro orador, St. Oswald, es un caballero a la antigua usanza, y que yo recuerde, siempre ha tratado bien a España. Envió una carta a la prensa cuando llegó a Londres Castiella, para defenderle. Pero, desgraciadamente, te repito que los Lores tienen todavía menos importancia que los Comunes, y todos juntos le importan al Gobierno lo mismo que a mí me importa la seguridad social en Liechtenstein. Ya has visto que, sólo unas horas después de ese debate, Londres contestó oficialmente a los requerimientos de Castiella diciendo que Inglaterra no acepta la resolución de la ONU. Así es que continuar alimentando a los lectores españoles con titulares optimistas me parece una inmoralidad que, por lo menos yo, no estoy dispuesto a cometer.

Recibo muchas cartas diciéndome que soy un cerdo anglófilo, y otras por el contrario me dicen que soy un violento fascistón, porque digo que Gibraltar es español. Vamos a ver si te explico, también con calma, mi posición correcta:

a) Respeto a Inglaterra. Creo que no es decente estar continuamente diciendo que los ingleses son unos cabrones, señalando sus vicios y sus defectos, como si fueran únicos, y sin reconocer ninguna de sus virtudes o de sus éxitos, que son bastantes. La prensa inglesa miente sobre España; pero yo no voy a mentir sobre Inglaterra. Allá ellos. Por eso procuro en todos mis artículos señalar que si hay alguna prensa mendaz en el mundo es la londinense, pero no por ello oculto que las escuelas son muy buenas y que otras cosas son excelentes. Me revienta ver en nuestros periódicos titulares insultantes, porque me siento pequeñito y colonizado. A estos tíos hay que tratarlos como ellos tratan a la gente: con altivez, pero sin romper la baraja. Es mejor el tono irónico, que yo procuro usar.

Además, el hecho de que los conservadores vayan de vez en cuando a España, le den palmadas en el hombro a Carrero Blanco, y visiten las bodegas de Jerez, no anula un hecho fundamental: ellos no devolverán Gibraltar jamás a nadie. Son muy finos y muy simpáticos y todo lo que te dé la gana pero, primero, no gobiernan, lo cual nos obliga a no contar con ellos, porque no deciden y, segundo, son racistas, capitalistas, antisocialistas y antilatinos como diablos. Sus amigos no son los españoles, sino ciertos españoles, como comprenderás. A la España histórica, las guarradas se las han hecho siempre estos ingleses «de derechas».

Como te prometí, ahí van algunos comentarios y algunas informaciones para tu uso exclusivo, en torno a Gibraltar:

1.º La acción diplomática española está siendo buena, atrevida y honrada. Yo temía, hace unos meses, desfallecimientos, pero veo y me alegro que la cosa sigue adelante. Es fundamental, por ello, que no se interrumpa el esfuerzo ni un instante y, sobre todo, que desde el más pequeño funcionario de aduanas hasta el más encopetado funcionario, todos los responsables se mantengan con los ojos bien abiertos al más ligero movimiento diplomático británico y al más ligero suceso en el mismo Gibraltar. Por ejemplo, parece que en estos momentos se está tratando de organizar un «Lobby» en Estrasburgo, en la Asamblea del Consejo de Europa, reuniendo firmas de diputados en favor de la postura inglesa. Supongo que Castiella estará avisado de ello y que habrá empezado a mover las fichas de que disponga, antes de que la Asamblea se encuentre con una moción antiespañola. Cosas así pueden ocurrir en los puntos más extraños del planeta, desde los garitos alfombrados de los concursos de belleza, hasta los Juegos Olímpicos.

2.º No tiene el Gobierno inglés, de verdad, instrumentos adecuados para fastidiar a España, como se te alcanzará. La cuarta parte de las urbanizaciones turísticas, los restaurantes costeros y algunos hoteles es suya, por lo que se cuidarán muy mucho de salvar el turismo. Como sabes, los propios gibraltareños son dueños o co-dueños de hoteles importantes en la Costa del Sol —indecencia que nunca deberíamos haber consentido, pero que quizá nos favorezca ahora—. Y el argumento español de la ventaja británica en el comercio, entre los dos países es cierto. Nadie va a perjudicar eso aquí.

3.º Pero sería un error pensar y hacer pensar en un retorno de Gibraltar inmediato. Échale años. Se ha conseguido algo importante: que la gente se entere y que la colonia les cueste cuartos a los ingleses. Les será molesto permanecer, pero permanecerán por algún tiempo, tanto más corto, cuanto más capaces seamos los españoles —con este régimen y con el que venga— de mantenernos inhospitalarios, sólidos y crueles, si hace falta, con Gibraltar. Ya te he dicho alguna vez que los ingleses desconfían de nuestra capacidad para los esfuerzos largos.

4.º El problema político interior de España, por muchas vueltas que le demos, influye en la cosa en nuestro disfavor y supongo que a Castiella le debe quitar el sueño. Fíjate en una anécdota poco conocida: se dice que ayer, cuando Stewart se entrevistó con el embajador de España, escuchó de labios de éste una lista de nombres de políticos españoles exiliados o desafectos al régimen de Franco, pero coincidentes respecto a Gibraltar. Stewart contestó que lamentaba mucho no poder ofrecer a su vez ninguna lista de ingleses en el exilio. Como verás, Stewart no es ni tonto ni asustadizo. Tampoco lo es Castiella, pero hay argumentos que no le han quitado los ingleses, sino la propia historia de España. Es verdad que estos tíos son unos marranos y que mienten cuando dejan entrever que habría trato con una España democrática. Pero no es menos verdad que esta España nuestra dista mucho de ser tal cosa y que nadie, ni nosotros mismos, lo ignora. A mí se me han congelado totalmente las pasiones políticas, pero, fríamente, no hay más remedio que disentir, incluso radicalmente, de muchas cosas que ocurren en nuestra patria. Comprenderás la sensación de desasosiego que se experimenta cuando se ve uno obligado por la verdad a tragarse protestas honradas y justas. Y esa es la actitud de muchos españoles aquí, convencidos de que Gibraltar es nuestro, soñando por recuperarlo, pero incapaces de aceptar que nuestro régimen es un modelo para el mundo. Te digo en privado lo que he puesto en alguna crónica con más prudencia: España, con Franco, con don Juan, con Carrillo o con Gil Robles, tiene que ser en política internacional «de izquierdas». Por la sencilla razón de que los países pobres, o son eso, o se los zampan. Es evidente que tal actitud no puede ser la adoptada por el régimen actual, por razones históricas, ideológicas, polémicas, unas veces razonables y otras completamente insensatas. Y ahí está, respecto a Gibraltar y respecto a casi todo, nuestro «talón de Aquiles».

5.º Hay que continuar luchando en el punto concreto que nos interesa: Gibraltar. Fastidiando todo lo posible. En cuanto al desarrollo del Campo —que no funciona como sería de desear— conviene hablar despacio. Porque ese es un buen dilema.

Si dejas las cosas como están, perpetúas la injusticia, la miseria y la desvergüenza de los tipos que venden cositas en la Marina de Algeciras. Si, de verdad, desarrollas la zona y la conviertes en un «Edén», estás alimentando la colonia británica, porque jamás podrás evitar la realidad geográfica, ni la presencia de capital gibraltareño-británico en el Campo. España se encuentra ante un problema moral. Yo me acuerdo de que Joaquín Costa, el pobre, decía: «El honor de España está en Gibraltar, pero no sólo en Gibraltar. También está en los aduares andaluces, en los suburbios miserables de las grandes ciudades y en la ausencia de justicia para los desgraciados.» Así es que, puestos a elegir, es lo honrado desarrollar el Campo, pase lo que pase con la colonia. Pero que conste, yo ya he oído aquí públicamente, en la «London School of Economice», a un conferenciante que veía la salvación de Gibraltar en el desarrollo de su Campo. A pesar de ello, un español limpio —y yo quiero ser eso— debe estar a favor de la justicia sobre todo.

Fernando María Castiella, ministro de Asuntos Exteriores, me tenía informado sobre todo esto, y algunos párrafos de sus cartas eran sabrosos. Éstos, por ejemplo:

Como bien sabe, mañana comenzarán aquí, en Londres, las conversaciones hispano-británicas durante las cuales expondré a mi colega el secretario del Foreing Office, mister Stewart, el punto de vista español sobre el problema de Gibraltar.

Motivos diplomáticos obvios nos han obligado a mantener dicho texto en secreto y quizá nos aconsejen demorar aún su publicación. Pero es posible también que en el espacio de unas horas reciba ese alegato junto con una carta mía, cuya entrega he tenido que retrasar en espera del preciso momento oportuno. Parece que el Gobierno inglés tiene interés en rodear estas conversaciones del mínimo de publicidad posible e incluso mantenerlas, al menos de momento, en un ambiente de estricta reserva. Sin embargo, consideramos que nuestra causa debe ser expuesta con toda claridad ante el mundo y que una de nuestras armas es una opinión pública, española e internacional, debidamente informada.

Como no se le oculta a Vd., Inglaterra está tratando en este caso de dar la menor publicidad posible al fondo del problema. Ello no conviene para su estrategia y habrá visto que la prensa británica en estos días, lejos de presentar el caso de forma objetiva y completa —con hechos, cifras y datos históricos o actuales— se limita a especular y a lanzar cortinas de humo a base de vagas fórmulas y de nebulosos comentarios. Realidades tajantes como las disposiciones finales del artículo X del Tratado de Utrecht, el hecho de que el aeropuerto de la Plaza esté

En los años 60 aparecía una influencia nueva en el Régimen de Franco que era la de los católicos del Opus Dei. Sus personajes más relevantes fueron Laureano López Rodó, Gregorio López Bravo (junto a M. Fraga, F. M.ª Castiella y V. Giscard d'Estaing) **y Alberto Ullastres** (en la foto de la derecha).

Rafael Calvo Serer se aliaría con el líder comunista Santiago Carrillo en París, haciendo una famosa Plataforma política.

construido sobre suelo español, o la existencia de un contrabando organizado, entre otras muchas, vienen siendo cuidadosamente ocultadas o disimuladas espaciosamente a la opinión británica.

Antonio Villar Masó, socialista relevante en la clandestinidad española, me enviaba en 1966 la carta siguiente:

> En los últimos meses, los socialistas españoles hemos seguido en silencio, pero con profunda atención, el curso de las negociaciones hispano-inglesas sobre el problema de Gibraltar. También hemos procurado conocer el eco que, las negociaciones y sus incidencias, han venido teniendo en la prensa extranjera.
>
> Recientemente, un lector norteamericano protestaba en carta al director del periódico *The New York Times*, por la, a su juicio, insuficiente y deformada información, que el prestigioso diario neoyorkino viene dando sobre este problema. Lamento personalmente que muchos de nosotros nos veamos obligados a abundar en la oponión del lector norteamericano aludido.
>
> Y digo que lo lamento, porque los socialistas, como todos los demás demócratas españoles, no olvidaremos nunca el apoyo moral que a nuestra causa y a nuestras personas han prestado tanto el *The New York Times* como la mayor parte de la prensa demócrata mundial, sin distinción de matices políticos. Personalmente, cuando sufría prisión por mis ideas socialistas y democráticas, en noviembre de 1958, en la cárcel de Madrid, recuerdo con qué agradecida emoción mis compañeros y yo recibíamos —cuando nuestros amigos de fuera conseguían hacérnoslas llegar—, las noticias y comentarios que sobre nuestro caso daba la prensa libre del mundo exterior. En nuestra aislada indefensión de entonces, la prensa democrática extranjera era para nosotros el símbolo de la solidaridad humana e internacional frente a la opresión y la injusticia.
>
> Por otra parte, ha sido precisamente Benjamin Welles, durante seis años, corresponsal del *The New York Times* en España, y gran conocedor y amigo del pueblo español, quien, en su reciente libro titulado *Spain, the gentle anarchy*, alude elogiosamente a los socialistas y demócratas españoles, y a mí personalmente.
>
> Por eso nos duele ahora cuando nos parece advertir en muchos periódicos, que consideramos amigos, una inexplicable ignorancia o inadmisible parcialidad en este viejo pleito anglo-español. No es este lugar ni soy yo la persona adecuada para valorar los, a mi juicio, muy sólidos argumentos en que apoya nuestro país su reclamación. Documentación exhaustiva de los mismos existe a la disposición de cuantas personas objetivas

deseen conocer, también, las razones histórico-legales en que España basa su posición.

Pero sí considero una obligación moral como socialista, como demócrata y como español, aclarar un extremo sobre el que ciertos órganos informativos, en particular los británicos, vienen especulando: la supuesta identificación de la reivindicación española con el régimen actual de nuestro país.

Esto es totalmente inexacto. Todo el mundo puede y debería saber que el general Franco no es, ahora, sino el intérprete circunstancial y obligado de una reclamación que, militar, política y diplomáticamente, han planteado o apoyado plenamente los sucesivos gobiernos y regímenes españoles, desde la fecha infausta para nuestro pueblo, de la ocupación inglesa del Peñón.

Para los socialistas españoles el problema yo diría que se agudiza doblemente. Porque si, como españoles, somos solidarios de nuestro pueblo en su justa reivindicación, como socialistas no podemos hacer una excepción en la lucha que desde siempre mantenemos contra los restos del imperialismo y el colonialismo, afortunadamente moribundos. No deseo extenderme más, aunque sobre este tema, y no sin base, podría tratar mucho más extensamente.

Nuestros deseos de restablecer un régimen democrático en nuestro país, y dentro de él, de propagar y trabajar por el socialismo, no se ven precisamente facilitados cuando nuestro pueblo ve cómo un gran país occidental —para colmo con un gobierno laborista—, reacciona ante la petición de la ONU de que resuelva, por negociación con España, el único problema colonial que afecta, todavía ahora, en 1966, a un minúsculo, pero simbólico, trozo de territorio español, es decir, europeo.

Política de obras y de servicios

Las características de esa España gobernada por Franco eran, principalmente, las de las obras. Había una sola ideología como «Principios fundamentales del Régimen», y la gran dedicación eran las obras, los servicios y mejorar el país. Franco y sus expertos querían salir del mundo más atrasado de Europa mediante una dedicación preferente a las obras y a los servicios. El Estado tenía que ser, principalmente, el protagonista, porque era insuficiente la iniciativa privada. Las dictaduras, cuando excluyen la política, tienen más tiempo para hacer obras. Esto es así de tremendo.

La clase bien instalada no había sido desahuciada, y lo que podría llamarse «la clase social» había perdido la guerra. Pero

Franco, en su justificación política e histórica, quería hacer la prosperidad y el reparto a su manera, un poco el nuevo estilo occidental, y desde su inevitable dictadura. Una democracia clásica, tras una guerra civil con un millón de muertos, era imposible. Tampoco la hubieran hecho los perdedores. En este año de 1991 un periódico de Madrid, *Diario 16,* ha publicado el último medio siglo de vida española, y el que fuera con Franco ministro de Obras Públicas, en una de las etapas, Gonzalo Fernández de la Mora, explica la política hidráulica en materia de pantanos con este párrafo exacto: «Como síntesis, en 1974 había 680 presas, 500 de las cuales habían sido construidas después de 1939. En 1940 la capacidad de los embalses españoles era de 4.000 hectómetros cúbicos, y en 1973 era de 40.000. O sea, en 33 años se habían embalsado diez veces más agua que en los dos milenios anteriores, desde que los romanos construyeron la presa de Proserpina en Mérida. Las riberas artificiales interiores triplicaban las riberas marítimas de España.» España es un país bordeado por dos mares, el Atlántico y el Mediterráneo, y con varios ríos, algunos de ellos caudalosos, y, sin embargo, era un país seco para su agricultura, y pobre para la creación de la energía eléctrica. Ésta fue la gran pasión del general Franco y, al tiempo, la construcción de carreteras. Paralelamente, y en virtud de las emigraciones sociales del Sur pobre hacia el Norte más próspero, aparecían las grandes ciudades, que eran obligatoriamente habitables, creando grandes poblaciones de viviendas en los arrabales o en los suburbios. Ésta era la actividad principal de Franco, y todo lo demás era autoridad. La política no le entretenía y no le perturbaba, y entonces hacía obras y servicios. La democracia está obligada a hacer el invento de política y obras al mismo tiempo. Ésta es la demanda actual. El caso de las dos dictaduras de este siglo fueron sus obras, y la gran protagonista de la democracia era la política. Esta conciliación, de política y de obras, es posible y exigible.

También recientemente el semanario comunista *Mundo Obrero* publicaba una serie de artículos del dirigente Simón Sánchez Montero en el que justificaba los Planes Quinquenales de Stalin en función de los bajos niveles económicos y sociales de la Unión Soviética. «Marchamos —dijo Stalin— con un retraso de 50 o 100 años con respecto a los países adelantados. En diez años tenemos que salvar la distancia. O lo hacemos o nos aplastan.» Cuando la invasión de Hitler, ya habían tenido lugar varias reformas. En los primeros años de los 30 la producción industrial en la Unión Soviética había alcanzado el 334 por ciento respecto a 1913. La sensibilidad de Stalin y sus expertos por el aumento de la agricultura y de la industria era como la de Franco, aunque con métodos diferentes. En la Unión Soviética se colectivizaba la agricultura y

Las bases americanas de utilización conjunta se inaugurarían en 1953, como retaguardia de la OTAN, aunque sin confesarlo.

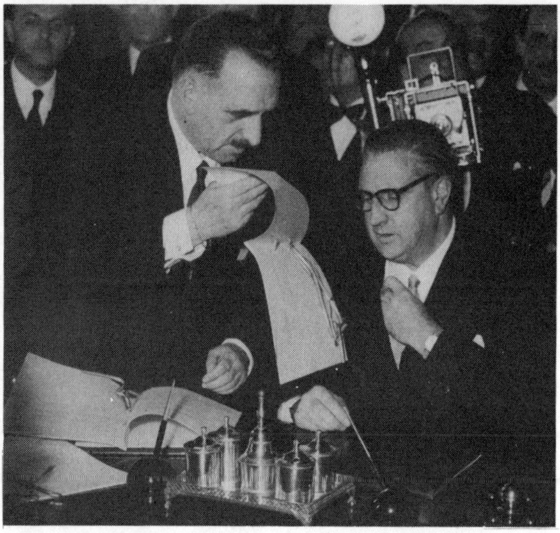

Franco tenía en el exterior, y en la clandestinidad, a los derrotados y a sus sucesores de la guerra civil, y abría las ventanas, pero no las puertas, en cuanto a la política interior. Casi todo en la cultura vigilada, y nada en la política. Franco tenía su Régimen y «su Democracia».

En la década de los 60 se flexibilizaba políticamente todo un poco más, y hasta se suprimía la censura previa de prensa que había estado funcionando desde 1938. La aparición de Manuel Fraga cambiaba un poco las cosas.

todo aparecía estatalizado. En la España de Franco, el Estado aparecía en primer lugar, pero sobrevivía y se alentaba a la empresa privada para alcanzar los niveles europeos que después tendrían lugar en los famosos Planes de Desarrollo de los años 60. La dictadura del general Franco reducía o limitaba las libertades, pero hacía obras, y otro país más próspero. Las experiencias anteriores democráticas en España ponían en un primer plano las ideologías en la concurrencia de unas o de otras y se alimentaba el exterminio del contrario, haciendo imposible la creación de un país con altos niveles económicos y sociales. Ésta es una realidad histórica muy clara.

También procede decir, por exigencia de contar la realidad, que las cuatro décadas de poder del general Franco fueron distintas en orden a la flexibilidad política. La primera década, desde el final de la guerra de los años 40, fue la más rígida. Era la del entusiasmo de los vencedores y la liquidación o postergación de los derrotados. En los años 50 aparecía, aunque en los finales, una nueva generación en la universidad y en el mundo del trabajo, que extendían la crítica o la protesta. Era el comienzo del viento de las libertades, aunque la guerra estaba muy reciente, y el pueblo español no secundaba por temor a estos movimientos. Eran grupos reducidos y activos a los que reprimía la fuerza pública con facilidad y seguridad. Algunas de estas gentes procedían del régimen mismo en su desencanto, y otras eran sucesores de gentes también del régimen, aunque otra buena parte procedía de otros sitios. El lugar más activo fue la universidad. Entonces empezarían a rebrotar las especies antiguas de la política española: comunistas, socialistas, democristianos y liberales. Era un mundo joven sin influencia y sin instalación social, pero que movilizaban a la gente nueva para manifestaciones o movilizaciones. A pesar de todo esto, el régimen no se quebrantaba, pero se acercaba al acordeón. En los libros, en la prensa y en el teatro era otro el ambiente. No había libertades plenas, pero se veían las identidades de cada cual. Franco era ya un hombre mayor, pero sus alrededores estaban constituidos por jóvenes y maduros en su lealtad y fidelidad al dictador. Pero ya eran otros en cuanto a la recepción de un pluralismo de actividades y de opiniones, y cada cual en su portal. Solamente la subversión o la oposición visible tenía el riesgo de las comisarías o de la cárcel. Pero ahí estaban las cuatro promociones de los 40 a los 70 que incluyo en mi libro *Tragicomedia de España*, y que publicaron novela, teatro, verso, pensamiento e historia. Y políticamente estaban en una o en otra parte, y hasta algunos en ninguna. Esas glorias celebradas a diario ahora, y a manera de símbolo, como Cela, Buero, Delibes, José Hierro o Gala se hicieron en aquel tiempo. Yo llevé al teatro las versiones libres de dos obras preocupantes: *La muerte de Dantón* de Buchner, que era la Revolución francesa, y el *Galileo, Galilei* de Brecht. Si la Historia se viste a cargo de desfiguradores, de resentidos o de apasionados, puede en ocasiones resultar bella, aunque sea falaz. Hay modistos excelsos. Pero si la Historia se desnuda, que ése es mi propósito en este libro, resulta que no hay cáscaras. Es así y no de otra manera. No estoy desnudando a la Historia para el elogio o para la vileza. La intención no es otra que decir algo de lo que he visto. Y contarla sin recreo, sin entusiasmo y sin ira. Las fuerzas de seguridad y las fuerzas militares tenían la misma solidez. No había ningún riesgo frente al régimen. Las relaciones internacionales —por otra parte— eran mejores.

En 1970 acudía el presidente Nixon a España para un fortalecimiento mayor de las relaciones; y en 1975 lo hacía el presidente Gerald Ford. La década de los 60 y 70 fueron de grandes relaciones internacionales y por España pasarían políticos de todas las tendencias, aunque algunos de ellos encubiertos por «lo privado», y no abiertos por «lo oficial». La diplomacia española apenas tenía contratiempos. La vecindad francesa, italiana, portuguesa e inglesa era buena. Lo árabe era bastante caluroso. Y la América hispana era también sensible. Franco tenía en el exterior, y en la clandestinidad, a los derrotados y a sus sucesores de la guerra civil, y abría las ventanas, pero no las puertas, en cuanto a la política interior. Casi todo en la cultura vigilada, y nada en la política. Franco tenía su régimen y «su democracia».

En la década de los 60 se flexibilizaba políticamente todo un poco más, y hasta se suprimía la censura previa de prensa que había estado funcionando desde 1938. La aparición de Manuel Fraga cambiaba un poco las cosas. Era un ministro abierto para la Cultura. Naturalmente, una actitud subversiva de algún medio de información, y en atención a las Leyes Fundamentales del régimen, cerraba periódicos o lo que fuera. Tres personajes relevantes del Opus Dei, pero distintos de aquellos que estaban en el poder, porque el Opus Dei ya he dicho que es plural, serían los autores directos de aquel caso del periódico *Madrid*, en su supresión: el banquero Luis Valls, Rafael Calvo Serer y Antonio Fontán. Todavía era demasiado pronto para un antifranquismo activo con Franco en el poder. Un artículo de Calvo Serer recordando a Franco la forma fácil de marcharse a la manera de De Gaulle, era el explosivo. Era la primera vez, y en un periódico de orígenes franquistas, fundado por Juan Pujol, que se hacía el requerimiento a Franco de que se fuera. Naturalmente, Calvo Serer empezaría su exilio en París, y el periódico tenía una suspensión y luego el cierre. El famoso artículo fue éste:

Si estamos o no en los comienzos de una nueva Revolución francesa, el tiempo lo dirá. Pero lo que ha quedado claro es la incompatibilidad de un gobierno personal o autoritario con las estructuras de la sociedad industrial y con la mentalidad democrática de nuestra época en el contexto del mundo libre. Aun en los mismos regímenes socialistas del Este el culto a la personalidad, característico del período staliniano, ha tenido que desaparecer. Tampoco el recuerdo de figuras como las de Hitler y Mussolini ha logrado revestirse de la leyenda que hizo perdurable la gloria de Napoleón. En los regímenes democráticos, incluso grandes personalidades como Churchill y Adenauer fueron objeto de duras críticas y se vieron obligados a abandonar el poder por los electores que, en otros momentos, les manifestaron entusiasta adhesión o un simple reconocimiento de sus servicios.

El régimen más o menos autoritario de De Gaulle se encuentra ahora con que ha acumulado todas la desventajas y los inconvenientes de los autócratas y estadistas citados. La principal característica de sus diez años de presidente de la República ha sido una exagerada personalización del poder. Ha gobernado prescindiendo de la opinión y consejo de casi todos los políticos o incluso en contra de ella. Ha menospreciado a los partidos, los sindicatos y la prensa. Por último, se ha encontrado ya anciano y queriendo mantenerse en el Gobierno con una crisis que puede acabar con él sin haber abordado a tiempo ni la organización del partido que pueda continuar su obra ni la preparación adecuada del posible sucesor.

Son demasiados los actos personales de Gobierno ejecutados por el general para que ahora, en unos días, semanas o meses, pueda rectificar con medidas de emergencia. Su política argelina, acertada desde un punto de vista internacional, le enemistó con gran parte del ejército que le llevó al poder y con la extrema derecha francesa; su política contra la Europa unida quebrantó una de las más fundadas ilusiones y esperanzas de la juventud; sus hostilidad a la NATO y a los anglosajones le llevó a acercarse a Rusia y fortaleció a los comunistas franceses, que están en la oposición; su actitud contra Israel le valió la hostilidad general de los intelectuales; los viajes al Canadá y a Polonia motivaron nuevas irritaciones fuera y dentro de Francia.

De Gaulle quiere lograr de nuevo y directamente del pueblo el apoyo para sus medidas y decisiones personales. Quizá pudiese conseguir una ligera mayoría por el miedo que produce una alternativa en la que el partido más fuerte puede ser el comunista. Pero ¿podrá seguir adelante el anciano general cuando ya no es capaz de escuchar ni de rectificar? A este respecto recuerdo aquella aguda observación de Lequerica, en su despacho de las Cortes, cuando él mismo se consideraba como vicepresidente con derecho a sucesión, y era el triste sino de los gobernantes que se hacen viejos en el poder. Son sus mismos éxitos los que les traicionan, porque se aferran a lo que en otras ocasiones les fue favorable, aun contra la opinión de quienes les rodeaban. Pero al cambiar las circunstancias, ese inmovilismo resulta funesto. Me citó el caso de Carlos X de Francia. Lo mismo hubieran podido decir del viejo Bismarck, al que el emperador se vio obligado a hacer dimitir por su incapacidad de retirarse a tiempo.

El resultado de las elecciones presidenciales de 1965 ya fue una advertencia a De Gaulle. No quiso escucharla y se ratificó en las legislativas de 1967: casi la mitad del pueblo francés mostró su disconformidad con la política personal del general. ¿Va a reaccionar ahora como Leopoldo de Bélgica? El rey ganó el plebiscito, pero comprendió que no podía reinar contra una mitad del pueblo que englobaba precisamente a los obreros. De Gaulle pidió a Johnson un gesto dramático que hiciera posible la paz en el Vietnam. El presidente americano lo hizo retirando su candidatura a las elecciones. ¿Qué puede ahora hacer el general en el mismo sentido? ¿Renunciar a su *force de frappe* y acometer la reforma universitaria, la social y la económica?

La primavera de 1968 nos ha traído una avalancha de noticias que se suceden sin dar tiempo a asimilarlas. A la renuncia del presidente Johnson ha seguido el asesinato de Lutero King; el atentado contra Dutschke; las manifestaciones estudiantiles en toda Alemania; el ensayo de la libertad en Praga; las conversaciones sobre el Vietnam, sin interrupción de los bombardeos; y ahora la acción de los estudiantes, los sindicatos y las izquierdas contra De Gaulle.

Todos estos acontecimientos, especialmente los franceses, inducen a la reflexión. España mantiene una semejanza de situaciones sociales y políticas con el vecino país. Si a Francia se le presenta el problema de la sucesión de De Gaulle y del régimen de la V República, también con especiales características está planteado en España. Mientras el general francés ha realizado una política exterior izquierdista, pero conservadora en el interior, la política exterior española ha sido de otro signo y en el interior está por hacer la reforma de las estructuras económicas y sociales.

Si el movimiento universitario y el obrero son de oposición radical al régimen personal de De Gaulle por la falta de participación de los gobernados en los niveles económico, social y político, los españoles no hemos resuelto la plena participación democrática cuando, según las leyes, se dan por terminados los períodos totalitario y autoritario del régimen.

Esta es la cuestión clave. En la vía de su resolución se plantean estos interrogantes prácticos y urgentes: ¿Cómo puede formarse un Gobierno para enfrentarse con las nuevas realidades?, ¿cuál será la organización política más adecuada para que este Gobierno pueda contar en sus decisiones con la mayor participación individual o asociativa? Y, por último, en el momento de producirse la vacante previsible, ¿quién ha de ser el jefe del Estado que reúna las mejores condiciones para la acción de aquel Gobierno y para contar con la máxima adhesión popular?

La Redacción y mundo del trabajo no tenían periódico y ellos mismos, los dueños, volaron el edificio para la venta de los solares a su favor. Pero ya una actitud crítica, sin subversión, era aceptable, aunque la personalidad de Franco seguía siendo sagrada. En algunos periódicos se producía alguna tensión que se resolvía por la vía pacífica o por los expedientes de turno. En el poder más directo había ya una personalidad militar de la máxima confianza de Franco, y que era el almirante Carrero. Era la representación del franquismo clásico o puro y en 1973 sería nombrado presidente del Gobierno.

El almirante Carrero era el más próximo a Franco en su idea del régimen. La milicia, como marino; la Historia que le gustaba; el distanciamiento de las familias políticas; y la noticia del orden y de la autoridad. La lealtad, por otra parte, era plena. En una de mis conversaciones con él, me diría todo esto:

> Las páginas más grandiosas de nuestra Historia son, para mí, las que abarcan de fines del siglo XV a mediados del XVII; las más tristes aquellas en las que perdemos nuestra personalidad para adoptar modas extranjeras: las que van de mediados del siglo XVIII a nuestra guerra de liberación.
>
> ¡Dios nos libre de un Gobierno débil! La salvaguardia de la justicia, del orden, de la paz interior y la tutela del bien común, cumpliendo y haciendo cumplir las leyes, que es la función básica de todo Gobierno, exige el ejercicio de la autoridad.
>
> En 1944 el Caudillo escribió a Churchill una carta, por conducto del duque de Alba, embajador en Londres. Decía esto: «Porque no creemos en la buena fe de la Rusia comunista y conocemos el poder insidioso del bolchevismo, tenemos que considerar que la destrucción o debilitamiento de sus vecinos acrecentarán grandemente sus ambiciones y su poder, haciendo más necesario que nunca la inteligencia y comprensión del Occidente de Europa.» Churchill respondió de mala manera, manifestando su confianza en sus aliados rusos, y negando todo proyecto de unión o relación europea ante el riesgo. Pero el 5 de marzo de 1946 decía esto en su discurso de Fulton (Missouri): «Nadie sabe lo que la Rusia soviética y su organización comunista internacional piensan hacer en un futuro inmediato, ni

Tres personajes relevantes del Opus Dei, pero distintos de aquellos que estaban en el poder, porque el Opus Dei ya he dicho que es plural, serían los autores directos del periódico «Madrid», en su supresión: el banquero Luis Valls, Rafael Calvo Serer y Antonio Fontán. Todavía era demasiado pronto para un antifranquismo activo con Franco en el poder.

El almirante Carrero era el más próximo a Franco en su idea de Régimen.

cuáles son los límites, si existen, de sus tendencias de expansión y proselitismo.»

El católico sirve a la Iglesia de la que forma parte, pero si para sus fines políticos o de cualquier otro orden se sirve de la Iglesia peniéndose una etiqueta de católico, no obra, a mi juicio, como buen católico, porque aunque actúe dentro del Decálogo, implica a la Iglesia en sus actividades terrenas.

Yo soy monárquico de la monarquía nacida de la guerra de liberación. Nuestro régimen es incompatible con los torpes ensayos republicanos, que la experiencia demostró, trágica e inequívocamente, ser funestos para la nación.

Mejor es morir desintegrados por una explosión nuclear que seguir viviendo formando parte de una masa de esclavos sin Dios.

El almirante Carrero era el brazo fuerte, y el gran intérprete de Franco. Murió antes que el Caudillo. En el supuesto de que hubiera estado vivo, con el rey en la jefatura del Estado ¿podría haberse restaurado la Democracia de 1977? Ésta es la gran incógnita de la Historia. A su lado entonces seguirían estando Torcuato Fernández Miranda y Adolfo Suárez. Eran, con otros, sus dos protegidos o privilegiados. Por eso la muerte anticipada del almirante es un suceso para la Historia.

El gran suceso histórico de Dionisio Ridruejo

Desde los comienzos de la guerra civil se revelaron como los ingenios jóvenes de la nueva ideología falangista estas tres relevantes personalidades: Dionisio Ridruejo, Pedro Laín Entralgo y Antonio Tovar. Había más gente de interés, pero estos tres movilizaban mejor el pensamiento y la retórica dialéctica de entonces. El destino de los tres fue a menos en la consideración del poder, porque tenían una actitud crítica, dentro de las lealtades, y suscitaban la preocupación de los «históricos», y de los obedientes entregados a la disciplina. Al final, y después de altas funciones, Laín y Tovar se iban a la cátedra, y Ridruejo a la oposición. Luego todos juntos otra vez, pero en la oposición. Habían dejado Laín y Tovar, o habían sido relevados en las rectorías de las universidades de Madrid y de Salamanca.

Dionisio Ridruejo fue, además, un escritor sobresaliente, y en sus comienzos era un dialéctico literario y político de fervores poéticos e ideológicos. Pocos años después de la guerra aparecería postergado y por su propia colaboración para el ostracismo. Las cosas de la posguerra en los personajes y en los acontecimientos eran diferentes a su idealismo, y entonces empezaría su largo recorrido y sucesos hacia su libertad, independencia y acción. Su sensibilidad social no podía llevarle a otro lugar que a una figura del socialismo. Ésta era la inclinación más sensible de los falangistas históricos: ni marxismo ni capitalismo, pero otro socialismo. No era el socialismo de Dionisio Ridruejo el histórico, ni eso que después se llamaría socialdemocracia como nueva indumentaria del socialismo, pero en el fondo era algo parecido a esto último, porque Dionisio caminaba, o se orientaba, hacia un socialismo moderno con libertad, y librándose asimismo del liberalismo. Un día, y ya con la figura de Dionisio Ridruejo en la oposición, los socialistas españoles que estaban en Francia reprodujeron un largo texto de Dionisio, que era una larga comunicación a sus viejos camaradas. Era obligado, por mi parte, hacer un gran resumen, y sobre aquellos asuntos de más sensibilidad. Dionisio Ridruejo pasaría por las movilizaciones universitarias, por la cárcel, y por algún tiempo en el exilio. La democracia española de 1977 tuvo la mala suerte del fallecimiento anterior de este hombre.

El caso de Dionisio Ridruejo es igual que el de otros intelectuales que estuvieron en una esperanza y luego pasarían a la decepción, como el caso de Ortega y Gasset y de Unamuno con la república. El general Franco y su decisivo e influyente acompañamiento congregaba a toda la varia derecha, mediante un «patriotismo unificado», y Dionisio Ridruejo, Pedro Laín y Antonio Tovar seguían en sus trece frente a la derecha y la izquierda clásica, y habían quemado también su fascismo inicial en una misma hoguera de ilusiones utópicas por la realidad misma. El resumen de aquel documento de Dionisio Ridruejo es éste:

> Mi caso se ha presentado ante la opinión —que es opinión meramente receptora— y aun ante los mismos gestores políticos de la situación, de una manera sumamente vaga. Por una parte parece que soy un pseudo-intelectual desorientado e ingenuo que ha servido —por vanidad— de instrumento a la intriga de unos jóvenes sumamente astutos. Sobre poco más o menos, una especie de idiota. Por otra parte aparezco en la lista de los corruptores intelectuales de la juventud, creador consciente o inconsciente de un clima de rebelión, de disipación espiritual, de desmoralización política y Dios sabe de cuántas cosas más.
>
> Yo no creo que la democracia de la que deba hablarse, sea tanto un principio o un sistema de ideas, como una condición histórica y un conjunto de adquisiciones prácticas, que se funden en los valores que hemos citado: un espíritu de libertad para la inteligencia, un espíritu de igualdad social y un ejercicio efectivo de la vida civil. Me parece que, respecto al momento de la civilización en que nos encontramos, viene a ser, en orden a la organización política, algo tan necesario como la utilización de las técnicas científicas lo es en el orden de la producción

económica. Desde luego no se trata de una panacea. Gentes milagreras, improvisadoras e inconscientes como somos nosotros, tendremos siempre el peligro de tomarla por tal. Cuando lo que sucede precisamente es que la cosa menos interesante del mundo sería la proclamación del repertorio clásico de los «principios democráticos», muchos de los cuales son tremendas inanidades.

El problema sigue siendo el de qué clase y qué grado de democracia sean posibles entre nosotros. Y cómo puede ser una democracia española —no desde luego la simple aplicación teórica de una democracia ideal— constituye un problema sobre el cual el diálogo nacional debería estar abierto. Porque lo que caracteriza más gravemente a nuestra situación es la de ser un camino que no da a ninguna parte. Y esto sucede porque nuestros gobernantes se han empeñado en proclamar que no vamos a ninguna parte, puesto que ya estamos donde debíamos estar. Pero eso no es cierto, por la sencilla razón de que en política, el estar en camino hacia algo —planteamiento y previsión del porvenir—, pues hay un algo que ha de llegar siempre y se puede elegir entre ir conscientemente hacia ello o esperar dormidos —caminar dormidos— hasta que nos sorprenda. Las formas políticas no son metas, sino medios para ir a tales o cuales finalidades ideales y prácticas.

Por otra parte la salida normal y en continuidad de una situación a otra se llama reforma. La salida menos cómoda, pero no del todo temible, se llama «cambio de régimen». Una salida con ruptura de la continuidad, como un salto brusco en lo imprevisible, se llama revolución. Se trata aquí de saber si con nuestra situación —que es deficiente y promete pocos perfeccionamientos tal como es ahora— vamos a salir por una reforma, por un cambio o por una revolución. Mucho me temo que el hecho de que el régimen se declare a sí mismo perfecto y suficiente, y el hecho más sintomático aún de que trate siempre a los propugnadores de reformas o de cambios como aliados de la revolución, significa su voluntad de dejarnos en esa cruda alternativa que ya —según la leyenda— se le ocurrió proclamar a un rey francés, con el mayor éxito, por otra parte: «Después de mí, el diluvio.»

No hay duda de que nuestro Estado —sumamente autoritario en todas las zonas débiles y de poca resistencia— es un Estado muy poco fuerte frente a los poderes efectivos de nuestra desarticulada sociedad. La corruptora supresión de la responsabilidad ciudadana, ¿quién la echa de menos mientras haya tolerancia para las pequeñas inmoralidades de cada día? Pero la disciplina enérgica de los medios de producción, de las riquezas empresariales o especuladoras, de los intereses creados, es cosa más difícil. Nuestro Estado elude cotidianamente esa res-

Carrero Blanco al autor: «Mejor es morir desintegrados por una explosión nuclear, que seguir viviendo formando parte de una masa de esclavos sin Dios.»

Carrero murió antes que el Caudillo. En ol supuesto de que hubiera estado vivo, con el Rey en la Jefatura del Estado ¿podría haberse restaurado la democracia de 1977? Ésta es la gran incógnita de la Historia. A su lado entonces seguirían estando Torcuato Fernández Miranda y Adolfo Suárez. Eran, con otros, sus desprotegidos o privilegiados.

Dionisio Ridruejo, Pedro Laín Entralgo y Antonio Tovar: El destino de los tres fue a menos en la consideración del Poder, porque tenían una actitud crítica, dentro de las lealtades, y suscitaban la preocupación de los «históricos», y de los obedientes entregados a la disciplina. (En la foto, de pie, de izquierda a derecha: J. Cabanas, P. Laín Entralgo, J. M. Fanjul, R. Sáinz y A. Tovar; sentados: X, D. Ridruejo y P. Primo de Rivera. Burgos 1938.)

Dionisio Ridruejo pasaría por las movilizaciones universitarias, por la cárcel, y por algún tiempo en el exilio. La democracia española de 1977 tuvo la mala suerte del fallecimiento anterior de este hombre.

ponsabilidad. Así, la meta del nivel de vida satisfactorio —en la tierra, en la industria y en la propia administración— queda emplazada en el infinito.

Si desde hace algún tiempo me dije a mí mismo —y lo digo ahora sin tapujos— que me parece indispensable ir meditando sobre la conveniencia de un cambio, antes de que la revolución nos asalte, y puesto que falta la voluntad de reforma supongo que esto será ya demasiado para que pueda tolerárseme. Pero en realidad las condiciones en que ese cambio —que sucederá, aunque sea en su tiempo natural— puede encontrar a los españoles, es mi mayor preocupación y la que me ha movido —incluso cuando más sinceramente esperaba la simple reforma— a no estar inactivo y a predicar lo que pensaba.

Yo me hice falangista a los 20 años. Diré, antes de que sea tarde, que entre los 20 y los 40 años he tenido tiempo y derecho a hacer propias las ideas entonces meramente recibidas, a anotar mis propias experiencias y a profesar hoy convicciones no del todo idénticas a las de aquel tiempo. Aun pasados 20 años —y pasados en consecuente independencia—, recuerdo cuáles eran los ideales que ya entonces me parecían la médula de mi filiación: se trataba de que hiciéramos los españoles la patria de todos, sin excluir a nadie, y sin que nadie viniera a ser en la práctica español del primera o de segunda. Igualándonos —sin merma de la jerarquía funcional— en la tarea y en los frutos. Y convocando en ello nuestra calidad de personas —con su libertad— sin reducirnos a números. El hecho de haber trabajado metódicamente en esta tarea, contra mi conveniencia, puede servir cuando menos de garantía a mi sinceridad.

A través de mi pensamiento, he cobrado amistad por otros espíritus españoles que ya habían tenido la visión completa y elevada de una España cuyo secreto consistía en tener que hacerla, pero hacerla materialmente: en su riqueza, en su trabajo, en sus instituciones, en su estructura social, en su vida intelectual y artística, en su eficiencia militar por encima de toda disputa, e incluso aprovechando la energía de las disputas: hombres como Ortega y Gasset, o Costa, o Menéndez Pelayo, o Juan Maragall. Siguiendo de algún modo su ejemplo, he procurado superar en mi espíritu y heredar en él cosas muy diversas, como el cristianismo fundamentador, el liberalismo, la democracia, el sindicalismo y el socialismo, elementos del diálogo de nuestro tiempo que un día quisimos sintetizar y acaso sea indispensable hacer dialogar de nuevo. Porque cuando todas esas cosas dialogan —esto es, no vociferan— y dialogan para algo, para llegar a algo —sea sintéticamente en su espíritu, sea abiertamente en una sociedad— resulta que cada una de ellas tiene tesoros que entregarnos.

¿Pero es que otros —y en algún modo todos los otros— no

han cometido mayores cambios y si se quiere infidelidades? La verdad es que el contenido reformista del falangismo —en lo más profundo y audaz de sus expresiones— se fue al diablo hace tiempo sin que nadie o casi nadie haya convocado a las centurias para dar caza a los traidores. Por eso si se me pregunta por mi falta de fidelidad diré que, aparte de los cambios efectuados en mi propio espíritu, y que están apoyados en la misma clave, es que no se trata ya de la misma cosa. Que esto de hoy no es lo de ayer. Y pongo en duda que eso sea solamente una subjetiva justificación sentimental. Cuando días pasados la Falange oficial se dejaba arrastrar a un choque con la universidad y asumí en hipótesis el engorro cometido de una represión contra los intelectuales, confieso que he sentido un desgarramiento penoso. Pero ha sido el último, y no sería sincero si dijera otra cosa.

Si los destinatarios de este escrito no tienen un recuerdo fiel de su propia juventud, acaso no puedan comprender lo que está pasando ahora en España con los jóvenes universitarios. Esta generación —al menos tomada por sus cumbres— es peleona. Y lo es porque está poseída por la idea de que la situación en que ha de hacer su vida se la tiene que hacer ella por sí misma.

Esos valores —los de la democracia— representan o suponen una mayor confianza en la razón humana que en la fuerza bruta. Un mayor gusto por la libertad —en la que debe fundarse toda disciplina activa— que por la servidumbre pasiva y forzosa; más respeto por las cualidades y las funciones personales, que por la situación heredada; una mayor confianza en el asentimiento general, que en el capricho de unos pocos, porque, aunque siempre serán unos pocos los que deben conquistar el asentimiento general, la necesidad de seguir obteniéndolo será la mayor garantía de su moralidad.

En cuanto a la Falange, ha sido el despecho, la causa de su reacción: la juventud se le ha ido a la organización oficial de las manos; los propios cuadros del Frente de Juventudes rezuman inquietud, hipercrítica, descontento. Y el SEU (Sindicato Español Universitario) se va quedando desierto. Va dominando en la universidad el tipo de joven que, por todo lo dicho, no puede ya ser heredero, depositario y, menos aún, militante sumiso. Por otra parte, en la vieja masa falangista un tanto aburguesada, derechizada, conformista, ha ido penetrando el recelo anti-intelectual proverbial en lo más grueso de la derecha española, donde se piensa que esas gentes volteadoras de ideas, fabricantes de ideales, ejercitantes de la crítica, exigentes y desasosegadas, vienen a perturbarlo todo y son incómodas.

Cuando el liberal demócrata y el comunista están cada día a punto de ser antagonistas en una guerra atómica, cuando en esa presunta guerra nosotros ya hemos tomado campo al lado del liberal, cuando todos los días se transcriben en nuestra prensa las objeciones que en nombre de la libertad se hacen a Rusia, no se está en condiciones morales de afirmar, para uso interior, que el liberal y el comunista son equivalentes. Nuestro cinismo político no puede llegar a tanto.

De la frustración de un Congreso de escritores jóvenes, nació el proyecto o la tentativa de solicitar la convocatoria de un Congreso de estudiantes en el cual pudieran discutirse y estudiarse los problemas de la universidad, demasiado complejos hoy para que el instrumento del SEU —tal como es— pueda darles solución. No se pretendía en realidad otra cosa. El proyecto de convertir la universidad en escuela de vida civil, fue una vez más entendido por estos jóvenes con un espíritu de cordura y templanza verdaderamente esperanzador. Luego pasó lo que todo el mundo conoce, aunque lo conozca con las «necesarias» tergiversaciones. ¿Qué tiene que ver todo esto con una conjura comunista, con no sé qué consignas de Praga que nadie conocía, y con no sé qué previsiones de Indalecio Prieto, con el que nadie tenía la más remota relación? Esto, claro es, no soy yo el que debe contestarlo. La policía y los ministros de Gobernación e Información no parecen estar, respecto a todo esto, mejor informados que yo, y acaso por ello siguen las detenciones y los procesos.

Todo esto de Dionisio Ridruejo se movía en torno a la universidad y a la rebelión estudiantil que empezaba. Exactamente la universidad en los finales de los 50 era la noticia de una nueva generación que asumía las funciones críticas y de rebelión. Pero la inocencia clásica de Dionisio Ridruejo, en su destierro itinerante, no le hacía ver que en esos años se había abierto la llamada «guerra fría» entre la Unión Soviética y su acompañamiento europeo secuestrado, contra la Europa de Occidente y los Estados Unidos de América, y España era una zona de interés militar altísimo, y ya hasta con bases americanas en varios lugares de nuestra geografía, y especialmente en Madrid. La acción comunista de información y de captación era grande. Teníamos comunistas históricos y nuevos. Los archivos de Franco respecto al comunismo con riesgo eran tremendos. Pero todo esto era un suceso natural. El comunismo era activo, dentro de sus grandes dificultades, en la universidad y en el mundo del trabajo, y luego contarían muchas cosas de su clandestinidad y acoso algunos de nuestros comunistas contemporáneos.

El partido de Dionisio Ridruejo —aunque ya sin él— fue arrasado en la restauración democrática. El protagonismo fue de la izquierda antigua, el PSOE y el PCE. Socialistas y comunistas históricos.

José Antonio Girón, el gran promotor falangista de la política social, dejaría de ser ministro de Trabajo, después de muchos años, pero seguía siendo una de las cabeceras políticas del falangismo histórico o clásico. En los principios de los 70, y en su ciudad de los comienzos políticos, en Valladolid, y con una asistencia masiva de todas las familias falangistas, pronunciaría el discurso de su recapitulación y modernidad, aunque más tarde, y ya con la democracia casi encima, comparecía de nuevo con un discurso que se llamaría «el gironazo». Pero en aquel Valladolid de 1972 dijo, entre otras cosas, ésta:

> Si por política se entiende, como todavía entienden algunos, un juego de habilidades personales para obtener una situación preponderante, o para disponer de los caudales públicos, o para mover los hombres como peones de ajedrez, nosotros no queremos la política; nosotros trataríamos de apartar de ella, como de la peste, a los nobles trabajadores españoles. Si por política se entiende un discreteo de ideas, una esgrima de juegos florales, un diálogo académico, un ensayismo petulante, un vulgar tejemaneje de parlamentarismo oratorio y vacuo, anacrónico y con frecuencia pernicioso, tampoco queremos la política. Por el contrario, la aborrecemos y ni siquiera nos divierte. Si por política se entiende la tenaz tarea de ir poco a poco deformando, ensombreciendo, entristeciendo el alma de los trabajadores y el alma del pueblo en general con negaciones y pesimismo, con la siembra de ideas negativas que engendran el rencor y la desesperanza, tampoco la queremos. Si por política se entiende el preparar a un grupo limitado de hombres para disfrutar ellos solos el poder en nombre de principios de conveniencia nacional o popular, pero con el designio secreto de entronizar la tiranía más cínica, tampoco queremos esa política. Si por política se entiende la hipocresía de simular misión y de simular virtud y de simular intenciones honestas para detrás de eso esconder la sierpe del egoísmo, maldecimos esa política por traicionera y por hipócrita. Si por política se entiende lanzar los hombres unos contra otros al combate electoral, en el que acaban por tomar parte no las auténticas fuerzas en pugna, sino fuerzas impuras del gangsterismo financiero o político, tampoco queremos esa política. Si por política se entiende dejar el poder en la calle peloteando por unos y por otros, hasta hallar una combinación siempre provisional mientras se quebranta y cruje irremediablemente la patria camino del derrumbamiento, tampoco queremos la política.

El monarquismo de los 60

Las relaciones no eran buenas entre el Palacio de El Pardo y «Villa Giralda» de Estoril. Entre el general Franco y Juan de Borbón. Pero luego se veían de vez en cuando y se escribían. Juan de Borbón tenía consejeros varios y estaba obligado a fabricarse su estrategia de normalidad con el jefe del Estado. Las relaciones no se rompieron nunca. El hijo de Juan de Borbón, Juan Carlos, estaba en el punto de mira de Franco para la corona, porque esto representaba dos cosas: el tiempo, que sería más largo hasta la sucesión al Caudillo, y no a su padre; y el entorno del príncipe, que era de confianza, y no aquel crítico y hostil de Estoril.

Pero ocurría también que había dos familias de monárquicos: los impacientes, que eran los de Estoril, y ya al final contrarios a Franco, y los razonadores, que eran los que estaban con los vencedores de la guerra civil y con don Juan. Éstas eran sus ideas y su garantía. Estaban en el régimen y con el régimen, pero con la identidad y la esperanza monárquicas.

El periódico monárquico clásico de España era *ABC* y estaba en El Pardo y en Estoril. Con motivo de la celebración del 25 aniversario de la victoria en la guerra civil, su director haría una entrevista calurosa a Franco y publicaría un artículo en su página más noble y brillante, pero dentro de un número extraordinario exultante que vio la luz en 1964. Esta era la parte inicial y fundamental del artículo:

> En dos aniversarios que marcan dos momentos decisivos de la España contemporánea, Su Excelencia el Jefe del Estado ha tenido a bien hacer unas declaraciones especiales a nuestro periódico. Las que hemos publicado ayer, al cumplirse un cuarto de siglo del Día de la Victoria, son en parte un balance; pero también y muy particularmente, una proyección sobre el futuro. Su sustancia constituye la mejor introducción al número de hoy, que pretende ser una avanzadilla sobre el mañana.
>
> El gozne o punto de apoyo doctrinal de estas importantes declaraciones es el de la inmutabilidad de los Principios Fundamentales del Movimiento. Como ha dicho el Jefe del Estado, «serán inconmovibles mientras vivan las actuales generaciones». Unas veces con el pretexto de refundir las diversas normas de carácter fundamental, y otras con la pretensión de actualizarlas, ha habido quienes han pensado en la posibilidad de modificar parcialmente la letra o el espíritu de dicha ley fundamental, aclamada en solemnísima ocasión por las Cortes Españolas. Tales iniciativas, más o menos expresas, han sido ahora objeto de un desahucio rotundo y espectacular. Los Principios son lo inamovible y lo permanente; «indispensables para la supervivencia de la nación», desde el primero al último, sin excepciones ni reservas mentales. Los principios del 18 de julio están llamados a ser para nuestro país lo que la Declaración de 1789 para la Francia contemporánea. Todo el siglo XIX francés

El periódico monárquico clásico de España era «ABC» y estaba en el Pardo y en Estoril.

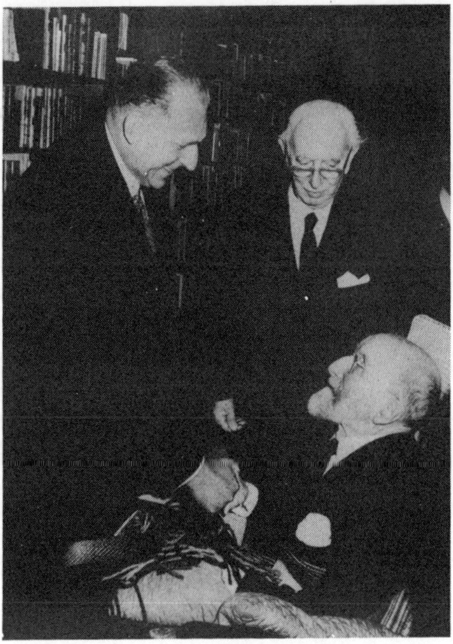

José María Pemán, la figura presidencial de los Consejeros de Juan de Borbón en Estoril.
(En la foto, acompañando a don Juan en su visita a R. Menéndez Pidal.)

Históricamente, y realmente, el origen de la nueva Monarquía no era el de la República, porque ése fue el tiempo del destronamiento de don Alfonso XIII, sino la victoria de la guerra civil.

«Don Juan Carlos de Borbón ha dado claras muestras de lealtad a los principios e instituciones del Régimen.» (Franco en las Cortes.)

es un tenaz y denodado esfuerzo para dar arraigo nacional a la famosa declaración revolucionaria. Tan sostenido fue el empeño, que hasta los sectores que por razones confesionales y dogmáticas se habían manifestado más irreducibles a la ideología jacobina concluyeron por aceptarla. Hoy el Estado francés es impensable al margen de la Declaración de 1789. Algo análogo cabría decir de la Declaración de independencia norteamericana o del Programa de la joven revolución turca. Cuando una nación se impone en una guerra una concepción de la sociedad y del estado, como ha acontecido en los casos citados, no hay vuelta atrás históricamente viable sin gravísimo trauma y elevado riesgo. Por los Principios del 18 de julio cayeron centenares de miles de españoles. Y son esos mismos Principios los que durante un cuarto de siglo han inspirado la reconstrucción nacional. Sagrada es su legitimidad de origen y espectacular su virtualidad política. Entendemos que no hay juego no ya lícito, sino ni siquiera viable, de espaldas a estas reglas básicas.

Uno de los Principios Fundamentales proclama la monarquía católica, social y representativa, como forma de gobierno de nuestro Estado. Franco ha reiterado una vez más que es «en el sistema monárquico en el que mejor se acomoda nuestra doctrina y se aseguran nuestros Principios». Esta afirmación es de la máxima importancia. No se trata sólo de que la monarquía social, popular y representativa responda a nuestras tradiciones y sea una fórmula constitucional eficaz y racionalmente excelente; es que, como ha reconocido Franco, la monarquía es la mejor garantía de la continuidad del espíritu del 18 de julio. Y ello es evidente. La fórmula republicana es inseparable del sufragio universal y de los esquemas demoliberales. ¿Es que los movimientos pendulares de la opinión, la capacidad disgregadora de los partidismos, la incitación a la lucha de clases y la demagogia, consustanciales entre nosotros con la forma republicana de gobierno, pueden ofrecer la menor garantía de constructiva afirmación de los Principios del 18 de julio? Evidentemente sólo la monarquía puede ser un factor seguro de estatalización e institucionalización del espíritu del 18 de julio. Nuestro monarquismo no se funda sólo en sentimientos profundos, en respeto a la experiencia acumulada por la tradición, y en la aceptación de los argumentos de carácter teórico en defensa del mando hereditario; se funda también, y muy singularmente, en la convicción profunda de que la monarquía es la institución ideal para asegurar la dinámica permanencia de los Principios del Movimiento.

Pero en ese número extraordinario de *ABC* aparecía también, y en una colección de artículos, uno de José María Pemán, que era la figura presidencial de los consejeros de Juan de Borbón en Estoril. Éste es el texto:

> Creo, en definitiva, que todo el dilema del momento está planteado, pues, entre una monarquía de tipo tradicional, social y representativa, y una fórmula incógnita, indefinida e innominada que, perfílese como se perfile, tendría sustancia republicana.
>
> De esos dos términos —que no son más que las versiones históricas actuales del dilema clásico—, uno de ellos (la monarquía tradicional) tiene perfil claro y definido. El otro es vago y confuso. Tan confuso que yo incluiría en él, por definición excluyente, todo lo que «no es» monarquía tradicional; todo lo que tiene «sustancia republicana», desde la república democrática, pasando por el «presidencialismo», hasta la propia monarquía liberal y parlamentaria, que, entre nosotros, ya ha demostrado ser un principio de república. Sospecho que si alguien la defiende hoy en España es con intención —o al menos con riesgo grave— de que sirva de puerta y preámbulo para la república. Es la monarquía de los republicanos: y me parece lícito incluirla en el segundo término del dilema.

Pero los monárquicos, como digo, tenían ya, en los finales de los 60, las dos clásicas familias de pacientes e impacientes. Esta última iba a más. Un día en Madrid, y en la Asociación Española de Cooperación Europea, tuvo lugar un acto en homenaje del ya fallecido primer ministro británico Winston Churchill. En la presidencia estaban, originalmente, estos tres personajes: José María Gil Robles, Joaquín Satrústegui y Enrique Tierno Galván, quienes pronunciaron discursos encendidos contra las dictaduras, y recordaron las famosas reuniones de aquello que se llamaría en España «el contubernio de Munich». Gil Robles decía representar la democracia cristiana; Satrústegui, un conservadurismo progresista y neoliberal, y Tierno Galván, el socialismo. Esto quería ser el tejido de la nueva monarquía. Gil Robles dijo estas palabras, entre otras: «El Parlamento es necesario para que se digan las verdades. Las dictaduras hacen que la mentira se imponga como verdad. Una democracia muere cuando empieza a mentir, y una dictadura cae cuando tiene necesidad de empezar a decir la verdad.»

Pero por esas fechas se reunía el consejo privado de don Juan de Borbón, con más de setenta nombres famosos, y de gran relevancia en el franquismo de los comienzos, para conmemorar los 25 años de la muerte de don Alfonso XIII y en el documento se decía, entre otras cosas, esto: «Gracias al equilibrio y madurez de Vuestra Majestad tenemos a estas alturas del tiempo, un rey preparado para serlo de todos los españoles; para nacionalizar las soluciones todas; para superar pasiones; para aunar voluntades; para presidir una evolución sin claudicaciones ni sobresaltos; para asegurar, en una palabra, un porvenir fecundo a la patria.» Pero también añadía esto otro: «La Segunda República desencadenó una crisis histórica que había de ser superada por el esfuerzo heroico de los españoles. Cuando termine el ciclo del mando que nació como fruto de la victoria, no valdrán ni fórmulas exóticas, ni falsas especulaciones dinásticas; se impondrá por su evidencia y su legitimidad la solución histórica que significa Vuestra Majestad como heredero indiscutible de la Corona de España.»

Así es que, históricamente, y realmente, el origen de la nueva monarquía no era el de la república, porque ése fue el tiempo del destronamiento de don Alfonso XIII, sino la victoria de la guerra civil. Y esto fue lo que pasó, pero más claramente. El 22 de julio de 1969, el príncipe Juan Carlos era designado sucesor del general Franco, jefe del Estado, a título de rey. Franco enviaba a don Juan de Borbón la siguiente carta:

> Querido Infante: La Ley de Sucesión me faculta para proponer a las Cortes la persona que deba sucederme. Y considerando las diversas circunstancias y el sentir del país, me he decidido a llevar la propuesta en favor de vuestro hijo, el príncipe Juan Carlos. No se me oculta el disgusto que puede quizá provocarle esta determinación mía. Pienso que en el pecho de V.A. van a pugnar sentimientos contrapuestos, pero abrigo la esperanza de que, al igual que hizo su padre, el rey don Alfonso XIII, sabrá superar toda cuestión personal para el mejor servicio de la patria. También pienso que tendrá que pasar por encima de la opinión de algunos de sus consejeros, quienes verán en esta decisión la frustración de sus esperanzas políticas. Pero creo que ésta es la mejor solución para España y he querido hacérsela saber anticipadamente. Le saluda cordialmente, Francisco Franco.

El anecdotario de todo esto aparece en la biografía de Laureano López Rodó, y lo cuenta magistralmente Ricardo de la Cierva, en su *Historia General de España*, editada por Planeta, y en su número 178. Las palabras de Franco en las Cortes fueron las siguientes:

> Consciente de mi responsabilidad ante Dios y ante la Historia, y valorando con toda objetividad las condiciones que concurren en la persona del príncipe don Juan Carlos de Borbón, que perteneciendo a la dinastía que reinó en España durante varios siglos, ha dado claras muestras de lealtad a los princi-

«Acabo de jurar como sucesor a título de Rey lealtad a Su Excelencia el Jefe del Estado y fidelidad a los Principios del Movimiento Nacional y Leyes Fundamentales del Reino (...). Recibo de Su Excelencia el Jefe del Estado y Generalísimo Franco la legitimidad política surgida el 18 de julio de 1936.» (Juan Carlos en las Cortes.)

Torcuato Fernández Miranda como ministro del Movimiento se abría un poco, en sus colaboradores y en sus discursos, pero después, al lado de Carrero Blanco, era otra su manifestación, porque su pensamiento era fantástico para la luz y para la oscuridad, y para la propia construcción de las ideas. (En la foto, ambos personajes con Gonzalo Fernández de la Mora.)

Torcuato Fernández Miranda al autor: «La ideología pluralista es, en definitiva, un intento de hacer inoperante al Estado.»

Lo que nunca imaginó Franco, aunque su confianza no fuera plena, es que quien acabaría con su Régimen, y tras su muerte en 1975, sería el Príncipe Juan Carlos, que era en quien había depositado toda su confianza para ser continuador del Régimen y no restaurador de la democracia plena y sin limitaciones. (El Rey en el entierro de Franco.)

> pios e instituciones del régimen, se halla estrechamente vinculado a los Ejércitos de Tierra, Mar y Aire, en los cuales forjó su carácter, y al correr de los últimos veinte años ha sido perfectamente preparado para la alta misión a que podía ser llamado, he decidido proponerlo a la nación como sucesor. La decisión que hoy vamos a tomar contribuirá en gran manera a que todo quede atado y bien atado para el futuro. Esta monarquía es la del Movimiento Nacional, continuadora perenne de sus principios e instituciones.

Y las del futuro rey de España, Juan Carlos de Borbón, estas otras:

> Plenamente consciente de la responsabilidad que asumo, acabo de jurar como sucesor a título de rey lealtad a Su Excelencia el Jefe del Estado y fidelidad a los Principios del Movimiento Nacional y Leyes Fundamentales del Reino.
>
> Quiero expresar en primer lugar que recibo de Su Excelencia el Jefe del Estado y Generalísimo Franco la legitimidad política surgida el 18 de julio de 1936 en medio de tantos sacrificios, de tantos sufrimientos tristes pero necesarios para que nuestra patria encauzase de nuevo su destino.
>
> El haber encontrado el camino auténtico y el marcar la clara dirección de nuestro porvenir son la obra del hombre excepcional que España ha tenido la inmensa fortuna de que haya sido y siga siendo por muchos años el rector de nuestra política.
>
> Pertenezco por línea directa a la Casa Real Española y en mi familia por designios de la Providencia se han unido las dos ramas.
>
> Nuestra concepción cristiana de la vida, la dignidad de la persona humana como portadora de valores eternos, son base y a la vez fines de la responsabilidad del gobernante.
>
> La monarquía puede y debe ser un instrumento eficaz como sistema político si se sabe mantener un justo y verdadero equilibrio de poderes y si se arraiga en la vida auténtica del pueblo español.
>
> Estoy seguro de que mi pulso no temblará para hacer cuanto fuere preciso en defensa de los principios y leyes que acabo de jurar.

Pero hay un personaje del franquismo, y que luego sería básico en la restauración democrática, que ha de estar en este libro, y en más de un capítulo, y es Torcuato Fernández Miranda, franquismo y democracia, intelectual brillante, y catedrático de universidad, y que tuvo una larga biografía en el régimen. En los últimos tiempos fue designado ministro Secretario General del Movimiento y sus intervenciones y conferencias tenían alguna nota de aperturismo para hacer posible alguna figura de libertad y de modernidad en los proyectos sociales del Movimiento. Pero con ocasión de la llegada a la presidencia del Gobierno del almirante Carrero Blanco, fue designado vicepresidente, y entonces aquella proximidad al almirante cambiaría las cosas. Como ministro del Movimiento se abría un poco, en sus colaboradores y en sus discursos, pero después, al lado de Carrero Blanco, era otra su manifestación, porque su pensamiento era fantástico para la luz y para la oscuridad, y para la propia construcción de las ideas. No era una veleta, sino una variada filosofía de circunstancias. Era la estrategia del realismo en el poder. Recojo de una larga entrevista con él, algunas preguntas mías y sus respuestas. Resultaba inaudito que dijera todo esto aquel personaje que luego, tras la muerte del almirante, fuera uno de los personajes fundamentales que trajo la democracia.

> *P.* Parece evidente que estamos ante una sociedad pluralista. El pluralismo no se detiene ante la política. Nuestra sociedad es también pluralista en las áreas ideológicas y políticas, que no son tampoco términos idénticos. Hay significados políticos, ex ministros entre ellos, que sostienen la necesidad de este pluralismo. ¿Sobre qué bases, en el cuadro de nuestras Leyes Fundamentales, se podría levantar un pluralismo político, al que podríamos identificar como pluralismo político en la legalidad?
>
> *R.* Una cosa es la afirmación de que la sociedad es plural y otra muy distinta la ideología pluralista. Toda sociedad viva es necesariamente múltiple, compleja, heterogénea, plural, y por eso toda sociedad es conflictiva. Otra cosa es decir, sin más, que esa pluralidad es por sí misma un bien, y que hay que acentuarla para que la sociedad viva de la pugna de los distintos centros plurales que se afirman como grupos, como intereses, como ideologías. La ideología pluralista es, en definitiva, un intento de hacer inoperante al Estado.
>
> *P.* ¿Qué es el Movimiento?
>
> *R.* El Movimiento, como ideario, es la corriente sanguínea que vivifica todo ese sistema. Y así como en un organismo vivo, allí donde no llega el riego de la sangre el tejido se necrosa y empieza la muerte, así, del mismo modo, si en nuestro Sistema no llegase hasta el último aspecto de su acción la sangre vivificadora de ese ideario, entraría en un proceso de necrosis social, sería el comienzo de su muerte política.
>
> *P.* Sospecho que los jóvenes necesitan explicaciones convincentes respecto al Movimiento Nacional fundado por los vencedores de una contienda interior, en la que se citó también otras militancias extranjeras, y se diría que fue una guerra de

liberación. Necesitaban saber, aunque se les ha explicado mucho, de qué hemos sido vencedores. Pienso que no aceptarían que fuéramos vencedores de otros españoles, sino de unas circunstancias que tuvieron inevitablemente que ser derrotadas. El Movimiento, después, ha sufrido los avatares de un proceso constituyente. Sostengo que es muy importante una respuesta eficaz para las generaciones nuevas.

R. El Movimiento Nacional, que, naturalmente, se nutrió en sus orígenes de la circunstancia histórica en que nació, afirmó muy pronto una radical originalidad, que se concreta en un concepto muy claro: el concepto de la unidad. Los españoles hemos sido fuertes cuando hemos vivido en unidad. Los españoles hemos logrado una convivencia en libertad y paz, cuando hemos mantenido y defendido esa unidad. Los españoles hemos realizado en la Historia grandes hechos, cuando hemos vivido en la unidad. Los españoles hemos sido capaces de superar nuestro individualismo y de encontrar fórmulas de convivencia, cuando hemos vivido en la unidad. Pues bien, el Movimiento lo que precisa es alcanzar una vigencia auténtica, real, de una voluntad popular institucionalizada que puede nacer del fundamento y base de esa convivencia nacional de libertad y paz. Es decir, busca el consenso dinámico de una voluntad de acuerdo, que ninguna discrepancia, ninguna voluntad de disgregación, pueda romper. Por nuestra especial historia, por el dramatismo y tragedia de nuestra decadencia, por la dolorosa historia de nuestro siglo XIX, en que a partir de nuestra guerra de Independencia cualquier intento de organización de nuestros derechos y libertades suscitó siempre determinados grupos, que utilizaron esos derechos y libertades no como tales, sino como esperas de impunidad para romper y destruir el sistema que creaba e intentaba establecer esos derechos y libertades, llevó a España a la descomposición de los años 30; llevó a España al 18 de julio.

Estas manifestaciones de Torcuato Fernández Miranda recogían, exactamente, el espíritu del general Franco y del almirante Carrero Blanco, que era su gran intérprete. Luego ocurriría todo lo contrario, y de manera fantástica. Torcuato Fernández Miranda fue uno de los principales colaboradores del rey Juan Carlos en la restauración democrática. No fue designado presidente, tras el asesinato del almirante Carrero, y se fue otra vez, plenamente, al lado del príncipe, del que había sido profesor en sus años universitarios. Fue uno de los grandes expertos de la transición, para hacerla en paz, y en la legalidad, desde la presidencia del Parlamento franquista. Luego no fueron generosos con esta gran personalidad y moriría poco tiempo después en Londres.

El general Franco moriría en 1975 y fue todo un acontecimiento nacional.

«Don Juan de Borbón mantiene su bien conocida y permanente postura política, como hijo y heredero de Alfonso XIII y depositario de un tesoro secular cuyos deberes considera irrenunciables.» (Comunicado del Gabinete de Información de Su Alteza Real el Conde de Barcelona tras la muerte de Franco.)

Solamente iluminados hacia lo absurdo pensaban que era posible un franquismo sin Franco.

El asesinato de Carrero y el fin

El almirante Carrero fue asesinado por terroristas de ETA en 1973. Entonces las cosas empezaron a ir de manera más complicada y arriesgada. Franco era ya viejo, pero conservaba el espíritu defensivo o de resistencia. En seguida haría los relevos políticos correspondientes para no poner en riesgo el régimen mismo. Lo que nunca imaginó Franco, aunque su confianza no fuera plena, es que quien acabaría con su régimen, y tras su muerte en 1975, sería el príncipe Juan Carlos, que era en quien había depositado toda su confianza para ser continuador del régimen y no restaurador de la democracia plena y sin limitaciones, y también gentes bien valoradas de su propio régimen. Franco designaría su sucesor en la jefatura del Estado, y a título de rey, al príncipe Juan Carlos en 1969, y éste fue el verdadero restaurador de la democracia, auxiliado por las Fuerzas Armadas, y por dos personalidades del franquismo a quienes el príncipe pondría en lugares relevantes tras la muerte de Franco. A uno, Adolfo Suárez, le nombraría presidente del Gobierno; y al otro, profesor Torcuato Fernández Miranda, lo haría presidente del Parlamento. El monarca joven quería el parentesco y la identidad con Europa y con las monarquías europeas; y el socialismo nuevo que aparecía, y hasta el comunismo, ya no eran aquellos de la República de 1931, aunque traían sus esencias. Estaban en favor de una democracia pacífica, y agrupados en la ruptura contra la dictadura. Pero todo esto viene después en esta crónica de un fácil, resumido y expresivo desnudo de la Historia.

El general Franco moriría en 1975 y fue todo un acontecimiento nacional. El cadáver fue expuesto en el Palacio Real de la famosa plaza de Oriente, y las colas de gentes para pasar delante de esta figura histórica eran de mucha distancia, y de largas horas de espera. En España existía un franquismo sociológico numeroso y, al tiempo, unas generaciones nuevas que tenían la intención de construir otro sistema político con el parentesco democrático. La gran novedad o el prodigio histórico es que un rey, Juan Carlos I, sería el gran restaurador de la democracia. Se había hecho como príncipe al lado de Franco, pero hacía obligatoriamente la estrategia de los dos caminos, y el otro era el de su padre. Don Juan de Borbón o Conde de Barcelona hacía un comunicado hábil en cuanto a la cortesía moral por la muerte de Franco, y haciendo permanecer inalterables sus derechos de sucesión. El comunicado fue éste:

Ante las reiteradas instancias de relevantes sectores de la vida pública nacional para que el jefe de la Casa Real española haga una declaración sobre los trascendentes acontecimientos ocurridos en nuestro país durante los últimos días, el Gabinete de Información de su Alteza Real el Conde de Barcelona informa que don Juan de Borbón pide a Dios, con espíritu cristiano, por el eterno descanso del alma del Generalísimo Franco, quien durante casi cuarenta años gobernó nuestro país con un poder personal absoluto. Al mismo tiempo que rinde honor a la memoria de los servicios que el Generalísimo prestó a la nación, el Conde de Barcelona mantiene su bien conocida y permanente postura política, como hijo heredero de Alfonso XIII y depositario de un tesoro secular cuyos deberes considera irrenunciables.

El rey Alfonso XIII se ausentó de España, acatando la voluntad popular, para evitar una trágica guerra entre hermanos, que más tarde los sectarismos terminaron por desencadenar. El jefe de la Casa Real española no olvida ahora que el general Franco, que destacó como gran soldado en tiempos de su augusto padre, culminó con éxito la empresa militar que le confiaron sus compañeros de armas. Al recordar ahora los anhelos patrióticos de todos ellos, así como los de cuantos combatieron heroicamente a sus órdenes, don Juan de Borbón evoca también con respeto a quienes en el otro ejército lucharon por lo que estimulaban ser lo mejor para su patria.

Desde que en 1941 aceptó la sucesión de Alfonso XIII, el Conde de Barcelona se ha esforzado en ofrecer a todos los españoles la institución monárquica como instrumento de reconciliación nacional y vehículo para el pacífico acceso del pueblo español a la soberanía, a través de la voluntad general libremente expresada.

No es propósito del jefe de la Casa Real española constituirse ahora en juez de la obra del general Franco como hombre de Estado. A lo largo de los últimos treinta y cuatro años, cuantas veces lo consideró necesario para el bien de España, hizo pública su opinión, aunque en ocasiones sus palabras llegaran mutiladas al pueblo español o fueran silenciadas. En sus últimos discursos y declaraciones, el Conde de Barcelona resumió y se ratificó en la línea política que ha presidido toda su vida.

El jefe de la Casa Real española considera que la monarquía, para ser útil a España, debe ser un poder arbitral independiente que facilite la superación de la guerra civil, el establecimiento de una profunda justicia social que elimine la corrupción, la consolidación de una verdadera democracia pluralista, nuestra plena integración en la Comunidad Europea y el pacífico acceso del pueblo español a la soberanía nacional, para que tengan auténtica representatividad las instituciones políticas hasta hoy emanadas de la voluntad del general Franco. Objetivos todos ellos que deben ser primordiales para su hijo y heredero, don Juan Carlos.

Es su Alteza Real el Conde de Barcelona, que ha decidido guardar ahora silencio, en espera de que sea oportuna una declaración más extensa, continúa, como siempre, a la disposición y al servicio de los pueblos que gloriosamente forjaron la nación española y proclama, una vez más, el derecho de todos los españoles a acceder a la soberanía nacional.

Ocurría, por todo ello, que el príncipe tenía más realismo e intuición política que su padre, e hizo posible que la transición fuera sorprendente y pacífica. Había supervivientes de la guerra civil, con exilios largos, o persecuciones interiores, pero que ya no tenían el resentimiento activo para la violencia. Estaban a favor de una democracia, sin poner en un primer plano el viejo pleito de monarquía o república, ni tenían la revolución en la cabeza. Sobrevivía también un «franquismo» de lealtades, pero sería en seguida testimonial y residual. Los personajes históricos hacen un tiempo, pero nunca una herencia sin ellos. La Historia es implacable como colaboradora del tiempo, y en ocasiones los cambios tienen la velocidad escénica del teatro. Solamente iluminados hacia lo absurdo pensaban que era posible un franquismo sin Franco. Este personaje histórico había sido el creador y mantenedor de cuarenta años de poder.

A nadie se le hubiera podido pasar por la cabeza entonces, en 1976, que los socialistas llevaran en el poder los años que llevan hoy, en una monarquía, y que los comunistas no crearon ningún problema a la familia real, desde su actividad política y en el Parlamento. En la actualidad los comunistas sufren su propia crisis por la agonía y muerte del comunismo en la Unión Soviética y en la Europa del Este, que ha sido el acontecimiento universal de estos finales de siglo, con un personaje, Gorbachov, tan famoso como lo fue Lenin en 1917. Pero ya los comunistas españoles venían soportando su propia crisis con tres liderazgos y separaciones en los años de su regreso, y solamente con una presencia electoral testimonial y residual en el Parlamento. Ya no era aquel comunismo de la República, de la guerra civil y del exilio. Solamente el sindicato fundado y dirigido por comunistas tenía influencia, con su personaje histórico Marcelino Camacho.

Entre las causas que procede enumerar es que la sociedad española era ya otra en cuanto a niveles económicos y sociales, y otra cosa más: se está construyendo en la última década del siglo el proyecto de una Europa unida. Ya los liberales, los socialistas y los comunistas, la derecha y la izquierda, son otros que aquellos de la guerra civil de 1936.

El caso es que en la Historia de España y de Europa de este siglo, el general Franco, un militar frío y valeroso de la guerra de Marruecos, gobernó España, tras una guerra civil, durante treinta y nueve años. La historia de este período ha obligado a escribir muchos libros a bastantes historiadores de España y de otros países. Si este siglo XX ha sido rico en ideas o ideologías, en auroras y en crepúsculos, también lo ha sido en personajes excesivamente, y obligadamente, muy célebres. Después los historiadores son tan varios y diferentes en sus juicios como la Naturaleza misma. Todo esto que he contado tiene las insuficiencias de la brevedad. Pero ya he dicho que es solamente un retrato histórico de talante goyesco. Los pintores en el retrato no exteriorizan toda una personalidad. Ni siquiera los paisajistas. Yo he querido orientarme en el Fernando VII de Goya, o en el Felipe II de Tizziano. En aquellas pinturas célebres se delataban el pintor y el protagonista. El pintor en su sinceridad íntima, y sin obligaciones.

La monarquía parlamentaria que restauraba Juan Carlos de Borbón no era aquella tradicional que reclamaría siempre Pemán. Aquella gran figura de don Juan de Borbón en Estoril se refería a que lo no tradicional tenía «sustancia republicana». La monarquía liberal y parlamentaria era —para Pemán— un principio de república. «Era la monarquía de los republicanos.» Exactamente así fue. En la dictadura teníamos una república monárquica absolutista, y el rey era Franco. La democracia de 1977 no es otra cosa que una monarquía republicana, y hasta con «presidencialismo» en la jefatura de los Gobiernos.

Anecdotario y relato de vitrina histórica

Y dado que este libro se ha propuesto ser un ejemplo de realismo y de surrealismo, termino este capítulo de la «dictadura constituyente» del general Franco a la manera de aquel famoso cuadro de Joan Miró y que se llama *La Masía*. Pertenece a la colección de Ernest Hemingway, y que ahora no sé dónde está. Es una prodigiosa mezcla. Con esta inspiración he elegido unos textos dirigidos a mí por cuatro inolvidables personajes en su gloria del pasado, y de este siglo: José María Pemán, Eugenio Montes, Luis Calvo y Rafael Méndez. Éste último fue uno de los colaboradores de Juan Negrín durante la República y la guerra civil, y un enorme científico que se iría a Méjico y allí fijó su residencia. Pero un día vino a España, de paso y sin resonancia, y nos conocimos. En seguida leería aquel famoso libro mío *Cartas a un Príncipe* y me enviaría su ingenioso juicio.

Empezaremos por José María Pemán, y en una carta que tengo enmarcada, y que puede sorprender a los monárquicos clásicos.

> Te leo con entusiasmo. Y gracias. Eres el único que me entiendes y defines. Porque hay que ver lo tontamente en serio y con iracundia que me contestan otros... Como si plantaran encinas en las salinas de San Fernando. Abrazos. José María Pemán.

Luis Calvo fue director de *ABC* y uno de los grandes símbolos de ese periódico. Yo había estrenado una de mis comedias, y me mandaba la siguiente carta:

> Muchas felicitaciones por tu gran éxito, y voy a ver muy pronto tu comedia para solazarme. José María Pemán, hace un mes, recibió en su casa de Madrid un «coup de telephone»: era una señora.
>
> —Señor Pemán —le dijo—; perdone usted que le moleste, pero como usted es académico y sabe tanto de palabras, quisiera hacerle una consulta. Ayer he leído un artículo del señor Romero, en *Pueblo,* donde pone una cosa que me parece muy mal.
>
> Pemán contestó:
>
> —¿Qué era?
>
> —No se lo puedo decir. Me da vergüenza.
>
> —Entonces, no tiene objeto esta conversación... Y la señora, muy ruborizada, en tono tímido, pronunció esta palabra: «Cachondeo.» Y colgó el teléfono.
>
> Yo pienso que esta graciosa anécdota, cuando en un libro de Thomas de Quincey, me encuentro con este verso escrito en latín por este famoso ensayista inglés:
>
> «Et responsum est cum *cachinno*.» He ahí el sucedáneo de «cachondo»: «Cachinno» que quiere decir: burla y carcajeo. Es decir, «cachondeo».
>
> Perdona si te distraigo en tu atareadísima existencia y te repito mil felicidades. Tus éxitos me satisfacen como amigo y como compañero. Un fuerte abrazo. Luis Calvo.

Eugenio Montes me refería en su carta aquello de mi espíritu republicano en las monarquías modernas, y esto fue lo que me escribió.

> No sé si te dije alguna vez, querido Emilio, que tu idea esencial sobre la política coincide con la que han tenido las más altas mentes. Y digo coincide, porque estoy seguro de que tú llegaste a ella, no por erudición, sino por invención propia. Platón la insinúa en sus últimos diálogos, llamándole el gobierno mixto. Ahora encuentro, en el genial dramaturgo Hebbel, estas líneas de su Diario Íntimo: «Toda forma de gobierno debe ser puesta en acto según el espíritu de la forma diametralmente

A nadie se le hubiera podido pasar por la cabeza entonces, en 1976, que los socialistas llevaran en el poder los años que llevan hoy, en una Monarquía, y que los comunistas no crearan ningún problema a la familia real, desde su actividad política y en el Parlamento. (Santiago Carrillo en palacio, con el rey.)

Solamente el sindicato fundado y dirigido por comunistas tenía influencia, con su personaje histórico Marcelino Camacho. (En la foto, con S. Sánchez Montero.)

En la Dictadura teníamos una República monárquica absolutista, y el rey era Franco. La democracia de 1977 no es otra cosa que una monarquía republicana, y hasta con «presidencialismos» en la jefatura de los gobiernos.

opuesta: las repúblicas deben ser gobernadas por dictadores; las monarquías, con espíritu republicano.» Eugenio Montes.

Rafael Méndez, y fuera de los errores políticos de Negrín, me produciría en los años 60 una gran impresión en función de sus reflexiones sobre la Historia, y porque además era una gran personalidad científica española en el triste exilio. Ésta fue su carta:

> Acabo de leer de un tirón *Cartas a un Príncipe*. Buena obra y buen descanso para un alma. Espero que se juzguen con la buena fe con que están escritas. No vaya a pasarle a Emilio Romero como me pasó a mí al decirle en Madrid a una personalidad española, medio en broma y, muy en serio, que mi filosofía se resumía en estas palabras: «Soy cristiano, agnóstico, socialista y anticomunista.» Su comentario fue éste: «Lo malo es que con eso quedas mal con todo el mundo.» El libro tiene lógica, desenfado, gracia y valentía, mucha sinceridad y mucha belleza literaria, con algún que otro muletazo desdeñoso en el lenguaje y en las intenciones. Magnífico análisis por una mente moderna. Rafael Méndez.

Naturalmente, mi vitrina histórica es copiosa. Pero las revelaciones de estas cartas, a manera de símbolo, eran buenas para estar en alguna parte de todo el surrealismo certero e intencional de este libro. Un retrato de medio siglo de España ha de mezclar, anárquicamente, los sucesos, los personajes y la imaginación delatora. La dictadura tuvo muchos ingenios dentro y en ejercicio, y otros ingenios estuvieron fuera o en el exilio. Algunos regresarían y ya con la experiencia de la Historia encima. El teatro clásico y la picaresca literaria fueron gloriosos, y en medio de las grandes limitaciones del poder. Pero esta es otra historia. Mis dos ingenios básicos fueron Quevedo y Larra y la imaginación nunca la tuvieron enclaustrada. Su posteridad siempre estuvo en ejercicio. La gran noticia de los ingenios de este medio siglo, con sus inclinaciones o sus itinerarios, es otra historia, y también muy atractiva.

El tiempo nunca para o detiene un país, cualquiera que sean sus formas de poder. Las cuatro décadas de Franco no tuvieron una oposición política legalizada, porque había sido liquidada la democracia clásica. La oposición subterránea era débil, como dice el filósofo Fernando Savater, y lo que había era un franquismo sociológico. Pero estaba la universidad, con su profesorado brillante; la narrativa literaria fue una explosión con los Premios Nadal y Planeta, principalmente; el teatro nunca estuvo más asistido de directores, de empresarios, de autores y de intérpretes; el cine tenía sus productores, y no era siervo de las subvenciones, aunque devorado, como todo el cine europeo, por el cine norteamericano;

la danza y el flamenco con sus famosos «tablaos» eran grandes; la tauromaquia tendría figuras célebres, y hasta inmortales, a la manera de las generaciones anteriores; el fútbol tenía figuras propias y extranjeras y se contaba que, por un apasionamiento como el actual, era «el opio del régimen»; el periodismo, a pesar de la censura necia, tenía grandes figuras en la dirección de los diarios, y famosos escritores y corresponsales exteriores en sus páginas; y los Ministerios protagonistas eran éstos: el de Industria, el de Agricultura, el de las Obras Públicas, y el de la Gobernación para el orden interior. La inseguridad ciudadana de la delincuencia era mínima, y todavía no había llegado la droga por falta de aposento tranquilo. Había disminuido grandemente el atraso social y cultural, y se establecía la enseñanza profesional. En los últimos tiempos el tecnocratismo había hundido al idealismo.

Los regímenes fuertes, o de autoridad, generan siempre el despotismo, que tampoco tuvo justificación en otras épocas aunque fuera «ilustrado»; y la libertad política es el oxígeno contra cualquier forma de absolutismo. La libertad política también, y en algunas ocasiones es como el gran tinglado de la farsa. A veces el poder corrompe y secuestra las libertades. Pero la libertad es la gran muestra de cultura y de civilización del hombre. Ahora mismo, en 1992, y con quince años de democracia, el gran combate entre medios de comunicación y poder es el de la libertad. La causa es que un exiguo control del poder en el Parlamento, y una corrupción mediante el tráfico de influencias, genera una actitud defensiva frente a la crítica o la denuncia. Las dictaduras revisten a la clase dirigente, y hasta con solemnidad; y la democracia tiene la exigencia de la ley, si ello procediera, de dejar a su clase dirigente en cueros. Los modos de ejercer las dictaduras o las libertades son cosas atrayentes y difíciles. En las dictaduras se delata el secuestrador; en las democracias, en ocasiones, se encubre o se disfraza. La democracia es la realidad o el retrato de un pueblo.

La dictadura constituyente del general Franco fue la consecuencia de un pueblo enloquecido por los resentimientos reales y por los ideales imposibles. La democracia con aquellos materiales estuvo condenada a un largo destierro. Pero después de la muerte de Franco todo había concluido. Los que aspiraron a ser supervivientes de aquel sistema ya no tenían territorio ni horizonte. La nueva democracia venía de otro modo que aquella de 1931. Era otra generación, y Europa era de otra manera.

Preludio de la restauración democrática

Los materiales de la democracia próxima empezaron a ser más eficaces a medida que Franco envejecía, y especialmente a partir de la década de los 60. Pero todo comenzó a ir deprisa, en un proceso histórico, en los comienzos de la década siguiente, y especialmente tras el asesinato por ETA del almirante Carrero Blanco. Su sucesor, Carlos Arias Navarro, sabía que tenía que hacer progresos en orden a evolución y reformas, sin quebrantar el régimen, porque la ancianidad de Franco era ya una realidad plena, y se imponía una continuidad más elástica para ir hacia otro sitio. Carlos Arias Navarro estaba dispuesto a cambiar lo posible. Lo primero que tuvo lugar fue la autorización, por parte de la Alta Cámara, para hacer posible un pluralismo de asociaciones, aunque todavía no de partidos. Esto no era otra cosa que el envoltorio. Pero era una concesión al pluralismo dentro de la vieja unidad del régimen. Yo era parlamentario de las dos Cámaras por elección de mi provincia, de Ávila, porque nunca estuve allí por «designación», sino por elección, y siempre el radicalismo del régimen me ponía opositores relevantes. Pero Ávila fue siempre fiel conmigo, y fue útil para mi vida profesional del periodismo, y para mi vocación histórica, estar en esas Cámaras, pues así podía enterarme de casi todo, tenía la información y alguna inmunidad. Larra también fue candidato por Ávila, con Isturiz, y no tuvo fortuna. Fue derrotado. Yo triunfaba frente a los más sagrados absolutistas. Con motivo del clima asociacionista yo pronuncié, en una reunión plenaria, un discurso en el Consejo Nacional, del que recojo algunas cosas:

> Trato de decirme a mí mismo como método válido para una intervención en esta Cámara, que algo sustancial vamos a decidir hoy, como es el nacimiento del pluralismo político que no teníamos. Es verdadero que el paso del tiempo, con otras conciencias personales y otras circunstancias, viene empobreciendo la representación nacional actual. Nos ufanamos de tener

una democracia de fuentes más puras, como es la sostenida en las entidades naturales, y ello no es otra cosa que un ideario utópico, pero nuestro sistema de creencias en orden a los derechos de la persona, y el servicio a la libertad, echa de menos la política en su expresión más específica, menos subterránea y más abierta, que es la concurrencia. El país no es uniforme en las ideas y opiniones, sino plural. Hasta este instante lo que tenemos es solamente un pluralismo social integrado, cuyo eje pasa por las Cortes Españolas y la Organización Sindical. La concurrencia en el Movimiento no ha sido nunca una realidad considerable ante el país. Por eso ha habido siempre una acción solapada intrarrégimen, en su diversidad política real, que tenía que orientarse, lógicamente, en alcanzar áreas de poder o de influencia. Una buena parte de la política es —como digo— subterránea o subálvea, y hemos tenido demasiados temas políticos precintados. Solamente el hecho de aclarar las cosas, y de convertir la acción solapada en un acto de legalidad al aire libre, y asistido por aquellos españoles que tengan preocupación o vocación política, con un país que sabe a qué carta quedarse, es un acontecimiento de primera magnitud.

Mi generación conoció un tiempo con más ansias de justicia que de libertad, porque España era un país pobre y atrasado. Pero ahora que el país se ha sacudido el subdesarrollo, gusta más la libertad. Este es un hecho que no podemos desoír, porque nos quedaríamos parados, y donde debe estar la preocupación es en hacer entrar y salir a la libertad, sin que se lleve nada por delante. Las soluciones políticas ya no pueden plantearse de tapadillo. Hay una dialéctica nada deseable, tendenciosa, interesada, sobre este Consejo, que se obstina en presentarlo como un muro de cemento adonde, fatalmente, deben estrellarse los oleajes del pensamiento político y de la modernidad social. Aunque esta Cámara es consultiva, y no tiene las exigencias del Parlamento, en orden a la publicidad de sus manifestaciones y actividades, la ha quebrantado una excesiva política de puertas cerradas. Y, sin embargo, todos somos testigos de que si el país nos hubiera oído en algunas ocasiones, tendría ahora una opinión más benévola de nosotros; por lo menos no criticaría desapaciblemente nuestro silencio. Este proyecto de Asociaciones políticas es un «test» que el país hace a esta Cámara. Nos están observando, a ver si somos muro o cauce. Si paramos el desarrollo político o lo servimos. Si encerramos aquí las lealtades o las trasvasamos a las nuevas gentes del país. Lo que sí simultáneamente se nos exige, cuando abramos nuestra comprensión a los hechos políticos necesarios y modernos, es cumplir con exactitud aquel inolvidable lema de Cocteau sobre los atrevimientos, cuando dice que «el tacto de la audacia consiste en saber hasta dónde se puede llegar demasiado lejos». Ahí podría estar la polémica actual, incluso dentro de este Consejo; pero la Historia dice que se pagan por igual las cautelas excesivas como las audacias no meditadas.

A una sociedad como la nuestra, que ha tenido por diversas circunstancias ralentizada y neumatizada la política, no se la puede tener así toda la vida, mientras el huracán de las divergencias está en la calle, ni se la puede poner a velocidades de bólido. Se abre un terreno de juego amplio y nuestra Constitución escrita tampoco es un monumento faraónico, y puede cambiarse desde dentro, como todas las constituciones democráticas.

Es triste la existencia de exilios políticamente activos, que todavía tiene nuestro país después de tantos años; y núcleos de compatriotas que adoptan militancias fuera de la legalidad y contra ella, y se exhiben con naturalidad. Esto parece que no se puede remediar. Está unido a nuestro destino desde el siglo XIX. Parece que España está condenada a no sacudirse la medievalización de la política, representada por las querellas insalvables.

Creo que en estos momentos el régimen tiene un solo reto, como es quitarse anquilosamiento y añadirse soluciones para una nueva sociedad. Tampoco con este proyecto se acaban todos nuestros problemas de actualización, pero es una contribución importante. Pienso que el Gobierno ha extremado su delicadeza con este Consejo Nacional encargándole la redacción de las bases, aceptando su territorio para el ejercicio político democrático, aunque reservándose mínimamente la potestad disciplinaria o de orden político general que tiene asignada por Ley Fundamental.

Pero es precisamente aquí donde nace la grave responsabilidad de este Consejo, que es todo el motivo principal de mi intervención. Si no se produjera una verdadera concurrencia política en el país, con nombres prestigiosos y programas atractivos, estaríamos peor que ahora mismo, porque entonces no podríamos librarnos de una fácil reflexión que se esgrimiría, como sería que la única concurrencia de nosotros estaba fuera de nosotros. Ante los graves problemas económicos, sociales y de evolución política que están delante de nosotros, tenemos menos capital político que hace diez años. Mientras el Estado puede ofrecer orgullosamente sus realizaciones, el régimen se descapitaliza y estas paradojas se pagan siempre a un alto precio que tiene en nuestra Historia nombres propios. Ante el temporal inminente, hay que hacer urgentemente capital político. No veo otro camino que el de hacer —entre otras cosas— las Asociaciones políticas.

Larra, que fue candidato también por Ávila en el absolutismo de su tiempo, habría dicho las mismas cosas que yo.

Pero Carlos Arias Navarro, nuevo presidente del Gobierno, decía estas cosas en la primavera de 1976, delante de la Radiotelevisión, y en su propio despacho.

> La legitimidad de origen y la forma monárquica del Estado, así como la encarnación de la monarquía en la persona de don Juan Carlos I, constituyen el núcleo vital y el punto de partida de esta nueva etapa de la vida nacional. Quedan fuera de nuestro universo político toda idea revolucionaria de ruptura y cualquier petición de apertura de un período constituyente.
>
> Creo innecesario el afirmar que en este punto he mantenido una postura inalterada e inalterable, nada neutral sino ciertamente beligerante. Entre nosotros podrán darse criterios diferentes sobre aspectos concretos de nuestro futuro, pues en el pluralismo de opinión tiene la política su razón de ser. Pero no caeremos en la ingenuidad de construir un sistema de libertades en colaboración con aquellos que las niegan, las desprecian y buscan su destrucción. No permiteremos que nos engañen sus manifestaciones, ni que nos desorienten sus pactos o alianzas ocasionales. Nuestra experiencia y la de todos, absolutamente todos los pueblos en los que el comunismo se adueñó del poder, es suficientemente alertadora.
>
> Queremos mantener, a todo trance, el orden y la paz, sin dimitir ni un ápice del ejercicio de la autoridad. Queremos actualizar nuestras Leyes e instituciones para que respondan a las exigencias de los tiempos. Queremos la efectiva participación del pueblo en las tareas de gobierno. Queremos el pleno reconocimiento de las libertades políticas sin otras exclusiones que la de aquellos que pretendan la conquista del poder para imponer la tiranía. Queremos potenciar la personalidad de las regiones para un mayor enriquecimiento de la unidad de la patria. Queremos que nuestro sindicalismo responda en sus estructuras a las inquietudes del mundo del trabajo. Queremos comprometernos en una política social de gran alcance, poniendo el mayor énfasis en el pleno empleo, la seguridad social, la vivienda y la educación. Queremos una sociedad más justa, con equidad en la participación de la riqueza nacional y en el reparto de las cargas comunes. Queremos una España en paz, unida y próspera, alegre y segura de sus destinos bajo la monarquía encarnada por el rey don Juan Carlos I.

Todo esto era la figura de un hombre que quería hacer una reforma, sin poner en riesgo la figura sustancial o capital del régimen. Exactamente una democracia en el régimen, y esto era imposible. Un pluralismo de tribus adictas a la historia de un régimen y a sus orígenes, y luego cada uno por su lado en la concurrencia respecto a la influencia y el poder.

Joaquín Garrigues Walker, en espacios ajenos al régimen, pero no en la subversión, fue uno de los anticipadores del clima democrático, y celebraba reuniones en su casa de las afueras de Madrid, y tenía siempre una relación frecuente con personalidades de varios lugares de la actividad nacional. Era un liberal de la vieja escuela, pero en la modernidad del liberalismo europeo de finales de este siglo. En tiempos difíciles, y con Franco todavía en el poder, publicaba en *ABC* un artículo que tuvo una gran repercusión. El título era «La democracia en el horizonte». Poco tiempo después de la restauración democrática, y tras haber sido diputado y ministro, Joaquín Garrigues Walker moriría, y fue una lamentable pérdida para el conjunto de aquella nueva clase política que hizo el milagro de un regreso a la democracia por la vía pacífica, y que tanto ha conmovido al mundo, puesto que era una transición desde una «dictadura constituyente» hacia una democracia clásica, que era la quinta experiencia a lo largo de un siglo, y cuando todas las anteriores habían fracasado. El artículo, en situaciones de alarma y vigilancia de aquel régimen, fue el siguiente:

> La acumulación y concentración de poderes en el jefe del Estado es de tal naturaleza que no tiene precedentes en la historia de España. Esta situación se debe a circunstancias históricas conocidas y a la figura excepcional de Franco. Porque, efectivamente, Franco es, por cualquier estándar y por cualquier óptica que se juzgue, un hombre fuera de serie. Esto, dicho ahora, en el contexto de un régimen político en el que su figura no puede ser juzgada y mucho menos criticada, tiene escaso valor. Porque el elogio sin la alternativa de la crítica es adulación. Pero pienso que la Historia, sea cual sea el rumbo del país y el juicio favorable o adverso que sobre estos años hagan las generaciones futuras, reconocerá unánimemente al juzgar a Franco que fue un hombre fuera de serie.
>
> ¿Y el régimen político y sus instituciones?
>
> Algunas de las figuras más representativas del 18 de julio, protagonistas y cogestores de este régimen, entienden que cualquier cambio en las estructuras del actual sistema es un crimen de lesa patria. Y, sin embargo, esos cambios, inexorablemente, se van a producir, con independencia de que sobrevivan o no, todas o parte de las instituciones del actual régimen político. Es decir, las mismas Cortes, el mismo Consejo Nacional, la misma Organización Sindical, y hasta esos mismos personajes de nuestro mundo político, económico y sindical, actuarán y reaccionarán de forma muy distinta cuando falte Franco. Las voces hoy unánimes se oirán variopintas. Muchas lealtades incondicionales se convertirán en coyunturales.
>
> Pero es que, además, el próximo jefe de Estado, el rey, en

virtud de las propias Leyes Fundamentales, tendrá unos poderes mucho más limitados que los que hoy detenta Franco. Y el presidente del Gobierno, como recuerda el profesor Esteban, «adquirirá una importancia capital en el funcionamiento de las instituciones». Las Leyes Fundamentales no pueden impedir que la sociedad española abra nuevos cauces hacia la democratización del país, que es precisamente la meta de esta evolución.

Los grandes principios de nuestra Constitución son universales: «La Ley ampara por igual el derecho de todos los españoles»; «los españoles tienen derecho al respeto de su honor personal y familiar»; «todo español podrá expresar libremente sus ideas»; «los españoles podrán reunirse y asociarse libremente», etcétera, son principios del Fuero de los Españoles que cualquier Estado de Derecho podría suscribir casi literalmente. En otras palabras, el poder político en España, aun dentro del marco de las mismas instituciones de hoy, estará más dividido, es decir, más compartido. Claro está que todo esto no es suficiente. El vacío de poder que producirá en su día la ausencia de Franco es directamente proporcional a la autoridad que ha ejercido durante tantos años. Y aquí el problema no consiste en encontrar un sustituto a la figura de Franco. No se trata de encontrar la persona que se subrogue en esos poderes. Si fuera así, la operación técnicamente sería relativamente sencilla y los candidatos incontables. Se trata precisamente de que los españoles colectivamente decidamos, por primera vez en nuestra Historia, gobernar nuestro propio destino.

En este contexto lo que cuenta de forma primordial no es lo que quiera un Gobierno en abstracto, sino lo que queramos los españoles en concreto. El marco institucional del Estado español será el campo de juego; el rey, el árbitro de las reglas; y el Gobierno, el órgano ejecutivo de las decisiones colectivas. Esto es lo que espera la sociedad española, más abierta y permeable, más madura que nunca, según demuestran los últimos acontecimientos. Los universitarios y los trabajadores, los empresarios, los profesionales, los eclesiásticos y los funcionarios públicos exigen hoy, todos los días, y cada vez con mayor intensidad, un marco constitucional donde quepan todas las opiniones. Y, simultáneamente, pretenden ser protagonistas de la vida política española, compartir los derechos y las responsabilidades de la sociedad en la que viven, y participar en la solución de los problemas que afectan a la vida comunitaria. La tendencia en la vida política, cultural, religiosa, empresarial y laboral del país, es hacia el diálogo y no hacia el monólogo. El monopolio de la verdad pierde clientela.

De hecho, el actual régimen político, sus hombres y sus actitudes han evolucionado ya considerablemente durante estos treinta y cinco años de Historia. Un ministro se decidió a llamar

Carlos Arias Navarro, primavera de 1976: «Quedan fuera de nuestro universo político toda idea revolucionaria de ruptura y cualquier petición de apertura de un período constituyente.» (El Rey con el primer Gobierno de la Monarquía, presidido por Arias.)

Poco tiempo después de la restauración democrática, y tras haber sido diputado y ministro, Joaquín Garrigues Walker moriría, y fue una lamentable pérdida para el conjunto de aquella nueva clase política que hizo el milagro de un regreso a la democracia por la vía pacífica.

La democracia comenzaría a construirse con el cese de Carlos Arias Navarro, y el nombramiento de Adolfo Suárez.

Adolfo Suárez, nuevo presidente del Gobierno

Era ministro secretario general del Movimiento

Mañana tomará posesión de su cargo

Adolfo Suárez González, hasta ahora ministro secretario general del Movimiento, fue designado ayer por el Rey nuevo presidente del Gobierno, y mañana jurará su cargo ante don Juan Carlos I. La terna elaborada por el Consejo del Reino y comunicada a La Zarzuela por Fernández-Miranda —primero telefónicamente, y después en persona—, estaba integrada, además de por el señor Suárez, por Gregorio López Bravo y Federico Silva. La agencia *Cifra*, sin embargo, incluyó —en un despacho transmitido a las cinco menos diez de la tarde— el nombre del señor Areilza en primer lugar de la terna y en sustitución de López Bravo. Esto originó confusión e hizo que fuera mayor la sorpresa producida hacia las siete de la tarde por el nombramiento de Adolfo Suárez.

El comunicado oficial de la Casa del Rey, fechado en el palacio de La Zarzuela, y distribuido por las agencias de noticias, dice textualmente: «De acuerdo con lo dispuesto en la Ley Orgánica del Estado, previa propuesta en terna del Consejo del Reino, SM el Rey ha designado como presidente del Gobierno a don Adolfo Suárez González, a quien recibió esta tarde en el palacio de La Zarzuela.

El *Boletín Oficial del Estado* publicará el lunes el correspondiente Real Decreto, fijándose ese mismo día para la ceremonia de juramento del nuevo presidente del Gobierno.»

Según se ha informado a EL PAIS en fuentes políticas solven-

defensa ante el Pleno de las Cortes del proyecto de ley de Asociación Política —que obtuvo la mayoría— y la reciente victoria en el Consejo Nacional del Movimiento, del que hasta ahora era vicepresidente, frente al marqués de Villaverde, en las elecciones para consejero nacional del grupo de *los 40*, en sustitución de Elola. Adolfo Suárez fue promotor y primer presidente de la asociación política *Unión del Pueblo Español* (UDPE).

Una encuesta realizada por EL PAIS muestra la sorpresa general causada por el nombramiento, así como cierta moderación en el juicio sobre el nuevo presidente del Gobierno por parte de sectores de oposición partidarios de la ruptura.

Adolfo Suárez ha sido la carrera política más fantástica de este siglo. (En la foto, jurando como vicesecretario general del Movimiento en tiempos de Franco.)

«huelgas» a lo que antes eran «conflictos colectivos». Otro ha pedido una España «faldicorta». Uno y otro, ayer, hubieran caído en desgracia.

Todo esto es anécdota porque los cambios que exige el país no son sólo de terminología. Pero las actitudes son siempre significativas. Lo dijo Marañón: «El liberalismo es una actitud.» Y esa evolución tímida y prudente es, como digo, consecuencia de la presión constante que ejerce la sociedad española sobre las estructuras políticas y las instituciones del país. Basta para comprobarlo comparar la prensa diaria de ayer y de hoy.

El tránsito hacia la democracia desde la plataforma política de hoy es, pues, «per se», una operación enormemente compleja y difícil. Es, ha sido siempre, mucho más difícil vivir libre que vivir esclavo, y por eso los hombres renuncian tan frecuentemente a la libertad.

«La tradición viva —ha dicho recientemente Miguel Herrero— nunca es igual a sí misma y un sistema legal tiene capacidades de transformación virtualmente ilimitadas.» Y esa transformación en nuestro caso tiene como objetivo final la democracia. Ese objetivo que no pudieron alcanzar sin trauma Grecia y Portugal. Si nuestro actual sistema político tuviese la vitalidad de obtenerlo habríamos conseguido, al final de ese período de tránsito, que no hubiera ni leales ni traidores, ni vencedores ni vencidos.

Wilson y Heath son tan leales a la corona como Mitterrand y Giscard a la república. En la vida política civilizada se ganan batallas parciales, pero nunca se gana la guerra.

¿Seremos los españoles capaces de realizar este tránsito pacíficamente? ¿Estará nuestra clase política a la altura de las circunstancias renunciando cuando sea el caso a las posiciones personales? ¿Sabrá la clase dirigente renunciar a los privilegios de otra época? ¿Sabremos los españoles superar las diferencias que nos separan? ¿Estaremos, en definitiva, dispuestos a pagar el precio de la libertad?

Esta anticipación de Joaquín Garrigues Walker fue admirable, y tuvo las dos exigencias de aquel tiempo: valor y prudencia. Todavía era pronto para anunciar la democracia próxima, pero así lo hizo. No estaba en la subversión, pero sí en la postulación del cambio. Era el camino deseable.

Aquel mes de enero de 1975, casi un año antes de la muerte de Franco, la nueva revista «Cambio 16», también en la línea liberal, publicaba un convulsionador artículo del profesor de la universidad Luis González Seara, y antiguo colaborador de Fraga, que tuvo un eco tremendo, y que tenía no solamente el aire de la crítica y de la propuesta, sino de la denuncia. Aquel artículo sería uno de los más famosos de aquella época de pretransición. Después

Luis González Seara sería ministro con los restauradores de la democracia, y cuando se escribe este libro, aparece en ninguna parte por voluntad propia. El título del artículo fue «El umbral del cambio», y fue éste:

> Los españoles nos encontramos en un momento serio de nuestra historia. Las cosas van mal. Y no sirve de nada hacer el avestruz y esconder la cabeza bajo el ala del optimismo fácil. Nos encontramos ante una grave crisis económica, social y política, coincidente con un tiempo en que finaliza una etapa histórica. Y la organización de nuestra vida colectiva no es la más apropiada para hacer frente a tal situación. Tienen, pues, que producirse cambios; pero estos cambios, si han de ser útiles y eficaces, deben ser los cambios necesarios, no los cambios posibles. En nuestra vida pública se repite con excesiva frecuencia esa gran banalidad abstracta de que «la política es el arte de lo posible». ¿Qué es lo posible? Tal vez tuvieran mucho más sentido y, por supuesto, mucha más imaginación, los protagonistas del Mayo francés de 1968, cuando escribieron en un *graffitti*: «Seamos realistas, pidamos lo imposible.» Cuando alguien comienza a decirnos que está haciendo lo posible, mal va la cosa. Debe hacerse lo necesario, y la política es el arte de conseguir que lo necesario sea posible.
>
> Ahora bien: para lograr esto último se necesita, ante todo, saber lo que es necesario y querer conseguirlo. Ambas cosas no se dan fácilmente y menos juntas en la misma persona. Pero, para saber lo que es necesario, ayuda mucho el consenso mayoritario de los ciudadanos; y para querer conseguirlo, es primordial la actitud de querer servir a ese consenso mayoritario. Lo cual es, en esencia, lo que constituye el espíritu democrático. Cuando el consenso mayoritario de un país quiere tal o cual cosa, el político demócrata no puede negarse a ello con el argumento de que no es posible. Puede que, efectivamente, no lo sea. Pero sólo podemos decirlo cuando previamente se ha intentado. Hasta en los pequeños infusorios, venía a decir el biólogo Jennings, la vida se rige por la ley de «ensayo y error». Los organismos y también las sociedades han de ensayar muchos movimientos y muchas iniciativas antes de acertar o situarse en un medio favorable. Pero si se suprimen los ensayos, por miedo al error, deviene la petrificación, el inmovilismo y, en una palabra, la falta de vida. Las sociedades tienen que ensayar soluciones para los problemas planteados y cuando una mayoría se inclina por una de esas soluciones, no puede nadie venir a impedirlo con el argumento de que es imposible. Sólo la práctica democrática nos mostrará si ello es así o no, y nadie debe suplantar dicha práctica.
>
> En estos momentos los españoles estamos viviendo el caso

de las asociaciones políticas. Todo indica que la gran mayoría de españoles reclama su derecho natural a la asociación política, como corresponde a cualquier pueblo libre. A ello se respondió, para empezar, que debería hacerse en forma de asociaciones, porque los partidos políticos no son compatibles con nuestras actuales Leyes Fundamentales. Esta primera respuesta requiere un primer reparo: lo que digan las Leyes Fundamentales no es definitivo, y lo primordial es la voluntad de la mayoría de los españoles. Por consiguiente, si la mayoría de los españoles quisieran partidos políticos, y éstos no caben en el marco de nuestras leyes, lo lógico y democrático es cambiar las leyes y no ignorar a los españoles. Porque es de todo punto evidente que las constituciones se hacen para los pueblos, y no los pueblos para las constituciones. Los pueblos tienen el derecho y el deber de ensayar las formas políticas que mejor le parezcan en cada momento histórico, y nadie, absolutamente nadie, tiene la menor legitimidad para oponerse a la voluntad de la mayoría del pueblo. Sostener lo contrario es servir, de forma consciente o inconsciente, a cualquiera de las tiranías de diverso signo que en el mundo han sido.

En segundo lugar, ese derecho de asociación ha quedado tan limitado por la intervención del Consejo Nacional del Movimiento que, en realidad, es el derecho de una determinada clase de españoles, coincidente en ciertos supuestos ideológicos. El Gobierno parece ser que intentó sacar adelante un proyecto más liberal, pero, según el propio presidente, ello no fue posible. ¿Podríamos saber los españoles quiénes han hecho imposible lo que era necesario? Porque de ellos será la responsabilidad de lo que ocurra, por tal entorpecimiento y veto.

La hora no está para componendas. La sociedad española, que cuenta con un grado notable de modernización en el orden industrial y urbano, y que ha adquirido unas formas de vida bastantes secularizadas, se encuentra con una organización política desfasada. Es preciso poner a punto esa organización, con un funcionamiento pleno de todas sus instituciones. Resulta alarmante oír con frecuencia las apelaciones a una sola institución, el Ejército, como garantía de salvación del país. El Ejército es una institución fundamental, pero en el país se precisan otras instituciones civiles, eficaces y en buen funcionamiento, para que las cosas marchen. Sin ellas, ninguna sociedad puede prosperar en orden, y aquí es preciso reconocer que muchas de nuestras instituciones languidecen a ojos vista. Las cortes, la universidad, las diputaciones, los ayuntamientos, los sindicatos, no están al nivel del tiempo. Las cortes, que deberían ser el gran órgano de la participación política de los ciudadanos en la vida pública, no despiertan interés, ni siquiera entre los mismos procuradores, muchos de los cuales no aparecen nunca por las salas de sesiones, salvo para aplaudir y votar afirmativamente en los plenos. Estos plenos no tienen atractivo, porque ya se sabe que allí todos votan «sí» a lo que sea. Cuando alguna vez se ha llegado a producir un 10 por 100 de votos en contra, la sesión se considera insólita y el proyecto de ley vapuleado. En cuanto a las comisiones, la mayoría de las veces no existe quorum, y la ponencia, designada de acuerdo con el poder ejecutivo, suele salirse con la suya. No es de extrañar, pues, que el país no se sienta identificado con lo que allí se trata, y lo que allí se trata es únicamente lo que el Gobierno envía. Nadie puede ir muy lejos con tales cortes y lo mismo ocurre con las diputaciones o los ayuntamientos.

La universidad, a su vez, carece de los medios para investigar y proporcionar una docencia moderna, su presencia en la vida del país es mínima, y sólo parece estar presente cuando se trata de la manifestación y la asamblea, o del cambio de calendario. Pocas cosas se dan más tristes que una junta de gobierno de universidad, porque salvo burocratismos kafkianos, allí no se gobierna nada: el Ministerio, sabiamente, lo regula todo, y la autonomía universitaria es cero. La vida sindical corre pareja suerte. La organización sindical es un colosal complejo burocrático incapaz de hacer frente a los problemas planteados por unas relaciones industriales modernas. Basta contemplar lo que ocurre con las huelgas y conflictos de cada día para ver la inadecuación de tal aparato burocrático.

Esta es la desnuda verdad, y aquí radica el nudo de la cuestión. Con una grave crisis económica encima; con el paro en aumento alarmante; con la mayoría de la población alejada de la participación política, y con el sentimiento de no tener ninguna responsabilidad en las decisiones que se están tomando; y sin una presencia española seria en las decisiones importantes del mundo internacional, ya sea el Mercado Común, la OTAN, el Fondo Monetario, la política petrolífera, o los países iberoamericanos, ¿es admisible perder el tiempo cerca de si el «Movimiento» debe entenderse como «organización», «comunión» o «institución»? ¿Cabe imaginar que, con tan graves problemas pendientes, el Consejo Nacional del Movimiento consuma sus energías en decidir si se quita o se pone la referencia a un artículo del Fuero de los Españoles? Sin embargo, por ahí andan las preocupaciones políticas, mientras por todo el país se extiende una corrupción pocas veces alcanzada.

La hora, pues, es grave. Necesitamos afrontar un cambio evolutivo con la máxima energía, si no queremos desembocar, de modo ineludible, en un cambio violento. Pero el cambio evolutivo, en cuyo umbral estamos, sólo es pensable desde una democratización plena de nuestra vida política. A eso es a lo que hay que dedicarse, y en esa dedicación radical al auténtico patriotismo. Por la vía del inmovilismo, la nostalgia y la intolerancia autoritaria sólo podemos abocar a la catástrofe. Y ya está bien de catástrofes. Evitemos una nueva por la vía democrática. El año 1975 puede ser decisivo.

En este año de 1975, el de las vacilaciones del presidente del Gobierno, Carlos Arias Navarro, y un activismo asociacionista para fabricar el futuro inmediato de España, nacían varias asociaciones en el propio régimen, y con personalidades conocidas, que eran los comienzos o los inicios del pluralismo inevitable. Todas ellas tenían la prudencia de aquel tiempo, pero la seguridad del camino hacia la democracia. Éstas fueron la «Alianza del Pueblo», con un famoso manifiesto; «La Unión del Pueblo Español», ya encabezada por Adolfo Suárez, y «Unión Democrática Española», cuyo líder y promotor era Federico Silva. La primera tenía las características de estar constituida por las gentes más fieles a la literatura falangista de los años 30, pero ya con las ideas que se correspondían a 1975. La segunda era una conjunción de varios, y que podía ser representativa de un conjunto del sistema, que aspiraba a una modernidad menos recelada. Y la tercera era la clásica católica, que fue uno de los sectores más influyentes del país desde los finales de la guerra mundial hasta la llegada de los personajes históricos del Opus Dei al poder. Estas tres organizaciones o asociaciones tuvieron un escaso recorrido, porque la democracia comenzaría a construirse con el cese de Carlos Arias Navarro y el nombramiento de Adolfo Suárez.

La irrupción política de Adolfo Suárez era catapultada tenazmente desde el poder desde hacía algunos años. Sus orígenes abulenses estaban en la secretaría de quien fuera gobernador civil, y luego en ascensos constantes, Fernando Herrero Tejedor, que era un castellonense falangista flexible. Pero en seguida Adolfo Suárez entraría en el mecanismo burocrático y político de Laureano López Rodó en Madrid, y de allí sería lanzado como gobernador civil de Segovia y jefe provincial del Movimiento, y más tarde director general de Televisión. El lanzamiento tenía buenas sendas y todo ello era debido a la gran vocación de Adolfo en cuanto a subir, la suprema adaptabilidad de sus creencias, que no eran sustantivas, y una gran capacidad de atracción. Tenía el espíritu de «valido» hacia la cumbre, y un día la alcanzaría a la manera clásica, como los validos famosos de los reyes en nuestra Historia. Cuando un día llegó a la Secretaría General del Movimiento, su primer padrino, Fernando Herrero, lo hizo vicesecretario general. Su destreza era insuperable y estaba en los lugares sagrados del régimen: en la Castellana 3 del almirante Carrero y en Alcalá 44 del Movimiento. Y, por último, como la gran cumbre de su talento político de estrategia, en el Palacio de la Zarzuela, con el rey. Adolfo Suárez ha sido la carrera política más fantástica de este siglo.

Pero en esa etapa de la Secretaría General del Movimiento sería el presidente coordinador de la Unión del Pueblo Español (UDPE). La junta directiva era una delicia. Era una brillante mezcla de «continuidad reformadora». Algunas de las manifestaciones de esta Asociación fueron éstas:

> Dirigir nuestra acción a la promoción del desarrollo político, económico y social, que impulsa los cambios y reformas necesarios y rechace de toda pretensión de ruptura en el proceso perfeccionador de nuestras instituciones y del sistema.
>
> Intelectuales, artistas, políticos, universitarios y profesionales, funcionarios, campesinos, obreros, estudiantes, etc., se han solidarizado con la idea fundamental de lograr la continuidad esencial de las instituciones del régimen, con las adaptaciones y modificaciones que el transcurso del tiempo, y el propio cambio de las circunstancias sociales, económicas y políticas aconsejen.
>
> Prestar su concurso y respaldo público a las instituciones y al Gobierno en aquellas tareas y objetivos que coincidan con los planteamientos de la Asociación, en otro caso, la discrepancia y la crítica responsable.
>
> Defender la libertad de los medios de comunicación social al servicio de la verdad y de la objetividad informativa.
>
> Sin quiebra ni ruptura, pero con la conciencia clara de que es necesaria una evolución desde el propio sistema, con la integración de todos los españoles en una democracia de plena participación.
>
> Un desarrollo que supere los actuales desequilibrios en la distribución de las riquezas y las diferencias entre sectores, regiones y personas. Que la planificación sirva a la Justicia, y a través de la socialización del desarrollo alcancen todos los frutos del común esfuerzo en el trabajo.
>
> Una reforma fiscal que sirva de base a la justa distribución de las cargas y de las rentas, regulando con el necesario rigor el delito fiscal.
>
> Una socialización del crédito al servicio de los intereses generales del país y en favor de la promoción social de los trabajadores y de la pequeña y mediana empresa.
>
> Desarrollo de las peculiaridades culturales, sociales y económicas de todas las regiones españolas dentro del ámbito de la unidad nacional, ligada a una descentralización administrativa eficaz.
>
> Una organización sindical con entidad y personalidad propia, independiente del Gobierno y la Administración, que

mantenga el principio de unidad en forma compatible con la existencia de organizaciones y asociaciones específicas de trabajadores, técnicos y empresarios.

Una administración pública sometida a normas y controles que responda a los principios de honestidad, eficacia y transparencia y que impida toda posibilidad de corrupción.

Una actitud que partiendo de la radical europeidad de España nos lleve a sumarnos en la difícil empresa de la construcción política de Europa. Proclamamos, en este camino, el respeto a las peculiaridades e intereses nacionales y a las específicas vías de sus distintos desarrollos democráticos.

España deberá mantener relaciones diplomáticas con todos los países del mundo y estar presente en el mayor número posible de organismos internacionales, desarrollando la cooperación técnica, cultural y económica, especialmente con los países de habla hispánica y con aquellos que están ligados a nuestra Historia por una civilización común, aportando su ayuda contra el subdesarrollo y el hambre en el mundo.

Por último, manifestamos que para alcanzar la profunda transformación que postulamos para la sociedad española, la democracia es la más legítima forma de gobierno cuando genera ella misma la autoridad ordenadora y evita la anarquía social, el secuestro del poder y asegura su estabilidad a largo plazo. Sostenemos para esta democracia, que las formas políticas y sociales de representación componen una realidad conjunta y no excluyente de todos los organismos deliberantes o de decisión.

Un día triste, para todos los que le conocimos, moriría en accidente de automóvil, y precisamente en una carretera de Ávila, Fernando Herrero Tejedor. Parecía que Adolfo Suárez podría quedar huérfano. Pero no fue así; en un cambio de Gobierno, tras la muerte de Franco, que hizo Carlos Arias Navarro, lo nombró ministro Secretario General del Movimiento. Estaba ya muy claro que desaparecidos el almirante Carrero y Fernando Herrero Tejedor, y en otra órbita de la política —ya no decisoria— Laureano López Rodó, Adolfo conservaba lo principal de entonces: La Zarzuela, el rey. Pocos meses después, y siendo el último de una terna, el rey lo nombraría presidente del Gobierno. ¿Y para qué? Para restaurar la democracia, en cuya operación había que tener una suprema destreza, o ese gran alarde que tuvieron siempre los gitanos puros de nuestro país, en el mercado. El rey había dado su gran salto de trapecio hacia la democracia. El suceso era apasionante.

El rey comunicó a Carlos Arias Navarro su cese, con las buenas formas clásicas de don Juan Carlos, y tendría que recibir el monarca tres nombres del Consejo del Reino, pero Adolfo Suárez, su

El Rey comunicó a Carlos Arias Navarro su cese, con las buenas formas clásicas de don Juan Carlos, y tendría que recibir el Monarca tres nombres del Consejo del Reino, pero Adolfo Suárez, su predilecto, tendría que estar en la terna. Torcuato Fernández Miranda se encargaría de esta difícil misión.

A Fraga lo cesaría Franco como ministro en el 69, por sus desavenencias con los ministros del Opus Dei.

Areilza era el itinerante perpetuo, desde los finales de la guerra civil, por sus características de una gran personalidad, acompañada de la ambición legítima, y de la crítica. (Con Franco. Al fondo, José Solís, ministro secretario general del Movimiento.)

predilecto, tendría que estar en la terna. Torcuato Fernández Miranda se encargaría de esta difícil misión. Las personalidades brillantes eran varias, y Adolfo Suárez no figuraba en esa lista. La genial idea de Torcuato es que fuera una terna representativa de las tres familias influyentes y principales del régimen. Adolfo Suárez era el ministro Secretario General del Movimiento. Y ésta era una de las fuerzas capitales. Había que tener respeto a su situación y condición de ministro. Las otras dos fuerzas eran los católicos clásicos, y se eligió a Federico Silva; y esa otra nueva de originarios del Opus Dei que lucían en los últimos años, y habían realizado el *boom* económico de los 60. Se pronunciaron por Gregorio López Bravo que, además, había sido un gran ministro de Asuntos Exteriores. El último lugar lo ocupaba Adolfo Suárez, pero Torcuato Fernández Miranda había complacido al rey. Quedaban fuera dos personalidades de gran calibre para ese destino: José María de Areilza, ministro de Asuntos Exteriores, antiguo embajador en Argentina, en Estados Unidos y en Francia, y últimamente estaría al lado en el Consejo de don Juan de Borbón. Y Manuel Fraga, ex ministro, catedrático de universidad, últimamente embajador en Londres, y que había iniciado movimientos y organizaciones de apertura política. Los dos, por su ánimo liberal, habían sido nombrados ministros por Arias Navarro, después de la muerte de Franco. A Fraga lo cesaría Franco como ministro en el 69, por sus desavenencias con los ministros del Opus Dei, y Areilza era el itinerante perpetuo, desde los finales de la guerra civil, por sus características de una gran personalidad, acompañada de la ambición legítima y de la crítica.

El rey había asumido la gran responsabilidad de defender la corona y hacerla compatible con la democracia. Esto no exigía un hombre con sus ideas propias y brillantes encima, sino un mago. Que un rey de España, y además elevado al trono por Franco, trajera una democracia, con los republicanos del exilio y de la clandestinidad, y con la tibieza monárquica de todo el país, era un asunto para la magia, y no para otra cosa. El rey ya era mágico, pero necesitaba un colaborador de ese fantástico oficio. Era Adolfo Suárez.

En los tiempos de la Ley de Reforma Política, umbral de la democracia, yo publicaba el siguiente artículo en noviembre de 1976:

> Cuando estaba haciendo la versión libre de *La muerte de Dantón*, de Büchner, me vi obligado de nuevo a meterme en la Revolución francesa, que ha sido uno de los temas político-literarios de mi predilección a lo largo de la vida. Y allí me encontré con personajes que volvieron a tentarme con su seducción

histórica, para llevarlos al campo de mis meditaciones actuales y para dirigirlos algún día al libro o al teatro.

Uno de estos personajes fue Fouché. Me sigue pareciendo una biografía apasionante, desde sus comienzos como jacobino en Lyon hasta su ducado de Otranto, y con dos personajes a su alrededor, a los que tuvo que servir y ser infiel, como Robespierre y Napoleón. A este jacobino lo retiró, finalmente, la monarquía, sin perjuicio de haber prestado grandes servicios a la restauración. Cuando estamos en los comienzos de la restauración monárquica en nuestro país, no es mal ejercicio observar la disposición del pueblo español y de su clase política hacia el rey, y viceversa. Por encima de los sucesos, y sobre la superficie de la información, hay un transfondo que resulta atractivo explorar.

El pueblo, en general, aquel que no aparece encuadrado en posiciones políticas, aunque tuviera opiniones; que es receptor de informaciones diversas, siente la magia de la realeza. Un rey goza de mayor expectación que un presidente. Aquí y fuera de aquí. Las gentes lo ven en la Historia y aún más allá. Muchos los divinizan porque vienen desde muy lejos en el tiempo y ensamblados con la religión tantas veces. Los reyes de este siglo, por su parte, no ven a los pueblos como conjunto de vasallos o de súbditos; pienso que tampoco como ciudadanos; su visión del pueblo es más plástica y sociológica que política.

La clase política es otra cosa. La crisis del sentimiento monárquico en España ha sido muy considerable desde el primer tercio de este siglo. La monarquía constitucional nunca convenció del todo a nuestros constitucionalistas. El gran argumento de los ideólogos monárquicos ha sido siempre que el rey, como encarnación del Estado, estaba fuera de las contiendas políticas y era permanente por lo vitalicio de su condición y por la herencia. En España las contiendas fueron siempre muy numerosas en cuanto al Estado, y lo ideal sería desplazarlas de tejas para abajo. Después de nuestra guerra civil, la clase política española tenía estas características respecto a la monarquía: los derrotados eran todos republicanos, y entre los vencedores había tres significaciones.

Los falangistas no eran monárquicos; José Antonio Primo de Rivera fue muy expresivo en el final de su carrera política; tampoco eran republicanos de «pura sangre», pensaban que la revolución era siempre más importante que la restauracion, o que la forma del Estado; les preocupaba más el contenido que el continente.

Los tradicionalistas estaban todavía en la otra rama desprendida a la muerte de don Fernando VII, y que fue origen de las guerras civiles del siglo XIX. Finalmente, ante el agotamiento de la dinastía llamada «legítima» por ellos, el grupo más sobresaliente se fue al descendiente de la llamada «monarquía usurpadora» y que era don Juan de Borbón, Conde de Barcelona, hijo del último rey de España, Alfonso XIII.

Por último las derechas españolas clásicas, aquellas que logró aglomerar Gil-Robles, de procedencia católica, eran posibilistas. En los últimos años las había dado lo mismo ser monárquicas que republicanas, siempre que los republicanos no representaran la revolución.

Sobre esta realidad mayoritaria estaba un grupo eminente de personalidades monárquicas que se habían convocado alrededor de Acción Española y varios generales de la sublevación.

Franco se resistió a pronunciarse por la forma del Estado, hasta 1947, forzado un poco por el resultado de la segunda guerra mundial; entonces estableció el «Reino», que es un vocablo atenuador de ese otro llamado «Monarquía» y, por supuesto, quedaba el asunto diferido sin fecha. A partir de este instante comenzó a funcionar la Corte desterrada del Conde de Barcelona.

Su eco en el país era escaso. El pueblo no estaba para polémicas de este orden y Franco había compuesto un régimen y un sistema político con otros fines y sobre las realidades apremiantes. Después, ya sabemos todos el desarrollo de los acontecimientos. Franco y el Conde de Barcelona no se entendieron, a pesar de los buenos oficios de Ruiseñada y de Vigón, entre otros, y don Juan Carlos de Borbón, hijo del pretendiente, residente en España, educado desde el Estado, e informado de todo lo que sucedía, se hizo la reflexión de que lo importante era la restauración de la monarquía, cualquiera que fuera el titular; así con su persona habría dos ocasiones, en lugar de una sola y problemática. Su padre estaba fuera de la órbita de Franco, mientras que el príncipe estaba dentro. El príncipe sabía bastante bien cuáles eran y dónde estaban los sentimientos monárquicos. Su cometido era muy difícil, nada menos que éste: tranquilizar al padre, no intranquilizar a Franco y preparar el censo de las asistencias a su persona, detectar «sus monárquicos». Hay que decir que esta difícil operación la hizo muy bien. Casi prodigiosamente. Heredó a Franco, lamía las heridas del padre y ahora trata de crear su clase política.

Cuando alguien se sorprende de la buena imagen producida por el rey a los americanos, y ahora a los franceses, con las gentes importantes de esos países a su alrededor, a mí no me resulta nada sorprendente. Estar a bien con Franco y con su padre fue un ejercicio mucho más difícil. Podrán discutirse siempre a un rey sus condiciones cuando se piense que los reyes deben ser modelo de todas las sabidurías, ya que expresan el Estado. Pero los reyes nunca han sido eso, mientras que los presidentes están obligados a serlo. Pero hay una cosa que tiene muy sobresaliente Juan Carlos I, y es la astucia, el tratamiento a los hombres. Es aceptable dudar siempre de su sinceridad, pero su oficio no le permite otra cosa. La sinceridad en los políticos es siempre dudosa; en los reyes, ni siquiera se habla de eso. Ocurre, sin embargo, que la astucia de un rey ha de ser acompañada por la inteligencia de la clase política que ha elegido para comenzar su reinado. Dudo mucho que los gobernantes actuales se anticipen en sus obras y realizaciones a la gran estrategia del monarca, que no es otra que cancelar el pasado y construir la nueva situación. Por eso los políticos españoles van a remolque del rey. El Gobierno o le interpreta o muere. A nivel real se advierte como una gran empresa, cualquiera que sea el resultado; pero a nivel de Gobierno, el infantilismo es a veces sobrecogedor.

Desde fuera y como espectador que viene de muy atrás, me atrevo a intuir estos deseos del rey: construir una democracia con todos aquellos que Luis María Ansón llamó un día «la moderación». El rey apetece moderados en la izquierda y en la derecha. Le preocupan todas las inmoderaciones, aunque pudieran estar respaldadas por la adhesión a la monarquía. No le gusta la izquierda radical; ni los «azules». Su empresa parece la de jubilar franquismo nostálgico, franquismo comprometido y franquismo impenitente. En la medida que pueda, licenciar también a las facciones monárquicas de Estoril. Franco está muerto, pero su padre está vivo, y con escasa disposición a estar distante. Es el tiempo del rey, y sobre el hombro de cualquier viejo amigo puede depositar afecto y despedida. Pienso, sin embargo, que la remodelación necesita un proceso más largo.

El gran riesgo de un monarca que se considerará obligado a realizar toda esa estrategia sería la tentación de gobernar. Alguien que confecciona un traje a su medida, no puede tener otro propósito que ponérselo y no colgarlo. Si el rey alcanzara toda esa operación —que es muy dudoso—, el ejemplo de la Historia dice que los moderados son siempre los adaptables, pero nunca los fieles. La moderación tiene tan buen juicio que acostumbra a rehuir la decisión y la responsabilidad. Franco escogía a los moderados para ser mandados, porque son fáciles de mandar, pero no para que mandasen. Así ha pasado, que ahora le están haciendo un corte de mangas. Los grandes acontecimientos de la Historia los han hecho los inmoderados geniales, que nada tienen que ver con los insensatos. Son otra cosa. Si obtuviera el rey, por deseo, o por necesidad, una clase política de moderados cómodos, de arribistas, de complacientes, de flexibles con el espinazo, catacaldos de todo, redondos para cualquier misión, el asunto sería grave. Se vería entonces obligado a gobernar y nadie le sacaría las castañas del fuego.

Con el rey, sin embargo, hay que tener un tratamiento político de lealtad y que consiste en hacer las cosas políticamente tan decisorias, que el rey no sea nunca obligado a hacer otra cosa que reinar, que es lo suyo.

El rey, exactamente, tuvo grandes preocupaciones con la inestabilidad de aquellos que fueron protagonistas de la restauración democrática. Acudían a celebrarle o a preocuparle. El buen camino empezaría cuando alcanzaron el poder los socialistas y cuya tradición era republicana. Desde entonces se observa al rey, en exclusividad, en su reinado. Y también es obligado decir que las limitaciones de acción de un monarca nunca fueron tan grandes. Reinar y no gobernar es lo propio, pero sin excederse en las limitaciones del reinado.

La democracia: navegación de los restauradores

Torcuato Fernández Miranda, como presidente de las Cortes designado por el rey, era la máquina elaboradora de la iniciación democrática, desde «la legalidad». El rey no se proponía dar un golpe de estado para la restauración de la democracia, sino que se disponía a hacer esta restauración por la decisión del Parlamento del régimen, en el marco de la legalidad y pacíficamente. Había que fabricar una forma de suicidio legal, y eso fue la Ley de Reforma política del nuevo Gobierno de Adolfo Suárez en el que estaban gentes fabricadas en el régimen mismo, y los tres Ministerios de las Fuerzas Armadas —Tierra, Mar y Aire— eran militares procedentes de la guerra civil y de la victoria. Torcuato Fernández Miranda era decisivo en esta operación, y después defenderían este proyecto, como miembros de la Comisión estos nombres de gran tradición y militancia falangista, como Miguel Primo de Rivera, el gran sucesor de la familia, Belén Landáburu, y el sindicalista Noel Zapico. Pero el eficacísimo sería ese gran parlamentario, y ahora en Europa, Fernando Suárez. El franquismo, ya sin Franco, sin Carrero Blanco y sin Arias Navarro, y con las familias políticas solamente expectadoras, había concluido. Pocos meses después serían autorizados todos los partidos políticos, incluyendo el histórico Partido Comunista de España. La obligación inmediata era la de una convocatoria de elecciones generales. El rey, Jefe Supremo de las Fuerzas Armadas, estaba amparado por los militares en su conjunto, aunque con los recelos de bastantes. La legalización de los comunistas produciría la dimisión de algún militar del Gobierno, pero no pasaba nada. La situación era otra, y aceptada, y aparecía un militar representativo de esta nueva situación, que es el teniente general Gutiérrez Mellado, con una biografía galdosiana en la guerra civil, y luego un oscurecimiento metódico. Adolfo Suárez congregaba a su lado a gentes variadas de antes y de ahora, que no estaban en la izquierda pura que había llegado: el socialismo y el comunismo. Aparecía rodeado de aquellos grupos y personajes de un centrismo moderador, y por los reformistas más avanzados del propio régimen desaparecido. A eso se le llamaría la Unión de Centro Democrático, que no era un partido político en su construcción, aunque sí en sus formas, por las exigencias electorales. Los grupos o partidos eran once, y Adolfo Suárez no estaba en ninguno. Era solamente «un presidente histórico», nacido de la mano del rey. Lo que se vio obligado a elevar a su lado, fue todo esto, y además personalidades de utilidad o de su agrado del régimen anterior: el Partido Popular, de Pío Cabanillas; el Partido Demócrata Cristiano, de Álvarez Miranda; la Federación de Partidos Demócratas y Liberales, de Joaquín Garrigues Walker; el Partido Liberal, de Ignacio Camuñas; el Partido Socialdemócrata, de Fernández Ordóñez; la Federación Socialdemócrata, de José Lassuén; el Partido Social Andaluz, de Manuel Clavero Arévalo; el Partido Gallego Independiente, de José Luis Meilán; la Unión Canaria, de Lorenzo Olarte; la Unión Demócrata Murciana, de Pérez Crespo, y la Asociación Regional Extremeña, de Enrique Sánchez de León.

Toda esta congregación, más personajes independientes tentados por el poder, y los supervivientes llamados reformistas del régimen anterior, era algo sin precedentes en la Historia abierta de dos siglos, y condenada al barullo interior, y excitada por las ambiciones de poder. En aquellas primeras elecciones de 1977 no alcanzaría la mayoría absoluta, sino una minoría mayoritaria para gobernar, y después aparecían como principales el Partido Socialista Obrero Español, el Partido Comunista de España y el fundado por Manuel Fraga, que se llamaría Alianza Popular, y que tenía una mezcla de personalidades sobresalienes del antiguo régimen y los propios adeptos que había alcanzado Manuel Fraga en los últimos años; todo ello no era otra cosa que la derecha clásica. Esta carencia de la mayoría absoluta obligaría a Adolfo Suárez a pactos constantes para hacer una política de interés general, pero su situación era difícil, porque la oposición y el control en el Parlamento eran muy altos, pero todos juntos harían la Constitución democrática de 1978. Y antes de llegar a todo esto, los famosos «Pactos de la Moncloa». Fueron conversaciones para hacer en común el acuerdo económico y el político. Había que hacer una constitución, y, al tiempo, hacer frente, en la medida de lo posible, a una situación económica más difícil, y cuando la política y los acontecimientos ocupaban un primer plano. Los firmantes de aquello, que luego no sería un autobús, sino una tartana, fueron todos éstos: Adolfo Suárez, Felipe González, Joan Reventós, Josep María Triginer, Manuel Fraga, Enrique Tierno, Juan Ajuriaguerra, Miguel Roca, Leopoldo Calvo Sotelo y Santiago Carrillo.

La elaboración de la Constitución fue un trabajo laborioso, pero salió muy bien, en función del entendimiento de unos y de otros para la consolidación de la democracia. La carta magna habría que hacerla y era el primer mandamiento de aquella situación constituyente. Pero también se resolvieron artículos y temas de la Constitución misma por el consenso de las dos fuerzas principales de entonces: UCD y el PSOE. Los personajes protagonistas, y por bajo de la mesa, fueron Fernando Abril Martorell y Alfonso Guerra. Pasado algún tiempo, y en una crónica mía, yo escribía esto:

> Hay que ser, desde ya mismo, cronistas de la Historia, aunque se pierda mucho de lo que se escribe en el océano inmenso de las hemerotecas. Luego salen eruditos y lo dicen, dentro de cien años. El borrador de la Constitución lo hicieron el sardónico Herrero de Miñón, el oteador Gaby Cisneros, el eurocomunista Solé Turá, el nacionalista de otra nacionalidad Roca i Junyent, el zorro plateado Pérez Llorca, el jurisconsulto de la «nueva sociedad» Peces Barba, y la apisonadora Pericles, Manuel Fraga. ¡Pero ay! Cogieron el borrador Alfonso Guerra, antiguo director del grupo teatral «Esperpento», y Fernando Abril, ingeniero agrónomo de los montes y llanuras de Segovia, se escondieron en el restaurante José Luis, peinaron, maquillaron, afeitaron el borrador, como si hubieran dejado la cabeza barbuda de Fernando Arrabal en el niño Jesús que está con San Antonio de Padua, y eso fue la Constitución de 1978, «porque hicimos eso, fue de todos», dice Alfonso Guerra. «Porque obedecía a Suárez, fue de la democracia», añade Abril. Luego se la pasaron al Senado, donde había catedráticos, jurisconsultos, generales, académicos y esperaron a la puerta. Toda esta gente la vio, la estudió, la arregló. Alfonso y Fernando no les hicieron caso ni en la sintaxis. Triunfó «la Constitución de José Luis». Ahora lo que merecen ambos es una estatua con el siguiente texto: «Lo mejor para el Gobierno de todos es hacer las cosas uno, y a todo lo más dos. Jenofonte.»

Y también en aquellos tiempos nacería la gran patronal, con todos los empresarios reunidos. El sindicalismo vertical del antiguo régimen había desaparecido, y los empresarios tenían la necesidad de agruparse. Nacía la patronal más importante que había tenido nunca España, sencillamente porque venían tiempos de exigencia defensiva. En la primera época tuvo un dirigente de buen corte, catalán, que fue Carlos Ferrer Salat, a quien acompañaba la buena imagen y dos mundos económicos, el financiero y el empresarial. Todo empezó a ir muy bien. Posteriormente, y con otro destino para Ferrer Salat, el dirigente sería José María Cuevas, que todavía aparece en este liderazgo, y que es un palentino con sabiduría, socarronería y buenos modos para la negociación. La patronal tendría que fabricar para ella misma una realidad defensiva y unas estrategias que en aquellos años coincidía con una gran crisis. Simultáneamente aparecieron también los dos grandes sindicatos, UGT y Comisiones Obreras. El primero era de historia y de dirección socialista, y el segundo comunista. Un personaje del antiguo régimen, Enrique de la Mata y Gorostizaga, con astucia, flexibilidad y adaptabilidad y desde el Ministerio de Trabajo, se encargaría de liquidar el sindicalismo poderoso e influyente del régimen anterior, y no se les pasó por la cabeza, en tiempos de grandes concesiones, la creación de un sindicato independiente, procedente de ese sindicalismo arraigado, para una pluralización mayor de ese mundo de presión del trabajo, contaminado por las ideologías políticas de socialistas y comunistas. Ceferino Maeztu, sindicalista purísimo, tiene la obligación de escribir y de publicar este libro del sindicalismo en la restauración democrática, que puede ser la joya históricamente necesaria.

También en estos primeros tiempos reaparecerían los fenómenos históricos de los nacionalismos vasco y catalán, que habían tenido Estatutos de Autonomía en la República y eran realidades verdaderas, y lo habían sido en el exilio. Entonces algunos colaboradores de Adolfo Suárez sugerirían, y consiguieron, otra forma del Estado, con esencias federales reducidas, y que es lo que se llamaría el Estado de las Autonomías. En conjunto se transformaba el Estado unitario del largo pasado, en otro Estado con diecisiete Comunidades Autónomas, y todo esto para evitar los privilegios de unos respecto a otros. Las exigencias de vascos y de catalanes serían ahora superiores a las de la República, y Adolfo Suárez fue más concesionario que Manuel Azaña. El nacionalismo vasco y el catalán pedían más competencias de Gobierno y de Administración. Habían tenido hasta gobiernos en el exilio. Josep Tarradellas fue la gran novedad a su regreso del exilio, pero tenía encima la sabiduría de la experiencia, mientras que los vascos eran más exigentes, y tenían, además, el auxilio del terrorismo como elemento de presión, aunque sus componentes fueran otros. Pero todo lo vasco nacionalista era como «el espíritu común». Aparecía el gran protagonismo de la política sobre el de las labores propias de un Estado moderno. La economía se venía abajo y el paro obrero era muy alto. Al mismo tiempo, aumentaba el terrorismo de los nacionalistas vascos más radicales, o ETA, y también sobrevivían otros terrorismos de identidad revolucionaria marxista. Las fuerzas políticas se avenían a la convivencia en mejores niveles que aquellos de la democracia anterior a de la república, pero los partidos básicos tenían sus crisis o sus quiebras en función de las ideas, de los personajes y de los acontecimientos. El socialismo hacía triunfar esta ideología pero ya sin Marx, a la manera como lo habían hecho los socialistas alemanes en Bad Godes-

Había que fabricar una forma de suicidio legal, y eso fue la Ley de Reforma política del nuevo Gobierno de Adolfo Suárez en el que estaban gentes fabricadas en el Régimen mismo, y los tres ministros de las Fuerzas Armadas —Tierra, Mar y Aire— eran militares procedentes de la guerra civil y de la victoria.

La legalización de los comunistas produciría la dimisión de algún militar del Gobierno, pero no pasaba nada. La situación era otra, y aceptada, y aparecía un militar representativo de esta nueva situación, que es el teniente general Gutiérrez Mellado (a la derecha)**, con una biografía galdosiana en la guerra civil, y luego un oscurecimiento metódico.**

El Gobierno aprueba la inscripción tras el informe favorable del fiscal del Reino

El Partido Comunista de España, legalizado

El Partido Comunista de España fue legalizado ayer, después de estar cerca de cuarenta años proscrito, con su inscripción en el Registro de Asociaciones Políticas del Ministerio de la Gobernación. El hecho se ha producido a los dos meses de que dicho partido hubiese solicitado su legalización y a la semana de que el Tribunal Supremo se declarase incompetente en el asunto y devolviese la documentación al Gobierno. La legalización constituyó, según parece, una sorpresa para los dirigentes del PCE, la mayor parte de los cuales se encuentran en estos días fuera de Madrid.

La inscripción del PCE en el Registro de Asociaciones Políticas se ha producido una vez emitido el correspondiente informe por el Fiscal del Tribunal Supremo, señor González Zapatero, oída la Junta de Fiscales Generales y de conformidad con la misma, a quien el Ministerio de la Gobernación remitió la documentación en cumplimiento de la sentencia de la Sala IV del Tribunal Supremo. El informe del fiscal del Reino se pronunció en el sentido de que de la documentación no se desprende dato ni manifestación alguna que determine la incriminación del Partido Comunista de España en cualquiera de las formas de asociación ilícita que define y castiga el artículo 172 del Código Penal.

El hecho de que el ministerio fiscal no haya encontrado indicios

del Tribunal Supremo, según se dice en la resolución del Ministerio de la Gobernación hecha pública en la noche de ayer, por la que se legaliza al PCE, «resulta claro que la duda o presunción de ilicitud penal surgida en vía administrativa durante la tramitación del expediente queda desprovista de fundamento y contenido como causa determinante del acuerdo de suspensión de la inscripción en el Registro, acuerdo que, en definitiva, debe ser dejado sin efecto para proceder a la inscripción solicitada, por haber desaparecido el único obstáculo legal que en su día se opuso a la misma».

En los medios de la Oposición democrática, la legalización del PCE ha sido acogida con general satisfacción, al considerarla un paso imprescindible para la normali-

ARCHIVO

La presidenta y el secretario general del PCE, sonrientes en Roma, hace cuatro meses, cuando todavía su partido se encontraba en la ilegalidad

Hoy, el "Aberri Eguna"

Vitoria, bajo un férreo control policial

La inquietud es la nota dominante en todo el País Vasco, y muy especialmente en Vitoria, ante la celebración hoy, domingo, del *Aberri Eguna*. Como se sabe, el Ministerio de la Gobernación decidió, contra lo esperado, desautorizar la convocatoria hecha por la mayoría de fuerzas políticas vascas, alegando que existía el peligro de que el Día de la Patria Vasca derivara en una jornada de lucha violenta. A pesar de la prohibición gubernativa, todas las fuerzas políticas desde el PNV hacia la izquierda mantienen la convocatoria.

Desde ayer por la mañana, la capital alavesa se encuentra prácticamente cercada, con sus accesos fuertemente controlados por efectivos de la Guardia Civil que impiden el paso a todos aquellos que no justifiquen su residencia en Vitoria. Sin embargo, ayer al mediodía

berg, y se marchaban del partido los que todavía tenían las esencias históricas. También es verdad que había varios socialismos en la restauración democrática, y ahora se integraban todos ellos en el correspondiente e histórico PSOE, liderado por Felipe González.

El partido gobernante de Adolfo Suárez tenía una selva de tribus. No había, por ello, una ideología común, en el grupo restauracionista de Adolfo Suárez, sino el grato compromiso de estar en el poder y produciendo cambios y crisis frecuentes. Adolfo Suárez no conseguiría ser el líder de todos. La Unión de Centro Democrático, al no ser un partido con todas sus obligaciones, exigencias y estructuras, creaba problemas interiores referidos a la influencia o al poder. Adolfo Suárez estaba condenado a contentar a todos en sus ambiciones o en sus ideas, y esto era imposible, y entonces no recibía la adhesión para un liderazgo entusiasta, largo y común. Todo esto iría a menos cuando en la primavera de 1980, el socialismo anunciaría su ruptura, y se echaban a perder ciertos pactos básicos para una transición democrática viable. Adolfo Suárez se veía obligado a cambiar ministros y gobiernos. Éste era su obligado juego para la permanencia. Pero lo que empezaría a suceder, a partir de 1979, era la conspiración interior. Había empezado el canibalismo en aquella Unión de Centro Democrático, y la magia de Suárez, que había conciliado las desavenencias clásicas para convivir en una democracia, no alcanzaba la unidad o la homogeneidad interior de los suyos; y luego tenía todo esto en la oposición o en el recelo: los grandes partidos de la oposición, el mundo económico, el mundo social, el mundo militar, y algunos recelos de la Iglesia. El rey ya no podía echarle una mano, porque después de ser aprobada la Constitución, por el Parlamento y por el pueblo, la figura del rey regresaba a la contemporaneidad democrática de reinar y no de gobernar.

El socialismo de Felipe González estaba en auge como esperanza, después de su renuncia a los radicalismos, y era un látigo frecuente en el Parlamento. También tenía a su lado una buena parte de los medios de información.

En 1979 Adolfo Suárez se vio obligado a convocar otras elecciones, en virtud de la nueva Constitución, y volvió a triunfar otra vez, pero en «minoría mayoritaria» y ya con una clara identidad de «centro-derecha» con el progresismo por delante. Circularía la alarma ante una izquierda —todavía no tranquilizadora— para recibir los votos propios y los de la intranquilidad. En el Parlamento, y en la sesión de investidura, pronunciaría un largo discurso de naturaleza doctrinal y programática, que le habrían elaborado pensadores y técnicos de su proximidad. Era un gran discurso de Estado. He seleccionado solamente algunos de sus párrafos por lo que entrañan de pesimismo y de esperanza predicada:

> La cuestión, en la realidad, una vez más, consiste en averiguar si, a uno y otro lado del espectro, se aceptará el grado de cambio razonable y posible exigido por las transformaciones sociales y por el objetivo de justicia o se desatará el radicalismo para hacerlo inviable.
>
> En síntesis, éste es el cuadro y en este gran marco se inscribe la gran tarea que tiene que cumplir el pueblo español y de la que el Gobierno de la nación se esforzará en ser impulsor. Somos un país viejo que no tiene sus nuevas fronteras fuera de sí, sino dentro de lo que a lo largo de los siglos ha sido la difícil y terca voluntad de convivencia entre lenguas y culturas diferentes. El reto actual consiste en admitir que somos como somos, en empeñarnos en mejorar cada día y en levantar el país a base de trabajo, capacidad autocrítica y espíritu de sacrificio. La nueva frontera, en una palabra, no está lejos de nosotros, sino dentro de todos y cada uno de nosotros mismos. Hemos de saber encerrarnos en esta identidad definitoria para plantar sólidamente las raíces del gran pueblo que todos juntos podemos ser.
>
> Y tenemos voluntad, fortaleza y experiencia política para serlo. La oportunidad histórica para lograrlo se conjuga ciertamente con una serie de dificultades económicas y sociales que podrían tratar de impedirlo. Mas lo que importa es elegir correctamente y apostar por la justicia y la equidad con tenacidad y con eficacia en vez de turbarnos por el verbalismo y la frivolidad.
>
> Nos enfrentamos con una situación nueva, porque iniciamos una nueva legislatura en el contexto de una de las Constituciones más jóvenes y progresistas del mundo, desde la que hemos de afrontar viejos problemas en no pocos casos seculares. No basta, por tanto, para definir la nueva realidad española con decir que España ha sido capaz de darse un régimen democrático. Hay que añadir que los españoles estamos decididos a consolidar una democracia cuyos contenidos reales estén perfectamente sintonizados con los valores sociales de nuestro tiempo.
>
> Hemos de alcanzar una democracia social fiel a los acentos de modernidad de un sistema político que inicia su andadura en el último tercio del siglo XX. Por eso la etapa que aparece ante nosotros, no ofrece treguas ni ocasiones para la pasividad. Exige, bien al contrario, llevar la mentalidad de cambio a nuevos ámbitos, y requiere una actitud clara e inequívoca, para interpretar y asumir los deseos de progreso que existen en las zonas más extensas y vivas del pueblo español.
>
> Esta compleja realidad, reducida a síntesis conceptual y programática, puede insertarse en el marco de seis grandes

coordenadas dentro de las cuales habrá de desenvolverse la política general del Gobierno durante los próximos cuatro años:

1.° La definición y ejecución de una política exterior que asuma los factores geopolíticos que la condicionan inexorablemente, sin perjudicar por ello la independencia de nuestra acción internacional en ciertos ámbitos.

2.° La realización de una política de defensa nacional en la que las Fuerzas Armadas constituyan por sí mismas un factor de disuasión determinante, con capacidad de reacción inmediata, de respaldo de nuestra acción exterior y de defensa del ordenamiento constitucional.

3.° La intensificación y ampliación de la acción destinada a garantizar en mayor medida la seguridad ciudadana y hacer más eficaz la lucha contra el terrorismo de toda índole.

4.° La búsqueda permanente de un equilibrio social dinámico y de progreso que fortalezca y vitalice el Estado de Derecho y que confiera cada vez más contenido real a los grandes valores de libertad, igualdad y solidaridad entendidos, en definitiva, como expresiones distintas de la justicia.

5.° El desarrollo de la Constitución, es decir, la concreta institucionalización legal de todas las dimensiones sustantivas del Estado social y democrático de Derecho como forma de organización política de una sociedad pluralista y libre concebida para hombres libres.

6.° La distribución territorial del poder del Estado a través del proceso autonómico para consagrar legalmente la diversidad real de la comunidad española en el marco irrenunciable de la unidad nacional de España y bajo el imperio de la soberanía única del pueblo español.

En la primavera de 1980 apareció otro de los relevantes acontecimientos en la restauración democrática. Se había roto el consenso o la alianza de los famosos Pactos de la Moncloa para hacer mejor la transición democrática. La moción de censura del socialismo al Gobierno de Adolfo Suárez, o a los que habían traído la democracia, y componían la Unión de Centro Democrático, fue ésta:

> El presidente Suárez y su Gobierno, tras un año de poder constitucional, han incumplido reiteradamente compromisos programáticos contraídos ante el conjunto de los ciudadanos, acuerdos con otras fuerzas políticas, y asimismo otros contraídos ante las Cortes Generales y que han dejado de ejercitar innumerables mociones o proposiciones no de ley aprobadas por las Cámaras.
>
> El Gobierno ha hecho gala de desprecio a las reglas del juego propias de la democracia parlamentaria, que consagra la Cons-

Adolfo Suárez congregaba a su lado a gentes variadas de antes y de ahora, que no estaban en la izquierda pura que había llegado: el socialismo y el comunismo. Aparecía rodeado de aquellos grupos y personajes de un centrismo moderador, y por los reformistas más avanzados del propio régimen desaparecido.

Los firmantes de aquello —«Pactos de la Moncloa»— que luego no sería un autobús, sino una tartana, fueron todos estos: Adolfo Suárez, Felipe González, Joan Raventós, Josep Maria Triginer, Manuel Fraga, Enrique Tierno, Juan Ajuriaguerra, Miguel Roca, Leopoldo Calvo Sotelo y Santiago Carrillo.

«El borrador de la Constitución lo hicieron el sardónico Herrero de Miñón; el oteador Gaby Cisneros; el eurocomunista Solé Tura; el nacionalista de otra nacionalidad Roca i Junyent; el zorro plateado Pérez Llorca; el jurisconsulto de la «nueva sociedad» Peces Barba; y la apisonadora Pericles, Manuel Fraga.

titución, llegándose a afirmar que un debate parlamentario constituye una trampa, y que una interpelación sobre la libertad de expresión es una provocación a instituciones respetables para todos.

Bajo el Gobierno del presidente Suárez la inseguridad ciudadana va en aumento constante, la libertad de expresión y otras se conculcan con frecuencia, y la sensación de falta de autoridad es cada vez mayor y no existe una política para resolver esos problemas, especialmente para atajar el terrorismo en el País Vasco, la violencia de extremaderecha y la delincuencia común.

Falta de voluntad para enfrentarse con una situación de corrupción y de desorganización administrativa en Televisión Española, e incluso el entorpecimiento y las trabas que el presidente y su Gobierno han planteado al Congreso de los Diputados para evitar el esclarecimiento de los hechos y la toma de medidas para su resolución.

Fracaso en la consecución de los grandes objetivos de la política económica fijados en diversas ocasiones por el Gobierno, y el reiterado incumplimiento de los compromisos adquiridos en esta materia, lo que ha tenido como consecuencia la obtención de unas tasas de crecimiento muy por debajo de su nivel potencial, e inferiores al promedio alcanzado por el conjunto de los países europeos, la carencia de una estrategia de política industrial y agraria capaz de afrontar las transformaciones exigidas por la profunda crisis energética y la perspectiva de nuestra integración en las Comunidades Europeas, la incapacidad para crear las condiciones que aseguren el relanzamiento de la inversión productiva pública y privada, con el consiguiente aumento del paro a ritmo política y socialmente intolerable.

Ante la continua desaparición de puestos de trabajo y el asombroso incremento del número de parados, el Gobierno carece de una política capaz de abordar en profundidad las causas y efectos de esta lacra social, limitándose a señalar algunas medidas aisladas y claramente insuficientes, al tiempo que propone una inaceptable reducción de las prestaciones dirigidas a la protección de los desempleados, concretándose dichas pretensiones en la proposición de ley básica de empleo.

La actuación del Gobierno ha conducido a un deterioro progresivo de los servicios de equipamiento colectivos tendentes a mejorar el bienestar social y la calidad de vida de los españoles. Así, la política educativa del Gobierno plasmada en el Estatuto de Centros Docentes y caracterizada por el descenso de la inversión pública en el sector, la caída registrada en la construcción de viviendas, las líneas generales de la política sanitaria.

Carencia de un proyecto autonómico del Gobierno, rechazando por discriminatoria y limitativa la propuesta de una nueva lectura del Título Octavo de la Constitución anunciada por el presidente del Gobierno y el inexplicable e injustificado retraso en la presentación de una nueva Ley de Régimen Local para garantizar la autonomía local.

Está suficientemente probada la incapacidad del presidente Suárez y su Gobierno para dirigir los destinos de la Nación española y que el llamado reajuste ministerial no permite generar esperanza de cambio, ni afecta a los máximos responsables de la situación creada.

La costumbre parlamentaria de ejercicio de la oposición es ésta, pero la denuncia o la crítica de los socialistas era durísima y rompedora de cualquier acercamiento para algo. Adolfo Suárez estaba en la gran soledad de sus propios recursos. En principio, no era un parlamentario eficaz para la réplica, porque carecía de estos remedios básicos: la elocuencia o la dialéctica con la formación y la información; la noticia de soluciones para la España próxima; el ritmo de la gobernabilidad en una España nueva para la reforma; y el acompañamiento de la ironía o de la sátira frente al adversario. Adolfo Suárez era afortunado ejerciente de la conversación, con la verdad o con el enredo, pero no era un parlamentario. Podría ser un seductor de plaza pública con su alto sentido de la interpretación, pero el Parlamento era otra cosa. La consecuencia de todo esto fue la de una mayor soledad de Adolfo Suárez, porque florecerían más los conspiradores dentro de su propio partido contra su propio liderazgo. Se empezaba a advertir en Adolfo Suárez, el hombre de la restauración democrática, pero no el líder permanente de todos los grupos congregados en 1977 para las primeras elecciones generales. Hasta hubo una famosa reunión de lo que se llamaría los *barones* de la Unión de Centro Democrático, recordando la serie televisiva norteamericana de «La casa de la pradera». Poco tiempo más tarde Adolfo Suárez descubría su nueva situación. La euforia vencedora de 1977 había muerto. El socialista dirigente más cruel en los juicios sobre sus adversarios, Alfonso Guerra, diría una vez en aquella primavera de los 80 que «Suárez es como un tahúr del Mississipi, con el chaleco floreado». Los medios de comunicación eran ya otra cosa, en sus informaciones y en sus «columnistas».

Juan Tomás de Salas era uno de los periodistas más significados y activos en todo el proceso de libertades y de restauración democrática. Su gran publicación fue *Cambio 16*, de la que era editor y presidente. La figura de Adolfo Suárez fue muy celebrada por todos, a lo largo de su difícil proceso como presidente del Gobierno para restaurar la democracia plena. Un año más tarde lo había conseguido. Las elecciones generales de junio de 1977 tenían todas las fuerzas políticas dentro de la legalidad, incluidos los comunistas. Pero luego, como ya he contado, ese proceso de permanencia en el poder fue tenso y movedizo hasta su patético final, anunciándolo al país por televisión. Pero algún tiempo antes, Juan Tomás de Salas publicaría un tremendo artículo en su revista con el título «Suárez no sirve ya». Éste fue el texto:

> Un líder político que sirvió con excelencia al país en unas condiciones dadas, se ha convertido, al cambiar radicalmente las circunstancias, en una carga y un obstáculo grave para el futuro. Eso es lo que le ha pasado al presidente Suárez. Después de la última crisis de Gobierno, no hay manera de ocultar ni un día más esta triste evidencia.
>
> Tras casi un año de parálisis y silencio, con el país plagado de problemas que requerían un liderazgo claro, la fuerza de las cosas se tomó su revancha y le propinó tres sucesivos y sonados fracasos: votaciones en Andalucía, Cataluña y País Vasco. Ahí llegó su hora de la verdad. O Suárez cambiaba radicalmente de política y de Gobierno, o Suárez firmaba su sentencia de muerte política a más o menos breve plazo. Tras tres semanas de angustiosas vacilaciones, el solitario de La Moncloa, logró, por fin, nombrar nuevo Gobierno; tan pobre, tan condicional y tan cualquier cosa, que fue casi anunciar a campanazos la triste nueva de que Adolfo Suárez fue, pero ya ha dejado de serlo. No sirve, y hay que decirlo así.
>
> Adolfo Suárez se ha ganado a pulso un puesto de excepción en la Historia moderna de España. Fue el hombre mejor en el mejor momento. Nadie como él podía desmontar el franquismo desde dentro, y permitir así la salida pacífica del régimen personal al sistema democrático. Adolfo Suárez cumplió su histórica tarea con coraje, habilidad y hasta premura. Nadie puede regatearle méritos en los dos o tres primeros años de su gran aventura política y menos que nadie esta casa, que le apoyó consistentemente en esa etapa y aún mucho después. Por última vez, chapó.
>
> Pero la ironía de la Historia es que las virtudes que sirvieron a Suárez para desmantelar al franquismo desde dentro —habilidad, secreto y astucia fundamentalmente— no bastan ni mucho menos para presidir un Gobierno democrático. Sus carencias se fueron haciendo cada vez más visibles conforme se iba construyendo y afianzando el nuevo régimen. Suárez sabía desmontar, pero no tenía la menor idea de construir. Lo que es peor y evidente ahora: nunca supo bien qué diablos había que construir aquí. De parche en parche, de hábil maniobra en habilísimo consenso, el hombre casi providencial en una crucial etapa, fue perdiendo los papeles uno detrás de otro. En silencio, con un complejo creciente de acoso y persecución, Adolfo Suárez al-

La patronal más importante que había tenido nunca España tuvo, en la primera época, un dirigente de buen corte, catalán, que fue Carlos Ferrer Salat a quien acompañaba la buena imagen y dos mundos económicos, el financiero y el empresarial. (Con Fraga.)

José María Cuevas, un palentino con sabiduría, socarronería y buenos modos para la negociación. (Con Marcelino Camacho.)

Un personaje del antiguo Régimen, Enrique de la Mata y Gorostizaga, con astucia, flexibilidad y adaptabilidad y desde el Ministerio de Trabajo, se encargaría de liquidar el sindicalismo poderoso e influyente del Régimen anterior.

canzó de bruces su nivel mastodóntico de incompetencia. No sirve, qué le vamos a hacer.

¿Y ahora qué? La tendencia normal de una parte de la opinión española será, ante la dificultad, desesperarse. No tenemos otro, socorro, cerrar filas, al bunker vamos todos, vivan las *caenas* y arriba Numancia. Pues no señor, todo lo contrario. A corto plazo vamos a constatar en nuestra propia carne una de las virtudes excelsas de la democracia: aquí nadie es insustituible. Se quita al que no vale y se pone a otro. Y recuerden, siempre hay otro.

En la propia UCD hay líderes mucho mejor adaptados que Adolfo Suárez a las condiciones del país aquí y ahora. No se les conoce a muchos, pero a partir de ahora se les va a conocer, a partir de ahora el debate político en UCD debe ser público, y el que se esconda que se olvide para siempre de la vida pública. Se acabó ya la charla *off the record* por los pasillos. Aquí hay que dar la cara. El país quiere conocer a sus líderes y las soluciones que propugnan. El que tenga miedo, al convento.

Una cosa fundamental hay que tener en cuenta: la mayoría relativa del país votó a UCD y no al PSOE. Traicionar esa voluntad puede traer consecuencias muy graves para el sistema. La sustitución de Suárez hay que hacerla, implacablemente, pero sin prisas, en el seno de la mayoría. Criticar a Suárez sí, separarse de Suárez quizá también sí, pero unirse al PSOE no. Un francés dijo: «Oui, mais...», y ahora es presidente de la República.

Este artículo era el tremendo retrato de un personaje histórico: supo destruir el franquismo, pero no tenía las condiciones «de construir». Esto lo sabía toda la clase dirigente española, pero el cambio tenía sus etapas. La primera era la de desmantelar el pasado, y recibir a los derrotados y sucesores de la guerra civil, en el acogimiento de una monarquía parlamentaria. Pero luego había que ser estas dos cosas: un estadista de calidad para la admiración y la gratitud, y un líder de seducción y de autoridad para congregar, sin riesgos, a los prebostes de la varias comunidades o partidos. Para esta segunda parte no estaba preparado y, además, se veía obligado a tener cerca a validos o a serviles, que la Historia tiene una larga enseñanza de sus deslealtades. Adolfo Suárez había fabricado para su acompañamiento en el poder a ambiciosos del poder mismo, y no a devotos de su persona. Fue magnánimo para hacer Gobiernos y un partido protagonista, y todo esto se deshizo. Efectivamente, algunas críticas del socialismo eran verdaderas, cuando todavía el socialismo no tenía memoria, porque no había estado en el poder.

Un día Adolfo Suárez se fue a ver al rey para pedirle asistencia, en esa exigencia para hacer alguna cirugía en su partido y habilitar otros modos de orientación política y de Gobierno. El rey, en aquel almuerzo, le diría que después de la Constitución de 1978 ya no podría hacer otra cosa que reinar y no gobernar. Nada podía hacer. Esta versión la cuentan los duendes del Palacio de la Zarzuela, porque ni el rey ni Adolfo Suárez han contado todavía las singularidades de aquel almuerzo en el que Adolfo Suárez anunciaría al jefe del Estado su dimisión. Adolfo Suárez recibiría el Ducado, como título máximo de la aristocracia española. Era una historia y un tratamiento que tenían un símbolo: Fouché. Aquel sagaz personaje tomó parte en la Revolución francesa, votó a favor de la ejecución de Luis XVI, se incorporó triunfalmente a todo lo que vino después con la vuelta del rey Borbón, y en la colaboración con Napoleón, y en seguida sería Duque de Otranto, aunque su destierro o distanciamiento del poder sería triste. Yo he sido un anticipador de muchas cosas en la Historia contemporánea de nuestro país, simplemente, por mezclar imaginación y realidad. Y en 1977 yo publicaba, cinco años antes de su dimisión y de su Ducado, este soneto:

Abulense admirable, buena cuna;
se sabe ya de ti universalmente.
Todo ha ocurrido diligentemente,
y te sigue el halago y la fortuna.

Pero corres un riesgo, pues hay una
crónica negra, grave precedente,
que fue el de aquel valido prepotente
que se llamó don Álvaro de Luna.

Hazte siempre a la idea de que un día
puede ser tu gobierno desahuciado,
porque convenga así a la monarquía.

Para ese acontecer no deseado
te columbro nobleza, pues habría,
el postrero favor de un marquesado.

Uno de los duendes me mandaría una extensa nota con cuatro soluciones enviadas al rey. Su sabor es delicioso. Ahí está:

> *Situación.* La degradación de la situación política ha llegado a una situación de alarma. Cuando los propios políticos más responsables dicen que está en riesgo la democracia, no es porque existan acciones en la sombra —sin descontar que las haya— encaminadas a acabar con la democracia restablecida en 1977. Lo que sucede no es otra cosa que el fenómeno de una quiebra de todo, cuyo proceso es ir a más en virtud de muchos fallos y errores en cadena.

El rendimiento de continuidad de los gobiernos es muy bajo. Se ha salido a un Gobierno por año.

El Parlamento es un campo de batalla, cuya disposición de estrategia se resuelve antes de entrar en el hemiciclo, y fuera del hemiciclo; no es un Parlamento de la concurrencia y el diálogo; solamente en un año se ha producido una «moción de censura» y una «cuestión de confianza», con todo el descrédito popular que ello lleva aparejado.

El Senado es prácticamente inexistente.

La política económica ha tenido dos etapas fracasadas y una que comienza sin la menor esperanza; la primera etapa fue la de los Pactos de la Moncloa con Fuentes Quintana; la segunda la del PEG de Fernando Abril y la tercera es la actual, y todo esto en tres años. No hay una situación de seguridad y de firmeza. Dan la sensación en lo económico que no saben por dónde van. La desanimación empresarial a nivel nacional estanca y reduce el crecimiento económico y produce cifras gigantescas de paro incapaces de digerir sin conflictividad social. En la universidad dicen siempre los profesores de Economía que cuando el paro supera el diez por ciento se entra en un período revolucionario. Ésa es nuestra situación. La tendencia es el aumento del paro, y la falta de perspectiva juvenil de trabajo es asustante.

La situación en el País Vasco muestra bien a las claras que aquello no es otra cosa que un proyecto armado de nacionalismo total; existen fuerzas parlamentarias del País Vasco que resultan activas y defensoras del terrorismo como Herri Batasuna y Euskadiko Eskerra. Los muertos de UCD no son otra cosa que el recibimiento al nuevo gobernador general. Esta situación no es solucionable a corto ni a medio plazo por las fuerzas de orden público y constituye el problema de un verdadero cáncer nacional, estando bien claro que no se dispone de buenos cirujanos para aliviarlo o extirparlo. Pero si el PNV, como dijo recientemente una personalidad política del Gobierno, se lucra de la ETA, los catalanes se lucran del PNV. El resto de las regiones españolas hacen florecer agresivamente sus autonomías —caso de Andalucía— por lo que se viene llamando «contagio defensivo», que no es otra cosa que ser iguales al País Vasco y a Cataluña. La idea general que tiene todo el país, en el terreno autonómico, es que ni los gobernantes ni los parlamentarios saben cómo se hace el Estado de las Autonomías.

Por todo esto —como fundamental— el riesgo de la democracia no es «el golpe militar», sino su propio inventario de fracasos. Todo ello resulta complicado por una estructura política en la que el sistema electoral, y la división española en las urnas «a la italiana», no tiene otra cosa que dos minorías insuficientes para gobernar por separado, como son el Partido Socialista

Las exigencias de vascos y de catalanes serían superiores a las de la República, y Adolfo Suárez fue más concesionario que Manuel Azaña.

Josep Tarradellas fue la gran novedad a su regreso del exilio, pero tenía encima la sabiduría de la experiencia.

La Unión de Centro Democrático, al no ser un partido con todas sus obligaciones, exigencias y estructuras, creaba problemas interiores referidos a la influencia o al poder.

Obrero Español y la Unión de Centro Democrático. Los otros grupos parlamentarios juegan al desequilibrio, más que al equilibrio. Paralelamente a este suceso, las autonomías han emergido con partidos autóctonos o propios, y así no hay manera de organizar ningún Estado de parentesco federal. Lo que sale de esta situación son naciones y estados, que no tienen nada que ver con la mención constitucional de la unidad española constituida por regiones y nacionalidades. Esto es un disparate insoluble. Como únicamente funciona lo federal, o lo autonómico es con el prestigio de los partidos nacionales. De otro modo regresamos a tribus regionales, no a comunidades autónomas.

Por todo ello se concluye en cuatro soluciones a elegir, según cada circunstancia y el mejor criterio de Vuestra Majestad. Pero hay un hecho común. El desgaste, después de todo lo que antecede, del presidente Adolfo Suárez es ya una realidad en todos los niveles nacionales y populares. Ése es el pulso de la calle. Adolfo Suárez no puede abrir ninguna situación de las que se sugieren a continuación y, por supuesto, no debe ser autorizado, en el supuesto de su propia angustia política, de disolver el Parlamento con la esperanza de regresar otra vez triunfal. España está por encima de cualquier ambición personal de sus personajes políticos, y el precio de un desgaste es la separación del gastado. Las transiciones políticas tienen esta gran dificultad para los políticos, y es que a veces —no siempre— los devoran. A Suárez que tuvo una brillante primera etapa, lo ha devorado una situación. Esto no ocurrió en Alemania después del nazismo, porque Alemania fue hacia arriba, mientras que España ha ido hacia abajo. Esta es una situación conclusa y todo lo que sea prolongarla pone en riesgo a la democracia y a la corona.

Primera solución. Un Gobierno homogéneo de Centro Democrático, con algún acompañamiento si se creyera oportuno de alguna personalidad relevante y técnica, con un programa claro y previo donde se incluyera como asunto de base «una ley orgánica para el desarrollo del título 8.º de la Constitución» y un programa económico concreto y de medidas hasta 1983. La presidencia debería ser encomendada a un hombre que en UCD congregue, polarice, que esté familiarizado en los asuntos económicos, que sea un parlamentario eficaz y que tenga autoridad. Debe requerir la asistencia de los socialistas mediante consenso a la ley orgánica del título 8.º y a la línea económico-social del programa.

Segunda solución. Gobierno de coalición de UCD y socialistas. Concretamente se haría necesaria La ley orgánica al título 8.º de la Constitución y un programa económico que llevara implícito el compromiso con la CEOE y los sindicatos obreros. Así sería un frente total.

Tercera solución. Un Gobierno de gestión constituido por

personalidades no implicadas en la política de los partidos, de un carácter más bien tecnocrático; personalidades especializadas en los diferentes cometidos ministeriales y con un programa de tres puntos: Ley orgánica del título 8.º de la Constitución mediante anteproyecto elevado al Parlamento y aprobado por el Parlamento; un programa económico-social hasta 1983. Y convocatoria de elecciones generales para esa fecha con la posibilidad, si fuera eficaz, de ser un Gobierno de trienio, con una prórroga breve en la convocatoria de elecciones generales. Este Gobierno sería ofrecido para su aprobación a los dirigentes de los cuatro grandes partidos nacionales, extendiendo también la consulta a los presidentes del País Vasco y de Cataluña. Sería presidido por un militar, ajeno a toda identidad política, y solamente leal a la corona; o una personalidad de un corte conciliatorio, eficaz, puente, y de garantía, que tuviera un fuerte impacto parlamentario y público. En cualquier caso los Ministerios del Interior y de Defensa serían regidos por militares.

Cuarta solución. Solamente en el supuesto de que la degradación política llevara a situaciones dramáticas o imposibles, procedería la creación de «un Gobierno de salvación nacional», presidido por un militar que suspendería la Constitución temporalmente, sustituyéndola por una Ley de defensa de la monarquía y de la España democrática, parecida a la que hizo la República desde su instauración hasta la Constitución, que permitiera construir otro modo democrático de convivencia, basado como actualmente en el pluralismo político, en unas autonomías racionales, en la revisión de la Constitución, y en el mantenimiento de las libertades de expresión. Este Gobierno de salvación nacional tendría un plazo máximo de cinco años hasta la restauración de la nueva democracia. Por supuesto, en este gabinete de salvación habría que eludir toda personalidad —en la derecha y en la izquierda— que representaran actividades políticas notorias en el antiguo régimen, y en el período democrático de 1977 en adelante. No se trataría de hacer tabla rasa de nada pero, cuando menos, excluir las personalidades más visibles y comprometidas.

Conclusión. La receta, en cualquiera de estos supuestos, no es otra que: imaginación de una vez para fabricar el Estado autonómico, sin revisión constitucional o con revisión; firmeza para aplicar la Ley, creación de moral a los jueces, y poner a contribución todos los resortes y recursos del Estado —a la manera como lo han hecho Francia y Alemania— para acabar con los asesinos etarras, y los asesinos GRAPO, y los asesinos de la ultraderecha si se manifestaran. No hay otra forma que la Ley en lo posible; y «la nocturnidad silenciosa», como decía De Gaulle, en lo imposible. La paz española está por encima de escrúpulos y de lenguas hipócritas. El fin moral de proteger a toda la Nación española justifica todos los medios. Cualquier miedo a la autoridad es una precipitación al caos. Y, por supuesto, se exige de una vez un programa económico serio, a pequeño, a corto y a largo plazo. Es imperioso el apaciguamiento social, trayendo el compromiso a los sindicatos, convirtiendo su zarpa en mano. Es rigurosamente indispensable no renunciar a la democracia como sistema político porque es el común de Occidente donde vivimos, y no es exacto que por sus malas experiencias españolas sea malo. Nuestro problema no ha sido de modo de régimen, sino de malos modos de nuestros políticos. Hay que hacer un esfuerzo supremo en concertar a los partidos para hacer juntos media docena de cosas de puro desarrollo constitucional, y después que discrepen en todo lo demás. No procede jamás convenir o pactar contra la Ley, o darle la vuelta. Esto, aparte de ser, una golfada política, crea precedentes muy graves. Los políticos, que tienen tan pocos escrúpulos en tantas cosas, deben tener y exigírseles uno solo: el de obedecer la Ley. Si la Constitución fuera vaga en algunos asuntos —que lo es— debe formularse consulta al Tribunal Constitucional. Si la Constitución estuviera suspendida —como se establece en la solución cuarta— siempre habrá una Ley provisional a la que atenerse. La Ley y el Derecho es el único camino.

Dificultades y observaciones de las cuatro soluciones: A la primera solución. Gobierno de UCD. Tiene todos los frentes abiertos en el Parlamento, porque los votos catalanes y los votos del PSA no son estables. Aliviaría mucho la salida de Suárez, pero se necesita, además, ofrecer la cabeza de Suárez como reconstrucción del diálogo con la izquierda y coalición democrática. Este diálogo es necesario e indispensable. Una especie de consenso relativo para llegar al 83, con autonomías, economía, presupuestos, televisión, divorcio, defensor del pueblo y política exterior.

La segunda solución. Exige también la cabeza de Suárez y un programa mínimo de cuestiones para llegar al 83. No se debe entregar a los socialistas las Carteras de Defensa, Interior, Asuntos Exteriores, Vicepresidencia de Asuntos Económicos, Cultura y Justicia. Y sin embargo, podrían entregárseles las de Administración Territorial, Trabajo, Comercio, Agricultura y una Vicepresidencia para Asuntos Políticos como gran concesión. En este supuesto, el presidente del Gobierno debería ser Landelino Lavilla, o un personaje así, familiarizado con el Derecho y con la Administración Pública. El gran riesgo de este Gobierno de coalición es el hecho electoral de 1983. Con los socialistas en el Gobierno, el triunfo podría ser suyo. Ya tienen a su favor una buena parte de la base electoral, después de las elecciones municipales, en las que se rompió el franquismo sociológico como base electoral en las elecciones del 77 y del 79, y

Adolfo Suárez: El Rey ya no podía echarle una mano, porque después de ser aprobada la Constitución, por el Parlamento y por el pueblo, la figura del Rey regresaba a la contemporaneidad democrática de reinar, y no de gobernar.

El socialismo de Felipe González estaba en auge como esperanza, después de su renuncia a los radicalismos, y era un látigo frecuente en el Parlamento.

El socialista dirigente más cruel en los juicios sobre sus adversarios, Alfonso Guerra, diría una vez en aquella primavera de los 80 que «Suárez es como un tahúr del Mississippi, con el chaleco floreado».

dirigido por los gobernadores y por los caciques municipales al servicio del poder. Ahora el panorama es otro.

El otro riesgo del Gobierno de coalición es que un deterioro desgaste —que en esta situación es probable— deja a la democracia sin alternativa, o con alternativa de regreso, y por ello precaria.

Las dificultades a la tercera solución no están en otra parte que en la neutralización del poder. El ideal de los políticos es conquistar el poder, y éste se aleja de sus manos durante un período. Le vigilarían con lupa, y le acusarían unos y otros, de acuerdo con la dirección que tomara cada programación de izquierdas, o hacia identidad conservadora. Un Gobierno de gestión es, en suma, una nota del fracaso de los políticos. Por eso, con un Gobierno de gestión debe funcionar activamente el Parlamento, en régimen de Pleno y Comisiones, para que los políticos no estén de más y sigan pensando que son protagonistas.

Las dificultades de la cuarta solución, o «solución turca» están, únicamente, en el recibo o no de Occidente. Lo de Turquía lo han recibido bien. ¿Ocurriría lo mismo en España? A estas dificultades jugaría a favor una mayor tensión internacional, cuya incógnita es en estos momentos el comportamiento del nuevo presidente americano Reagan.

La sustitución de Suárez. No está en otras manos que en las de Vuestra Majestad. Es una vocación política irreprochable; casi subliminal. La conozco desde Castellana 3. Pienso que una mera indicación de dimisión, con todas las honras necesarias, bastaría. Adolfo Suárez sin el respaldo de Vuestra Majestad se volatiliza en su propio partido. Pero en cualquier caso es árbitro y moderador «en el funcionamiento regular de las instituciones» según el artículo 56 de la Constitución, y en estos momentos los tres grandes partidos nacionales de los cuatro que tiene el Parlamento, votaron en contra de la cuestión de confianza a Adolfo Suárez. Esto, democráticamente, es «irregular». Esto convoca al moderador y al árbitro, que es el rey.»

Dimisión de Suárez y golpe militar

La noticia de la dimisión de Adolfo Suárez fue todo un explosivo, y anunciada por el propio Adolfo Suárez en las pantallas de televisión. Aquello parecía una tragedia de Moliére con virtuosos y con tartufos en el Palacio de la Moncloa. Tras el acontecimiento, sería promovido para presidente de Gobierno, por la Unión de Centro Democrático, Leopoldo Calvo Soleto. El día de su investidura en las Cortes tendría lugar el golpe militar, de gran celebridad universal, y con tres protagonistas principales: los generales Armada y Milans del Bosch, y el teniente coronel de la Guardia Civil Antonio Tejero ocupando el Parlamento, y poniendo bajo los escaños a todos los diputados, a excepción de Adolfo Suárez, que se mantuvo sentado valerosamente en el suyo. Pero esto merece ser contado, también en resumen o en síntesis, porque este libro es un retrato, con testimonios o adornos.

Tras aquella moción de censura de los socialistas, y una UCD quebrantada, la realidad del poder era débil. El terrorismo era frecuente e intenso, la situación económica y social era alarmante, y el Parlamento tenía una hostilidad activa y no un desarrollo intenso y constante de la Constitución. El rey y la reina habían realizado un viaje a Guernica, el gran símbolo del nacionalismo vasco, y allí ocurrió un espectáculo atroz. El lehendakari Carlos Garaicoechea, y el partido protagonista, el histórico PNV, estuvieron corteses y buenos receptores. El Estatuto de Guernica era un camino y una meta para las interpretaciones fecundas. Pero los nacionalistas más radicales, y próximos a ETA, abrieron el escándalo de la protesta y de la hostilidad. Era un suceso que la televisión tiene en sus arcas. Toda una escena para un cine histórico español de este siglo. El rey estuvo sosegado y valeroso, pero el acontecimiento tenía la verdadera lectura de una situación.

Todavía vivía el protagonismo militar de dos siglos, aunque solamente despierto en la expectación, y renacía la inquietud. Un general y un almirante se habían ido del acompañamiento inicial a Adolfo Suárez, en su primer Gobierno, por su anticomunismo, y el reverdecimiento de una izquierda marxista en los partidos y en los sindicatos; y había otros dos generales monárquicos de tradición, de corazón y de servicios, que eran Armada y Milans del Bosch. En aquel verano de 1980 empezarían las conversaciones para cambiar una situación, y conservando una democracia corregida. Pero en las conversaciones que se iniciarían, aparecía también un teniente coronel de la Guardia Civil con la experiencia vasca, que se prestaba a ocupar el lugar que se le demandara en la acción, y que era Antonio Tejero Molina. Toda esta historia inicial la cuenta Juan García Carrés, que ya no vive, en un famoso libro que escribiría después del fracaso y del encarcelamiento, y que tres editoriales no se atrevieron a publicar. Yo tengo el texto. Juan García Carrés era un falangista catalán, de origen clásico en sus ideas, residenciado en Madrid, y dispuesto a todo para el regreso a las viejas esencias de los supervivientes del falangismo histórico. No había más «trama civil» en todo aquello que la de Juan García Carrés. Sus viejos amigos y camaradas estaban en el exilio de la proscripción, de la expectación o de la resignación. En el libro menciona a generales que fueron informados, sin dar sus nombres, pero que veían bien aquella acción, y hasta algunos de ellos se ofrecían para su incorporaración cuando estallara. El 8 de febrero de 1981 el teniente general Fernando de Santiago y Díaz de Mendívil, que había sido vicepresidente en el primer Gobierno de Adolfo Suárez, publicaba en el diario *El Alcázar*, con el título *Situación límite*, el siguiente artículo:

> El espectáculo de Guernica es la muestra del estado de descomposición en que se encuentra España. Es intolerable y vejatorio todo lo que está pasando. En Guernica se insultó a España y al rey, que ejerce el mando supremo de las Fuerzas Armadas y, por lo tanto, se ofendió a quienes nos honramos con los uniformes y el acto de Guernica no se convirtió en una auténtica tragedia gracias a la prudencia, talante y serenidad de Su Majestad. No podemos continuar impasibles ante tanto caos. Acaban de asesinar al ingeniero Ryan, a pesar de las súplicas de su mujer, compareciendo con sus hijos en Televisión Española en una escena desgarradora y dramática para pedir la libertad de su esposo. Pues bien, ni sus súplicas, ni las protestas, ni las manifestaciones populares, ni los llamamientos hechos por organismos extranjeros han servido de nada. La ETA y sus cómplices, implacable, fría y asesina, ha cumplido sus amenazas y el ingeniero Ryan ha muerto con el tiro en la nuca.
>
> En nuestra patria no se respeta a nadie. La larga lista de secuestros y de asesinatos de civiles, militares, guardias civiles, policías, etcétera, es la prueba más evidente de que aquí no hay autoridad y, por tanto, hay que restablecerla. Los partidos políticos no representan al pueblo en estos momentos. Cuando se ha preguntado a sus portavoces, en ocasión de la dimisión del presidente del Gobierno, si la convocatoria anticipada de unas elecciones generales podría resolver la situación en que nos encontramos, han contestado claramente que no, por temor a una abstención general, como ha ocurrido recientemente. Es la prueba más evidente que el pueblo, defraudado, ha vuelto las espaldas a este contubernio político.
>
> Pienso que las cosas han ido demasiado lejos. No podemos encogernos de hombros y desahogarnos con lamentaciones de palabra o por escrito. Hay que salvar a España si tenemos conciencia de españoles y de creyentes.
>
> Como soldado que he dedicado toda la vida al servicio de España, creo que es llegada la hora de que todos los españoles pongamos fin al rompimiento de nuestra unidad y, como consecuencia, la desaparición de nuestra patria. En nuestra historia hemos vivido momentos tan difíciles como el presente, pero siempre, en situaciones parecidas a esta, hubo españoles que rescataron y salvaron a España.

Era todo un anuncio o manifiesto. Pero cinco días antes del golpe militar del 23 de febrero, el mismo teniente general Fernan-

«De parche en parche, de hábil maniobra en habilísimo consenso, el hombre casi providencial en una crucial etapa, fue perdiendo los papeles uno detrás de otro. En silencio, con un complejo creciente de acoso y persecución, Adolfo Suárez alcanzó de bruces su nivel mastodóntico de incompetencia. No sirve, qué le vamos a hacer.» (De un artículo de Tomás de Salas.)

La noticia de la dimisión de Adolfo Suárez fue todo un explosivo, y anunciada por el propio Adolfo Suárez en las pantallas de televisión. Aquello parecía una tragedia de Molière con virtuosos y con tartufos en el palacio de la Moncloa.

Leopoldo Calvo Sotelo. El día de su investidura en las Cortes tendría lugar el golpe militar, de gran celebridad universal, y con tres protagonistas principales: los generales Armada y Milans del Bosch; y el teniente coronel de la Guardia Civil Antonio Tejero ocupando el Parlamento.

do de Santiago y Díaz de Mendívil publicaba en el mismo periódico este otro texto:

> Nunca la paciencia de un pueblo había llegado a más, con el deseo de que nuestro camino por la Historia no estuviera necesariamente jalonado de interrupciones constantes, caracterizado de vueltas a empezar, y salpicado de sangre.
>
> Nunca el orgullo o la dignidad de los españoles había llegado a menos, aceptando con resignación y pasividad los asesinatos constantes del terrorismo, la quiebra económica, el paro creciente, la inseguridad ciudadana, el servilismo y la desorientación exterior, y la incapacidad y la irresponsabilidad verbalista de los políticos.
>
> Nunca España, a lo largo de dos siglos constitucionales, y con las especies políticas más disolventes y revolucionarias, había estado, como ahora, al borde de la secesión de las regiones, del regreso a las comunidades y a las taifas medievales, y a la liquidación de una nación como la nuestra, con una huella universal por todo el orbe, de cultura, de lengua, de religión, de ciencia y de comercio.
>
> Nunca España había tenido, con republicanos o con monárquicos, con liberales o con progresistas, con socialistas o con conservadores, con militares o con civiles, en paz o en guerra, unas situaciones, como las últimas, que hayan acumulado más desaciertos, ignorancias, debilidades, claudicaciones y fracasos.
>
> Nunca España había estado políticamente estructurada en forma tan ambigua y contradictoria; con una religión, pero sin una iglesia acreditada; con una actividad económica, pero sin economías; con una democracia, pero sin demócratas.
>
> Nunca España había tenido tanta fachada y menos edificio; más funcionarios y menos función; más dirigentes obreros y menos beneficios para los trabajadores; más palabrería y menos hechos; más libertinaje y menos libertad y felicidad.
>
> Los titulares y protagonistas del recorrido hacia la democracia no han hecho otra cosa que desahuciar a nuestra patria, y poner en quiebra a toda la nación. Mientras todo se hunde, y somos la nación de más baja productividad europea, la de más alta inflación, contamos con los niveles más graves de paro, el país con más huelgas, con más graduados y más universitarios sin empleo, la más alta escalada continental de cierres de empresas y de suspensiones de pagos; y mientras la pornografía se adueña de todos los medios de cultura, como el libro, la revista, el teatro y el cine, subestimando a la mujer y atacando hasta la inocencia de los niños; y cuando el turismo, que es una industria de progreso nacional y de crédito universal de nuestra patria, desciende, lucen en la vida social y en el Parla-

mento los liberales de salón, y los socialistas sin revolución y sin corbata, y los antiguos estalinistas, vestidos de europeos occidentales.

Cuando se exhuma la denuncia del filósofo Ortega y Gasset, contra el sistema político de la monarquía de don Alfonso XIII, por la existencia de una España oficial y una España vital, se hace para denunciar un hecho parecido al que ocurre ahora mismo, en que mientras los políticos lucen en sus vidas, en sus peroratas, en sus consensos, en sus fastuosas vidas recién estrenadas, el pueblo padece el desencanto, la crisis, la vuelta atrás, la sangre, y aparece separado de sus políticos por las abstenciones electorales, por la protesta constante, por la crítica, por la decepción y el repudio. No hay dos Españas separadas por las ideas políticas, de tradición y progresismo, sino una España montada en los privilegios de la política, ajena a la demanda popular; y la España real y vital que aparece, sin guías, sin horizonte e inquieta.

Por toda España surgen, a la manera de las plagas bíblicas, fuerzas disgregadoras. A las viejas pretensiones separatistas de Cataluña y de las provincias Vascongadas, se han unido Galicia, Valencia, Extremadura, Castilla y León, con el reciente pronunciamiento de Andalucía. El afán desestabilizador de España es inaudito. Sus autores componen una mezcla de aventureros, de racistas y de políticos ambiciosos; no muy lejos andan los animadores internacionales de esta fragmentación y disolución. Pero ninguna de ellas, a título de comunidades autónomas, o de supuestas naciones de resurrección histórica, pueden ir sin la contribución de toda España y del Estado. Las economías de los vascos y de los catalanes —que son los autogobiernos ya aprobados— no pueden sobrevivir sin la sangría económica al Estado español, condenando a situaciones de tercermundismo a otras regiones españolas estimadas de segunda clase, limitando las obligadas industrias estatales, debilitando y centrifugando el comercio exterior, ahogando crediticiamente y fiscalmente a la empresa y a los ciudadanos, y renunciando a los grandes planes de inversión en España y fuera de España, que serían bases multiplicadoras de bienestar y de progreso. Con el dinero del resto de los españoles quieren hacer, los grupos minoritarios de vascos, su estado o su nación, mientras que en Madrid se acepta que esa nacionalidad y ese dinero nos lo saquen con metralletas, al igual que los salteadores de caminos o los atracadores.

España es irreversible como nación, a la manera como es irreversible la URSS y los Estados Unidos. Si quienes gobiernan el mundo, en sus dos grandes áreas de influencia, tienen esas unidades nacionales férreas, los demás no podemos ofrecernos en pedazos, porque esta podría ser la gran añagaza en la confrontación, por parte de una de esas potencias; y porque nosotros tenemos, además, una tradición histórica gloriosa de unidad en la acción universal. El respeto para nuestra defensa no pasa por otro lado que por el de la fuerza de nuestra unidad.

España necesita, desde ahora mismo, decisiones para corregir todos los fallos y errores, sin que esto suponga o represente involución alguna. Su mirada y su objetivo no tendría otro horizonte que el del futuro.

La tareas urgentes, las que demanda el pueblo español, son las de liquidar el terrorismo con la energía necesaria; librar a las ciudades de indeseables, que atentan contra la seguridad personal, familiar e institucional; animar a los empresarios a revitalizar nuestra economía, abandonando sus fugas atemorizadas de dinero y de iniciativa al extranjero, y resolviendo positivamente su esperanza interior; ofrecer a los trabajadores una nación sin explotadores; convencer a la universidad de que ella es el depósito y el manantial de nuestra cultura, de nuestra ciencia y de nuestra investigación. Restablecer el orden y la autoridad. Y cuando todas estas heridas nuestras, actuales, empiecen a estar restañadas, y el pueblo español esté ordenadamente en pie de iniciativas, de ilusión y de paz —que es necesario que sea pronto— entonces habría llegado el momento de hacer entre todos una democracia moderna y gobernada, donde de la libertad, los deberes y los derechos, estuvieran en su sitio, y en el intento superior de que ésta sea un pueblo para vivir, y no para destruirse; estable y no interino; feliz y no triste; creador y no pasivo y dramático.

Procede que todos digamos ¡basta! y seamos consecuentes con esta palabra. Al mundo hay que decirle que como mejor se defienden los derechos humanos es ayudándonos a echar las bases para que España no sea un fácil territorio para terroristas y atracadores, para aventureros utópicos que generan violencia, y para espías y agentes de guerras y de enfrentamientos. Contra los que nos asesinan, o nos esquilman, o nos destruyen, los derechos humanos consisten en acabar con quienes los conculcan.

Nadie debe perseguir la libertad en España, que es un pueblo que ha dado muestras innumerables de su amor y su sacrificio por ella. Pero ahora se exige corregir nuestros defectos y excesos, para que un día pueda lucir con esplendor. El respeto que ofrecemos a los demás, a todos los pueblos del mundo, es el que pedimos para nosotros.

Lo que ahora mismo está en juego no es esta o aquella política, sino solamente España. Se hace por ello necesario un colectivo, y enérgico, y valeroso, y desinteresado, y solidario ¡basta! para que sea escuchado y atendido, y no sigamos caminando desesperadamente hacia una España rota, y una España mínima».

El Rey y la Reina habían realizado un viaje a Guernica, el gran símbolo del nacionalismo vasco, y allí ocurrió un espectáculo atroz.

Teniente general Fernando de Santiago y Díaz de Mendívil.

El doble papel de Armada no fue aceptado, y también sería detectada su culpabilidad. Armada, a lo que parece, estaba en un «golpe de timón» con la colaboración de todos, pero no en un golpe militar hacia el pasado.

EL PERIÓDICO de CATALUNYA

Viernes 29 octubre

35 ptas.

Felipe barre

• El PSOE logra mayoría total y AP consigue ser el segundo gran partido

La participación del 79,87% supera en más de siete puntos a la de 1979

Convergència i Unió consolida su posición en Catalunya

La UCD se hunde estrepitosamente en toda España

Los comunistas pasan a ser una fuerza política casi testimonial

En Euskadi se mantienen los nacionalistas

editorial

La victoria de la normalidad

El desastre electoral fue volcánico. La UCD se vino abajo en el Parlamento con doce diputados, y Adolfo Suárez alcanzaba solamente dos. Felipe González era el gran triunfador y el personaje representativo de un socialismo de parentescos modernos con el europeo.

El golpe militar, como todos saben, tuvo lugar el día 23 de febrero de 1981 en el acto de investidura del nuevo presidente Leopoldo Calvo Sotelo. El teniente coronel Antonio Tejero ocupó, espectacularmente, el Parlamento, con todos allí, ministros y diputados; y la acción contraria del rey Juan Carlos, que conseguiría inactivar a otros generales, dejó todo reducido a estos tres nombres —Armada, Milans y Tejero— con los acompañamientos de los últimos. Milans en Valencia como capitán general, y Tejero en Madrid con los que se llevó al Congreso de los Diputados. El doble papel de Armada no fue aceptado, y también sería detectada su culpabilidad. Armada, a lo que parece, estaba en un «golpe de timón» con la colaboración de todos, pero no en un golpe militar hacia el pasado.

Después del fracaso del golpe militar Leopoldo Calvo Sotelo emprendería el camino difícil de no tener ya el partido que tenía Adolfo Suárez en los comienzos de la transición democrática. En seguida se marcharían dos personalidades y sus amigos, como el propio Adolfo Suárez, creando el Centro Democrático y Social, y Francisco Fernández Ordóñez, que tuvo una socialdemocracia injertada en la UCD. El destino de Fernández Ordóñez sería hacia el socialismo, mientras que Adolfo Suárez estaba en la intemperie. Leopoldo Calvo Sotelo sabía que estaba en un período transitorio, y tras escaso tiempo en el poder, adelantó las elecciones generales. El partido que había traído la democracia elegía dos personajes capitales para este duelo: Landelino Lavilla y al propio Leopoldo Calvo Sotelo. En el liderazgo del partido y en el Gobierno. Pero ya la UCD era un partido agonizante, y a la deriva y con la noticia frecuente de escapadas o fugas. Manuel Fraga, líder de la derecha democrática clásica, era el gran receptor de todo lo que viniera de ese lugar. Las relaciones de Nicolás Redondo, como líder de UGT, y Marcelino Camacho, como líder de Comisiones Obreras, eran difíciles pero los Gobiernos de la UCD cedían a la presión y tenían los complejos clásicos, y por eso eran flexibles y elásticos con el mundo del trabajo. Leopoldo Calvo Sotelo había presidido un Gobierno de menos de dos años. Ya estaba en la resistencia. Pero hizo dos cosas buenas: un buen acuerdo con el mundo sindical y la patronal, estimulado por acciones prácticas, y buena cara con los líderes sindicales; y la entrada en la OTAN. En aquel año 1982 y en las vísperas de la tragedia política de Calvo Sotelo y su acompañamiento, yo publicaba estos adelantamientos proféticos sobre algunos personajes:

> Pedro López Jiménez, que dirige la organización de UCD, le ha construido a la inteligencia periodista Pilar Ferrer una colección de frases definitorias de políticos que son una mezcla de

intimidad declarada, de prudencia obligatoria, de aclamación proclamada y de dicterio contenido. Los personajes han sido Calvo Sotelo, Suárez, Fraga, Felipe González, Alfonso Guerra, Fernández Ordóñez y Antonio Garrigues. A Calvo Sotelo lo elogia, a Suárez le justifica, a Fraga le golpea, a Felipe le descuartiza, Alfonso Guerra le cambia de oficio, a Ordóñez le maltrata y a Antonio Garrigues le aclama. Vamos a ver todo esto porque tiene cierto interés, pero visto a mi modo, desde fuera.

Calvo Sotelo: dice López que tiene «madurez, preparación y cultura y que es un estadista». Yo creo que tiene razón, pero su riesgo es que no lo ejerza. Yo temo que su madurez, su preparación, su cultura y sus condiciones de estadista pudieran perderse sin itinerario, y entonces no sería otra cosa que una imagen.

Adolfo Suárez: dice López «que la lucha a diario con todos los avatares de la transición fue obra de Suárez y que es la conjunción del yo y la circunstancia». También estoy de acuerdo. Lo que ha sucedido es que, como aquello que cuenta magistralmente Stefan Andres, construyó una torre de Babel y no hay Dios que viva en esta torre.

Manuel Fraga: López asegura «que es una gran cabeza y probablemente el peor enemigo de sí mismo». Aquí disiento en parte. Es una gran cabeza y el peor enemigo de los demás. (Me refiero a los Lópeces de Ucedé.)

Felipe González: afirma López «que parece un buen muchacho y que no sabe nada de nada». A mí me parece que sabe tanto que se ha adueñado plenamente del Partido Socialista, que es casi dueño de la Internacional Socialista, y ahora va a ser dueño de Andalucía y que puede ser dueño, a pocos meses vista, del poder. Si este buen muchacho llega a saber algo, pone un colegio y viene Europa a aprender en los bancos de Educación Política Básica.

Alfonso Guerra: López asegura que «hubiera sido un buen director de teatro». Yo creo que lo ejerce en la política. Solamente me gustaría saber el reparto en esta función de la transición. Buckner y yo llevamos al teatro la Revolución francesa y la dirigió magistralmente Vergel. Yo escribiría la transición con Alfonso Guerra y le confiaría la dirección. Estaríamos en cartel mucho tiempo.

Fernández Ordóñez: López dice «que es un hombre quejumbroso que después de la muerte de Joaquín Garrigues ha demostrado que no sabía andar solo». ¡Hombre, no! Hizo dos Leyes de la izquierda desde la UCD y ahora quiere hacer Leyes de la derecha desde el PSOE. A mí me parece un genio. Lo que ocurre es que estos genios políticos se la juegan con la Historia. Pero es su sino.

Antonio Garrigues: asegura López que tiene «claridad de ideas, energía y entusiasmo; no sé lo que hará, pero seguro que hará algo importante». Estoy de acuerdo, pero meditándolo: tiene claridad de ideas difusas, tiene energía no declarada y posee un entusiasmo obstinado. Respecto a lo que va a hacer, yo sí que lo sé. Va a hacer algo importante no se sabe cuándo, nadie sabe cómo, y no se sabe dónde. Y si no lo hiciera, merecería haberlo hecho, y si lo hiciera, estaba claro que lo había hecho.

El desastre electoral fue volcánico. La UCD se vino abajo en el Parlamento con doce diputados, y Adolfo Suárez alcanzaba solamente dos. El gran triunfo sería el del socialismo, con una mayoría absoluta, y hasta hegemónica, con más de doscientos diputados; y Manuel Fraga, con la asistencia de los fugados de otros lugares, alcanzaba el centenar. Era el más importante partido de la oposición pero débil respecto al socialismo. Y otra gran tragedia sería la del Partido Comunista que se vio reducido a cuatro diputados. También la crisis de Santiago Carrillo era tremenda y dimitiría poco después de la Secretaría General de su partido, en el que había sido un personaje histórico. Quienes habían traído la democracia, aunque tuvieran la colaboración de socialistas y de comunistas, eran los débiles. No tenían mundo sindical a su lado, mundo cultural de influencia, mundo joven de activismo y en estos finales tampoco tenían los medios de comunicación. La UCD era un cadáver vivo, a los cinco años de haber restaurado la democracia, y el patetismo político e histórico era grande. En seguida se suicidaría. Felipe González era el gran triunfador y el personaje representativo de un socialismo de parentescos modernos con el europeo.

Puede decirse que la transición había terminado y empezaba la estabilidad de la monarquía parlamentaria con un rey, Juan Carlos de Borbón que había restaurado la democracia en 1977 y la había salvado el 23 de febrero de 1981. Todo esto movilizaba la adhesión de los viejos republicanos y entre ellos, lógicamente, los socialistas. El más estratega de los Borbones fue don Fernando VII. Engañó a Napoleón en su exilio. Fue recibido como «el Deseado». Se cargó las Cortes de Cádiz para salvar su absolutismo, y porque aquellas Cortes no eran de confianza respecto a la conformación del poder. Juró la Constitución liberal, tras el golpe de Riego, y en seguida acabaría con los liberales y todo ello con la colaboración de los franceses o «cien mil hijos de San Luis». Y murió tranquilamente en la cama.

Don Juan Carlos no complacería en el otro mundo al general Franco y no le alarmó en vida. Se adelantó en el trono a su padre para hacer una restauración democrática pacífica, y desde la legalidad, con la colaboración de las Fuerzas Armadas. Amó a Suárez solamente el tiempo necesario, como sucede en ciertos matrimonios agotados y breves. No ha asumido ni un solo desgaste político de la democracia misma estando como espectador y sugeridor en el ajo de todo. Y en el mundo vario del planeta es celebrado. Y por todas las especies. Por el Palacio de la Zarzuela han pasado hasta los presidentes de la antigua Unión Soviética y de China. Justamente es, históricamente, el Borbón más célebre. Solamente asume riesgos en sus dos predilecciones deportivas, y que son la vela y el esquí. En el mar y en la montaña. En la política es como una aparición angélica.

El socialismo al poder, y en el poder

El caso de Felipe González ocupará un lugar histórico importante en los finales de este siglo. Era muy joven cuando en un congreso del Partido Socialista Obrero Español en los arrabales de París, en Suresnes, en 1974, y en la clandestinidad de España, era elegido secretario general del Partido. Su seudónimo de encubrimiento era el de «Isidoro». El precedente más grandioso de «Isidoro» era el del arzobispo de Sevilla, en la Edad Media, y al final San Isidoro, que convocó los famosos sínodos, presidió el IV Concilio de Toledo y tenía una gran formación. Felipe González había elegido esta figura por el origen, por el dinamismo, por la influencia y probablemente por una santidad política vocacional. Su procedencia era universitaria, era un abogado de obreros y tenía su actividad de oposición en los últimos años del régimen del general Franco. Representaba la nueva generación de socialistas. Los históricos dirigentes estaban en el exterior, y los principales habían muerto.

Su disponibilidad para el realismo era grande, y sabría muy pronto que el socialismo después de la segunda guerra mundial estaba necesitado de evolución y de actualidad, aunque en sus comienzos guardaba las esencias. Las sociedades eran ya otras, y el único y viejo dogma superviviente era el del comunismo, con Marx y con Lenin. Por eso a los dos años de restaurarse la democracia en España y en el famoso XXVIII congreso de su partido, Felipe González pondría a Marx en la historia del pasado. El gran maestro Luis Jiménez de Asúa había dicho ya esto hace bastantes años: «Rechazamos con la misma decisión el franquismo y el comunismo, puesto que tienen íntimo parentesco cuando se les analiza a la luz de la psicología profunda. Ambos son muestras del sadomasoquismo ancestral.» El famoso profesor exageraba en la comparación, pero Marx estaría atado ya para siempre al comunismo soviético. Eso crearía una convulsión, porque en el partido de aquel tiempo había clásicos y actualizadores, con un Marx a su modo. Entonces se vio obligado a dimitir, pero más tarde sería reclamado. Había dicho que era socialista antes que marxista. Y Marx en la Historia.

Ese XXVIII congreso del Partido Socialista en el 79 había dejado muy claro quién era Felipe González respecto al socialismo plural de varias décadas, y a los dos años en el ejercicio de la transición democrática. Había en aquel tiempo todavía la exaltación por el marxismo, aunque con otra interpretación a la comunista, y los personajes más visibles eran Francisco Bustelo, Luis Gómez Llorente y Pablo Castellano. Francisco Bustelo consideraba a Felipe González como «un socialista de una pieza», pero sus ideas podrían representar «un giro a la derecha», en la línea política del Partido. Felipe González, exactamente, representaba una anticipación a la modernidad del socialismo, y decía esto en su discurso: «Yo le ruego a cada compañero que se acerque al marxismo que lo haga de verdad, críticamente, con un espíritu de libertad. Lo dije el primer día, que no se tomara a Marx como la línea divisoria entre lo bueno y lo malo, lo injusto y lo justo, porque estarían volviendo a enterrarlo. Y a enterrarlo mucho más profundamente que lo entierra la clase burguesa o reaccionaria de este país y de todos los países del mundo. No se puede tomar a Marx como a un todo absoluto. Hay que hacerlo críticamente. Hay que ser socialistas antes que marxistas.» Esto era la gran explosión. Pero más adelante decía esto otro: «Si hago política perdiendo fuerza moral y razones morales, prefiero apagar, porque yo no estoy en la política por la política. Estoy porque hay un discurso ético, que no suena demasiado revolucionario, que no suena demasiado demagógico, pero que es el que mueve a Felipe González con la política. Hay un discurso ético que me ha hecho trabajar en este Partido y por este Partido hasta hoy, y que me sigue obligando a trabajar en este Partido y por este Partido, y para esta sociedad desde hoy, y hasta mañana, y hasta que pueda resistirlo.»

Pero en su discurso aparecía muy claro lo que después sería un espejo a nivel de la realidad interior y exterior: «Esta situación de incremento del paro, de desapariciones de multitud de empresas, en todos los rincones del país, de paralización de grandes sectores públicos o privados necesitados de reestructuración, está contribuyendo poderosamente a crear un clima de desánimo en la inversión, y algo aún más grave: a crear un gran deterioro de la situación social que margina cada día a mayor número de jóvenes, incitándolos a la desesperación de la delincuencia. El segundo problema que atenaza la conciencia ciudadana, ligado en parte al anterior, es el incremento de la delincuencia y de la violencia callejera. Las calles de las más importantes ciudades españolas se han convertido en peligrosas para el ciudadano medio. Ello genera inseguridad y desconfianza altamente peligrosas para el desarrollo de la nueva democracia. Sin duda el terrorismo es un factor de importancia capital que exaspera la conciencia de algunos sectores de la sociedad y pone de manifiesto la falta de autoridad en el régimen democrático recién instaurado.»

Pero la Historia es inclemente. Diez años después de haber alcanzado Felipe González el poder, y de ser su figura máxima, el cuadro es el mismo, y en ocasiones hasta más grave. La ética como sueño, la inocencia de la inexperiencia y el idealismo como proyecto se estrellan a veces con la realidad. El nuevo y joven líder socialista de entonces continuaba de esta manera: «Ello no contradice una cierta orientación hacia la austeridad que permita controlar el proceso inflacionista y que defienda la supervivencia de sectores empresariales en crisis, al tiempo que defienda con fuerza los intereses de pequeños y medianos empresarios. Deben estudiarse mecanismos de disminución de jornada, de incremento de la inversión pública, en escuelas, viviendas y centros sanitarios, de créditos razonables a las PYMES y a los nuevos inversores, de desgravaciones fiscales a las contrataciones de jóvenes, y a la creación de puestos de trabajo en general. Los militantes socialistas tienen que incrementar su acción sindical en el seno de la Unión General de Trabajadores, intentando fortalecer su estructura, y ampliar su abanico representativo a sectores de trabajadores que por su cualidad de cuadros medios, o por su trabajo en actividades funcionariales o de servicio, no se sienten integrados en el movimiento sindical.» La propia UGT, unos años más tarde de todo esto, declararía la huelga general contra el Gobierno socialista presidido por Felipe González, y en compañía del otro sindicato, Comisiones Obreras, con un gran éxito nacional, y ahora mismo mantiene su confrontación con el Gobierno en situaciones de beligerancia activa. En sus años de poder se han alcanzado algunos grandes objetivos, pero la alarma empresarial y financiera han sido constantes. El paro que recibiera, ha disminuido escasamente, y las reconversiones industriales siguen siendo un drama. Su ideología respecto al Estado y la sociedad sería unos años más tarde ésta: «El socialismo democrático significa, entre otras muchas cosas, un sistema de redistribución de la renta corrigiendo el funcionamiento de la economía de mercado». Esta es la traducción: fuerte intervencionismo y dura política fiscal.

Aquello de Felipe González en 1979 terminaría con la creación de una comisión gestora, presidida por José Federico de Carvajal, y pocos meses después se produciría el regreso de Felipe González a su lugar de líder. Regresaba con adhesión y autoridad para andar por el camino de su nuevo realismo socialista. Alfonso Guerra era el seguidor más próximo y directo de Felipe González, y decía esto en una intervención: «El Partido ha crecido muy deprisa, y muchas de las tensiones que se producen se derivan de la actitud de los militantes veteranos, que quieren conservar al Partido en una urna intocable, y de la actitud de los nuevos militantes que pretenden poner patas arriba el Partido de acuerdo con su particular visión del socialismo.»

La comisión gestora estaba de parte de Felipe González, su presidente, José Federico de Carvajal, en junio de ese mismo año de 1979 decía en la tribuna del Club Siglo XXI que el sistema económico capitalista significaba un claro avance sobre los sistemas anteriores, y un importante desarrollo de las relaciones económicas. Pero «lo que los socialistas no podemos admitir es que el orden económico capitalista sea la estación terminal de la Historia». Esta estación terminal tendría lugar tras el volcán soviético de los 90 con la colaboración y las correcciones correspondientes del socialismo. Liberalismo y capitalismo eran los vientos de finales de siglo, con un socialismo europeo más débil, pero útil en orden a exigencias sociales obligadas.

La réplica más clara y rotunda que tendría entonces Felipe González, en los finales de los 70, fue la del prestigioso socialista Luis Gómez Llorente, y quien tras el regreso posterior de Felipe González al liderazgo del Partido se marcharía de su actividad y volvería a su profesión docente, sin que haya vuelto a aparecer, y aunque resulta todavía respetado por sus compañeros clásicos de entonces. Luis Gómez Llorente publicaría el siguiente artículo en el periódico *El País*, y que es todo un documento para esa historia de las dos familias de nuestro socialismo contemporáneo, aunque la familia triunfadora fuera de Felipe González, y la derrotada tuviera un mal destino: o a su casa los más desesperanzados o a otros lugares de una izquierda más dura en la relación o coalición con los comunistas, que eran residuales o testimoniales. Pero esta fue la actitud de Luis Gómez Llorente:

> El insólito desenlace del XXVIII congreso del PSOE, provocado por la negativa rotunda de Felipe González a aceptar su reelección como secretario general del Partido, ha abierto una crisis cuyas consecuencias son difíciles de prever en estos momentos.
>
> El gesto de Felipe, tan elogiado por casi toda la prensa, y en particular por las editoriales de algunos periódicos, con todo lo que tenga de valor moral, produce de forma inexorable un paréntesis delicadísimo en la vida del PSOE. La polémica se hace inevitable. Tengamos al menos la dignidad suficiente para que no degenere. Por ejemplo, decir de los oponentes que son socialdemócratas, o que tienden a la socialdemocracia, puede ser un error, pero no es un insulto. Decir, por el contrario, de compañeros con los que se ha compartido responsabilidades, que son

Francisco Bustelo consideraba a Felipe González como «un socialista de una pieza», pero sus ideas podrían representar «un giro a la derecha», en la línea política del Partido.

La réplica más clara y rotunda que tendría entonces Felipe González, en los finales de los 70, fue la del prestigioso socialista Luis Gómez Llorente.

Miguel Boyer y Carlos Solchaga eran los cuadros universitarios que se habían hecho en la empresa pública, en la Banca, y en el Banco de España en las postrimerías del régimen anterior. (En la foto, ambos junto a C. Romero.)

demagogos y criptocomunistas es —por lo menos— una impertinencia. Conservemos la serenidad y apliquemos la inteligencia.

Para evitar esta situación proclive a las pasiones, algunos aconsejamos hasta el último momento a Felipe que no se fuera, que renovase su mandato. Había otras formas menos quirúrgicas de resolver los supuestos desaciertos de la ponencia política. Todo el congreso hubiera aceptado con entusiasmo que una ejecutiva con Felipe González a la cabeza convocase en plazo prudente una convención ideológica, o incluso ese mismo congreso extraordinario, al que se hubiera llegado sin crispación alguna, evitando además la impresión de crisis producida.

Creo, sinceramente, que Felipe se equivocó planteando con sus desafortunadas declaraciones de Barcelona, y las más recientes de Gijón, el tema del marxismo, y que se ha vuelto a equivocar declarándose moralmente incompatible con la resolución aprobada por el XXVIII congreso. Cuando se está tan alto, cuando el Partido ha edificado una figura que suscita tales entusiasmos, es preciso medir muy bien las consecuencias objetivas de cada paso, y no dejarse llevar sólo por criterios de exigencia individual. Al fin y al cabo, el texto aprobado ahora no difiere en lo esencial del aprobado por el XXVII congreso hace dos años, y nadie se rasgó entonces las vestiduras.

Por todo ello, cuando ya en la mañana del domingo, último día del congreso, Felipe nos ratificó su decisión firme de no ir a la reelección, algunos intentamos promover otra candidatura. Iniciar ese intento y correr por los pasillos entre los seguidores más caracterizados de Alfonso Guerra y de Felipe González la consigna de abstención, fue todo uno. Tal cosa, que no puede negar ningún testigo presencial, hacía presagiar que la nueva ejecutiva contaría de antemano con el boicot y la hostilidad sistemática de un importante sector del Partido. No sólo se iba Felipe, sino que, además, sus más allegados amigos se disponían a hacer la vida imposible a cualquiera que lo sustituyese. Puestas las cosas de este modo, se imponía optar por la gestora como mal menor. Unos cuantos compañeros dignísimos, que merecen la confianza de todos, han asumido el ingrato papel.

Ya estamos en ese período de reflexión previa al congreso extraordinario, y cada cual tiene que manifestar en forma diáfana y comprensible sus posturas. Ante problema tan complejo no se puede hacer de un solo golpe, y menos en un artículo, pero es preciso comenzar.

Para algunos es bien claro el punto de partida: me cuento entre quienes se identifican con las ideas del texto aprobado por el XXVIII congreso, que perfecciona el ya aprobado en diciembre de 1976. «El PSOE es un partido de clase, y por tanto de masas, marxista y democrático.»

La redacción del conjunto de la ponencia podrá ser en algunos pasajes desafortunada. Mas entraña una línea política clara que yo entiendo coincidente con la trayectoria histórica del PSOE. Eso es lo que vamos a defender frente a quienes pretenden reformarla. Lo que se ha de reformar no es la ideología del PSOE, sino la sociedad española. Reformar la ideología del PSOE es un modo «discreto» de iniciar la renuncia a la transformación en profundidad de la sociedad.

En la línea de la trayectoria histórica del PSOE nos esforzaremos por contribuir a mejorar y profundizar lo ya establecido, pero sin adulterio. Ahora los que pretenden que es un error lo aprobado por el congreso, tienen la palabra. Que formulen su alternativa. Veremos si es tan distinta como para justificar la situación que se ha precipitado. Por último, en este primer artículo del poscongreso, que es a la vez un precongreso ya, quisiera puntualizar bien algunos otros aspectos.

No está sólo en juego la línea ideológica del Partido. No sólo nos movemos para evitar que el próximo congreso sea el Bad Godesberg español. También subyacen concepciones del Partido relativamente diferentes, en la mecánica de la organización, y en la praxis de sus bases y de sus dirigentes. Es el problema de la democracia interna y del qué hacer. A qué se dedican los fondos del Partido, y cómo llega a nuevos sectores de la sociedad en los que todavía no hemos calado. Ya se hablará en estos meses de todo ello.

Por otra parte, conviene deshacer infundios. Creo que no es el momento de promover candidaturas a la futura dirección del PSOE. No empecemos la casa por el tejado. Primero las ideas. Luego, cuando el congreso haya decidido, y según la línea que decida, los delegados sabrán concretar una lista de nombres que crean en esas ideas y sepan ponerlas en práctica. Si es preciso, ya se promoverán equipos a su debido tiempo.

Con los compañeros Pablo Castellano y Francisco Bustelo, como con tantos otros, me unen profundos lazos de fraternal amistad. Con ellos compartí luchas de la clandestinidad. A Bustelo le conozco desde los tiempos ya lejanos de la Agrupación Socialista Universitaria, allá por 1957. Pero no hay clan, ni candidatura de alternativa a Felipe. No trivialicemos las cosas. Seremos millares de compañeros en todo el Estado, cada cual a su modo y manera, con sus propios matices, para defender que el PSOE siga siendo socialista de inspiración marxista. Si puede seguir siendo con Felipe González, mejor todavía.

Las cosas claras: no me considero cabeza de nada. Siempre he tenido puestos de vice y estoy tan contento. No me considero con cualidades para ser secretario general. Mis aspiraciones personales han sido sobrepasadas. He sido dos veces candidato a presidente de las Cortes por el PSOE, y acabo de dimitir como vicepresidente del Congreso de los Diputados. Para seguir en la Ejecutiva me hubiera bastado estar quieto y callado. Las consecuencias personales me despreocupan. Sean las que fueren sumaré con decisión mi esfuerzo a la defensa de la línea clásica del PSOE. Lo más deseable es que en este proceso de clarificación y reflexión vayan convergiendo las ideas, y si no es así, que resolvamos con democrática limpieza.

Éste era el primer suceso de una división entre antigüedad y modernidad socialista en la restauración de la democracia. El regreso de Felipe González al Partido y a la oposición parlamentaria, era ya el futuro del socialismo. Sus relaciones con Adolfo Suárez, presidente del Gobierno, tras aquellos años de su regreso a la dirección del Partido, eran las que se corresponden con dos diestros hábiles a quien podría clasificarse en la escuela taurina. Toreaban bien con el capote, y hasta eran estilistas. Se acercaban para las estrategias comunes, y luego cada cual iba por su lado. Un día se acabaría el consenso, y Felipe González hizo aquella moción de censura para dejar muy claro su distanciamiento del partido restaurador de la democracia y la construcción de su alternativa al poder. El periodista Julián Lago le hizo en 1980 una entrevista en la que Felipe González dijo todas estas cosas:

«Yo le dije un día a Suárez: usted no ha hecho un partido, usted lo que ha hecho ha sido una fábrica de globos de colores, que ha ido dando para contentar a su gente. A este le doy un globito azul; a este otro, uno rosa; a este de más allá, uno amarillo. Y, mientras, él, ejerciendo el poder omnímodo, desde la cúspide de una pirámide.» Era verdad. Suárez no tenía un partido, sino una aglomeración fraccionada de aspirantes al poder, y desde varias identidades y tradiciones. Poco después de diez años de poder de Felipe González, resulta que también lo ejerce desde la cúspide de la pirámide, y reparte globitos. Pero de otro modo. Felipe González tiene la aclamación de su Partido, las luchas son por bajo de su trono, y su liderazgo es necesario para la fuerza electoral misma del socialismo. Es un líder de los pies a la cabeza, y sin conspiradores sucesorios. Pero se obliga a repartir globitos y tiene, y ejerce, un presidencialismo en el Partido y en la nación.

«Nosotros hemos llegado a la convicción de que este Gobierno no sirve para regir los destinos de este país, y desde esa convicción moral nosotros lo manifestamos. Mira, la democracia es como el césped inglés que pregunta la gente: "¿Cómo consiguen ustedes este césped tan bonito? Pues muy fácil: se siembra, se corta, se resiembra, se abona, se riega, se vuelve a cortar, y así al cabo de doscientos años usted tiene un césped hermosísimo."

Me temo que esa sea la verdadera crisis de credibilidad del

Gobierno: el desprecio que manifiestan hacia las reglas de la democracia. ¿Que hacen cosas? Pues claro que hacen cosas. Pero hay hechos que se pueden constatar sobre la aplicación de la política de este Gobierno. Uno, que no hay más libertad que, por ejemplo, hace un año, sino menos; que están recrudeciéndose las técnicas del pasado para reprimir la libertad. Dos, que en la calle no ha mejorado la seguridad ciudadana, sino al contrario. Tres, que el paro ha aumentado. Cuatro, que no estamos mejor en el tema autonómico.

Cuando el pueblo está contra el Gobierno, piensan que lo que hay que hacer, no es disolver el Gobierno, sino disolver el pueblo. Esa es un poco la mentalidad que tienen. Y lo que hay que hacer es objetivar lo que está pasando; la degradación democrática a que se está llegando; el grave deterioro que con su política está produciendo el Gobierno en el prestigio de las instituciones parlamentarias; la incapacidad suficientemente probada del presidente Suárez y de su Gobierno; la falta de voluntad, cuando no las trabas, y entorpecimientos que plantean al Congreso para enfrentarse con situaciones de corrupción como la Televisión. Y sólo la ceguera política, porque no entro en juicios de intención, les impide ver que esto no marcha bien, que no marcha como debiera. El símbolo más claro es cómo el Gobierno se niega a poner la Televisión al servicio de los intereses de la sociedad, incluso llegando a decir, como ha dicho el señor Abril, que como no se arregla el país es poniendo querellas criminales. Oiga usted, como no se arregla el país es manteniendo la corrupción. Los tribunales están justamente para que cuando uno crea que hay un delito ponga una querella, no para otra cosa. ¿Para qué si no están los tribunales? ¿Para procesar a periodistas que no están con el Gobierno?»

Este párrafo, y los anteriores, doce años después, y con el socialismo en el poder, tienen que hacer sonreír mucho a la gente de ahora mismo. Este cuadro exacto de ayer, tiene algún parecido con la actualidad. La Historia no es solamente inclemente, sino pérfida. Es verdad también que el Gobierno socialista ha sido homogéneo hasta ahora, y ha gozado de etapas de crecimiento económico. Ha sido siempre más Gobierno que aquellos de la UCD. Pero también terrorismo, delincuencia progresiva, gobierno de medios de comunicación, despotismo en el Parlamento, crecimiento del narcotráfico y corrupción expansiva es nuestra realidad.

La felicidad de Felipe González, y las buenas acciones están, principalmente, en la política exterior, tras los compromisos globales con Europa, el acercamiento a los Estados Unidos y la ruptura del aislamiento. Felipe González y su ministro de Asuntos

Exteriores, Fernández Ordóñez, han tenido, y siguen teniendo, el gran papel de confianza, de prestigio y de crédito. Estamos en el mundo bien vistos.

Ahora hay una cuestión que tiene una gran actualidad, y que es la actualización o modernización del proceso económico. El Estado de las Autonomías, que aparece en la Constitución, estaba condenado a ser un camino, pero no todavía una meta. En aquellos años 70 Felipe González se mostraba partidario de un Estado federal que hubiera superado el pleito histórico, y dijo lo siguiente, y también al periodista Julián Lago:

> Nosotros lo quisimos defender a nivel conceptual, hablando de la estructura federal, aunque sabíamos que no podría hablarse de Estado federal por la correlación de fuerzas en la redacción de la Constitución. Yo, al contrario del señor Pérez Llorca, no tengo ninguna bola de cristal que me permita afirmar que todos los españoles quieren la autonomía, no. Naturalmente, que eso crea un modelo de Estado difícil pero, oiga usted, la sociedad es un cuerpo vivo, y eso hay que armonizar y respetar. El derecho a la diferencia es el avance más notable del tratamiento de la igualdad; es decir, que es lo que hace que la gente no tenga que llevar la misma gorra, el mismo uniforme, y que uno sea bajo y otro alto, y uno moreno y otro rubio. Ese derecho a la diferencia es en lo que hay que profundizar, no discriminando a unos sobre otros. Pero, ¿cuál es entonces el hilo conductor del nuevo Estado? Pues sin duda tiene que ser la idea federativa. ¿Por qué? Porque es la más igualitaria, la que permite un Estado gobernable, la que mejor garantiza la solidaridad. Lo de menos es cómo se llame el Estado. ¿De las Autonomías? Pues bueno. Lo demás es que, cuando se llenen las competencias, y funcionen las instituciones de las Comunidades Autónomas, consigamos la federalización de España, sin graves traumatismos y de forma armoniosa. No hagamos demasiadas tensiones sobre la estructura general del Estado porque, al final, puede que la gente decida separarse, o puede que la gente vuelva atrás como acaba de ocurrir con el referéndum de Quebec.

Todo esto figura también en las iluminaciones de un líder demasiado joven, aunque ya tenía el talento práctico de ejercer el realismo. Pero ocho años más tarde, y ya en el poder, el periodista Juan Luis Cebrián le decía que no creía que el Estado de las Autonomías tendría que parecerse a un Estado federal, como sostienen los socialistas catalanes, y la respuesta de Felipe González era esta: «Yo no creo que los socialistas catalanes propongan una España federal, sino esa perspectiva del Estado autonómico, que pasa por las consideraciones que ya se han hecho en el mundo

«El País» tenía brillantez de construcción, la más alta tirada, y el empresario más relevante de la comunicación, que luego se extendería a la radio y a la televisión, Jesús Polanco.

José María Ruiz-Mateos, escogería el valor, y no la resignación, y empezaría su larga e infinita batalla.

El socialismo había cambiado su vieja actitud respecto a la presencia española en la OTAN. Antes no quería estar, y ahora se disponía a no salir.

sobre los Estados federales y sobre el federalismo cooperativo.» Esto era otra cosa y hay que entenderlo como las consecuencias de una generación de improvisadores, sin la experiencia del Estado, que fueron los que protagonizaron la restauración democrática de 1977. Los cambios de opinión, tras la experiencia, resultaban a veces fulgurantes. Ahora la experiencia de más de una década del Estado de las Autonomías ha creado esa hoguera que se enciende entre las varias diferencias autonómicas. Todos veníamos de la misma Historia, pero unas son «nacionalidades» y otras son «regiones», como establece la Constitución. Las nacionalidades son de primera clase, y las regiones son de segunda. Y se han destapado las tensiones en orden a la igualdad.

Felipe González iniciaba con su triunfo del 82 un camino político caracterizado por un Consejo de ministros que tenía la figura de la moderación. Era el socialismo mejor dispuesto para no alarmar, y con la intención de integrar a más gente de la que tenía con antelación. Se había producido el naufragio de la UCD y quería votos electorales del centrismo. Y también se había producido la crisis en el Partido Comunista, con una cifra exigua de diputados, y aspiraba a tener también los votos de una izquierda más radical que estuviera más cerca de las libertades y de la democracia. En el Ministerio de Economía y Hacienda instaló a Miguel Boyer y también estaba Carlos Solchaga en el Gabinete, en otro Ministerio de naturaleza económica. Eran los cuadros universitarios que se habían hecho en la empresa pública, en la banca, y en el Banco de España en las postrimerías del régimen anterior. La Economía era ya la ciencia de moda y también, como el socialismo, estaban los doctrinarios universales como maestros. Pero se advertía la impaciencia de un socialismo joven, en sus posiciones críticas y de vigilancia, y en seguida haría estallar «el caso Rumasa». Era el *holding* privado más importante del país, y se decretaría su expropiación, sin otras razones básicas para exhibir que las del interés social, y en virtud de unas denunciadas irregularidades por parte del Banco de España. El suceso fue apasionante, y es seguro que en los años 90 no habría sido realizada por Felipe González, porque habría utilizado otras formas de intervencionismo por parte del Estado, más en consonancia con una democracia, y así ocurriría con algunos bancos de la contemporaneidad. Pero esto venía a ser como una nota de la identidad socialista en el poder, aunque también era verdad que el Gobierno socialista tendría en aquel tiempo la colaboración, por acción u omisión, de otros bancos relevantes. El fundador de este *holding,* José María Ruiz-Mateos, escogería el valor, y no la resignación, y empezaría su larga e infinita batalla. El propio Tribunal Constitucional no tuvo la unidad total de sus miembros para los modos de hacer esta expropiación.

El presidente del Tribunal Constitucional era el gran jurista Manuel García-Pelayo, que había estado en el exilio durante el tiempo de la dictadura. Había sido un militante del Partido Comunista en su juventud, y auxiliar en las cátedras de Fernando de los Ríos y Recasens Siches en la Universidad Central. Durante la guerra civil fue jefe de Estado Mayor con los republicanos o rojos, y se marcharía en los finales de la guerra, desde Valencia, cuando el coronel Casado y el profesor Besteiro entregaban Madrid. El tiempo en el exterior le había creado luego una personalidad sosegada que se correspondía con su gran biografía universitaria. Pero sus antecedentes, sus viejos sentimientos, y la designación, le harían decidir el asunto de Rumasa con su voto decisivo. A este hombre se debería que aquello no naufragara por la vía del Derecho. Por lo menos con aquel método. Y también en el Parlamento habría su tormenta. El suceso de Ruiz-Mateos es merecedor de todo un libro, a la manera como se hacían en el pasado para personajes clasificables entre la locura justificada y el valor sin temores. La reprivatización de Rumasa produciría más tarde grandes discusiones públicas y peticiones de comisiones investigadoras en el Parlamento. Pero el socialismo tenía una mayoría absoluta en las Cámaras y aguantaba el temporal sin contemplaciones. En octubre de 1988 la esposa y los hijos de José María Ruiz-Mateos enviaban la siguente carta al presidente de la Audiencia Nacional:

> Los abajo firmantes, esposa e hijos de Don José María Ruiz-Mateos y Jiménez de Tejada, nos dirigimos a V.E. para hacerle llegar nuestra consternación, dolor e indignación, por el trato que desde hace casi seis años, desde el 23 de febrero de 1983, se viene dando a nuestro esposo y padre, respectivamente. No comprendemos que un hombre como él, como José María Ruiz-Mateos, que pagaba un sueldo a más de sesenta y cinco mil empleados fijos y directos, y del que dependían indirectamente empresas con más de trescientos mil puestos de trabajo, sea privado de la noche a la mañana de todos sus bienes por un Decreto-Ley que medio Tribunal Constitucional ha considerado ilegítimo, y que sólo las presiones del Gobierno sobre su presidente, Manuel García-Pelayo, le hicieron cambiar la intención de voto. Desde entonces, nuestro padre ha tenido que estar en el exilio, en la cárcel de Frankfurt, en diversas cárceles españolas, y ha permanecido en prisión más de un año, sin que hasta ahora haya sido juzgado. Nosotros deseamos, como él, que tenga lugar, cuanto antes, un juicio justo, en el que se trate todo el tema de Rumasa, y no aceptaremos una farsa, mediatizada políticamente, cercenada en cuestiones y posibilidades de defensa. La forma en que ha sido conducido a Madrid, esposado y en un furgón a oscuras, desde Tarragona a la cárcel Modelo de Barce-

> lona, de allí a Lérida, después a Zaragoza, más tarde a otra prisión, luego a Carabanchel, y por último a la cárcel de Alcalá Meco, nos ha llenado de indignación. Sepa usted, y sepa la opinión pública, que nosotros estamos orgullosos de nuestro padre, que cuando otros no son capaces de crear ni un solo puesto de trabajo, o venden sus empresas a los extranjeros, José María Ruiz-Mateos compraba empresas españolas y extranjeras y sus empleados cobraban todos los meses, abriendo o adquiriendo cadenas de tiendas en el exterior para la venta de productos españoles. Este es el hombre que, sin juicio desde hace casi seis años, y llevado de cárcel en cárcel en un furgón, mientras el Gobierno malvende todas las empresas del *holding,* despide a treinta mil empleados, practica un escandaloso tráfico de influencias para estas adjudicaciones y el ministro de Economía y Hacienda, señor Solchaga, afirma que mientras que él sea ministro no habrá comisión investigadora, amordazando al propio Parlamento de la nación. ¿Qué pasa? ¿Que está en la cárcel porque aún tiene fuerza de ánimo para no doblegarse y luchar por sus derechos y hasta para reírse de sus perseguidores? ¿Es delito no hundirse moralmente, conservar el buen humor y reírse? o, por el contrario, es la prueba de su gran espíritu, el que levantó Rumasa, la prueba de su inocencia y de su tranquilidad de conciencia, la prueba de que, con las bromas, está perdonando a quienes tanto mal le hacen. Atentamente.

La biografía de los últimos diez años de Ruiz-Mateos ha sido apasionante y entre el drama y, a veces, el desatino. Pero hay que comprenderlo. Rumasa, con sus famosas Torres de Colón en Madrid, había sido su vida, su aventura, su personalidad; y su anecdotario de sucesos era permanente. Un día alcanzaría un escaño en el Parlamento de Europa. Y sigue en sus trece. Nadie sabe hasta cuándo.

En aquellos primeros años del socialismo en el poder, tenía lugar la presión sindical con más fuerza, y la resistencia del empresariado en su confederación. Pero Felipe González había elegido el camino de crear riqueza y no de repartir pobreza. Pero amaba estas dos cosas: el ejercicio de la mayoría en el Parlamento, para hacer lo que le placiera, con mínimas concesiones a los otros grupos parlamentarios, y que sería calificada popularmente esta actitud como «el rodillo». Y el intervencionismo del Estado con objetivos sociales o de vigilancia.

Ciertamente, la libertad económica era constitucional, mediante una economía de mercado, pero el socialismo ponía sus principales emociones en los mecanismos para esa redistribución de la renta. No se podía esperar otra cosa de un socialismo en el poder. La Constitución es una gran esponja, y con ella pueden gobernar liberales, conservadores y socialistas. Exactamente como en Europa. El socialismo ya no puede hacer la revolución del pasado, ni lo quiere. Sabe que la existencia del Estado tiene la posibilidad de ser más intervencionista o de ser menos. Es la interpretación del «interés general», que es un principio constitucional, y cada cual tiene sus interpretaciones. El mecanismo principal para el gasto público vario y la asistencia social es el fiscal. El socialismo lo ha aprovechado. La banca no suspiraba con exceso, porque era comprendida por el socialismo, aunque dentro de un orden establecido, y había banqueros gratos y dudosos, como ocurre siempre. Y también la banca oficial. El empresariado tenía que batirse a la manera de los pueblos cuando tenían que resistir temporales de viento o de agua. Y lo que ocurría, con temor, es que los sindicatos tenían raíces ideológicas socialistas y comunistas, la UGT y Comisiones Obreras, y hasta un día fabricaron en común una plataforma sindical prioritaria para decir al Gobierno y al Parlamento lo que habrían de hacer en política económica y social. Eran un nuevo poder fáctico, cuando ya no existían aquellos de las Fuerzas Armadas y de la Iglesia. En los medios de comunicación, o en la prensa, había un poder fáctico de influencia que era el periódico «El País», que tenía brillantez de construcción, la más alta tirada, y el empresario más relevante de la comunicación, que luego se extendería a la radio y a la televisión, Jesús Polanco. Y más adelante tendría lugar la gran convulsión de estos medios de comunicación. Las cadenas de radio tenían programas de gran audiencia nacional en la información, en las entrevistas y hasta en las tertulias. Aparecieron las televisiones privadas, y las autonómicas, que resultaban la gran novedad de expectación popular y en concurrencia con las públicas o del Estado. Los grandes periódicos nacionales reforzaban con dinero interior y exterior su presencia y su independencia, y subían de crédito y de circulación los periódicos regionales. Todo esto era la gran novedad trascendente del siglo.

Pero siguiendo el orden del tiempo, 1986 sería una fecha múltiple de grandes sucesos: nuestra incorporación plena a la Comunidad Económica Europea, el referéndum organizado por el Gobierno socialista para continuar en la OTAN, y su nuevo triunfo en las elecciones generales. El socialismo había cambiado su vieja actitud respecto a la presencia española en la OTAN. Antes no quería estar, y ahora se disponía a no salir. Felipe González y su acompañamiento veían otra España y otra Europa desde el poder.

Y en cuanto a la estructura democrática estábamos de esta manera: una derecha construida por la alianza de otros personajes y grupos que en su día pertenecieron a la naufragada UCD, pero con una base electoral que no la permitía ser todavía una alternativa al socialismo. El Centro Democrático y Social, el nuevo partido fundado por Adolfo Suárez, tras su descalabro, y que en su fundación lanzaría un manifiesto de literatura política, más que de programación concreta, para una identidad del centrismo. Se mostraba, como los socialistas, partidario de «la libertad, la igualdad y la pluralidad», y decía que creía en las virtualidades de la economía libre de mercado, «pero entendemos también que el sistema de mercado requiere unos correctivos, y la existencia de un sector público que sirva, por un lado, para garantizar la autonomía económica de la nación y, por otro, para conseguir un reparto más equitativo de la renta, la riqueza y el poder social, de modo que el bienestar y el beneficio se extiendan a la sociedad en su conjunto». Así es que este partido se acercaba más al nuevo socialismo de Felipe González, que a la historia, a la terminología y a los conceptos de la derecha en conjunción, que tenía como líder a Manuel Fraga.

El Partido Comunista había tenido su gran crisis y Santiago Carrillo había sido sustituido por Gerardo Iglesias, un joven minero asturiano. La representación parlamentaria era mínima. Era toda una anticipación a la agonía y crisis del comunismo en la Unión Soviética. La crisis del Partido Comunista de España proseguiría en los años siguientes. Más tarde Gerardo Iglesias cedería el liderazgo a Julio Anguita, un comunista originalísimo de la nueva generación, y el Partido Comunista testimonial o residual sobrevivía detrás de las cortinas. Se fundaría más adelante una coalición de partidos de la izquieda —también con el PCE— llamado Izquierda Unida. Pero este es un asunto que merece un tratamiento más adelante.

Cuatro personajes habían sido los protagonistas de los primeros tiempos de la restauración democrática: Adolfo Suárez, Felipe González, Santiago Carrillo y Manuel Fraga. Suárez y Carrillo habían perdido la relevancia de los comienzos, y ahora estaban en el páramo o en el desierto, y poco tiempo después Manuel Fraga se marcharía también de su partido y se refugiaría en Europa como eurodiputado, y más tarde alcanzaría la presidencia en su región natal, Galicia. Era el regreso de lo nacional a lo regional. El gran superviviente en la influencia y en el poder era Felipe González. Todo esto había ocurrido demasiado pronto, o vertiginosamente.

La positiva relación con Europa, y cierta tranquilidad interior a los efectos económicos y sociales, subían el crecimiento de la economía y se reducía un poco el paro. El final de la transición era ya una realidad desde el mismo reinado de don Juan Carlos I con los socialistas, y con la disposición de éstos para el servicio, a su manera, de la Constitución de 1978. Estaban en circulación las libertades y ya no existían los dogmas. Vivíamos en formas diver-

El Partido Comunista había tenido su gran crisis y Santiago Carrillo había sido sustituido por Gerardo Iglesias, un joven minero asturiano.

Gerardo Iglesias cedería el liderazgo a Julio Anguita, un comunista originalísimo de la nueva generación, y el Partido Comunista testimonial o residual sobrevivía detrás de las cortinas.

Manuel Fraga se marcharía también de su partido y se refugiaría en Europa como eurodiputado, y más tarde alcanzaría la presidencia en su región natal, Galicia. Era el regreso de lo nacional a lo regional.

sas de realismo o de pragmatismo. El socialismo tenía ya las características de ser una clase instalada y tenía a sus gentes, o a sus agradecidos y solidarios, en la Administración Central, en la mayor parte de las Comunidades Autónomas, y hasta con gentes adictas, o no intranquilizantes, en el mundo financiero. Entonces, y ya en los finales de la década de los 80, el famoso José Luis de Vilallonga publicaba un famoso y colosal artículo que merece su alojamiento en la Historia, y que voy a reproducir. José Luis de Vilallonga fue siempre próximo a los socialistas, pero escribía esto que llamaría «Metamorfosis»:

> Querida mía: ¿te acuerdas de aquello tan terrible que dijo Winston Churchill a propósito de Clement Atlee, el jefe del Partido Laborista británico?: «Un taxi vacío se detiene delante del número 10 de Downing Street, y de él se apea Mr. Atlee.» De alguno de nuestros políticos —estoy pensando en algún que otro ministro del actual Gobierno y en varios subsecretarios y directores generales— se podría decir lo mismo. Salvando una diferencia. Ellos no viajan en taxi. Viajan en coches carísimos —a 2 millones de pesetas el blindaje— y precedidos por una escolta de motos aullantes.
>
> Es posible que el poder no corrompa totalmente, pero ayuda mucho a salirse de madre. Estos chicos —por los que he votado ya dos veces, y por los que votaré una tercera— me producen ternura, y, como tú bien sabes, la ternura es la sonrisa del corazón. ¡Qué deprisa han cambiado estos chicos! De modesto origen casi todos ellos, han descubierto rondando ya los 40 —mala edad para hacer descubrimientos—, un mundo insospechado al que nunca imaginaron tener un día acceso. El mundo del poder, del dinero y del lujo. Cosas todas ellas sumamente peligrosas cuando no se tiene la cabeza sólidamente afincada sobre los hombros. Peligroso el poder, porque reseca por dentro a quien lo ejerce. Peligroso el dinero, porque como dijo Montaigne, sólo es estimable si se lo desprecia. Peligroso el lujo, porque desde que el mundo es mundo siempre ha sido la causa de todas las decadencias. Faltos de esta información, muchos de estos chicos han caído en la trampa. Se han pasado alegremente de la pana a la gabardina cara, y del Chinchón al Cava. Con el poder y el dinero, llegaron las mujeres. Otras mujeres. Mujeres sólo intuidas durante las noches de insomnio. Elegantes, frívolas, vanas. Deslumbrados, algunos de estos chicos —de verdad que me enternecen— han abandonado a sus santas por otras que lo son menos. Algunos han perdido en el cambio. La de antes era mejor, más sólida, e incluso, a veces, más guapa. Pero de eso sólo se enterarán cuando pierdan el cargo.
>
> Al cambiar de mujer cambian de tasca, de pasta dentrífica y, naturalmente, de piso. En los pisos nuevos de estos chicos

—mucho más caros que los anteriores— está prohibido colgar el retrato de Pablo Iglesias en la pared del comedor. Qué horterada. Lo primero que pretende la nueva compañera del neófito es esquilarle el pelo de la dehesa al entrañable patancillo que entra y sale de los ministerios como Pedro por su casa. Y el patancillo aprende, aprende muy deprisa. Empieza incluso a decir cosas extrañas: «Al Nico Sartorius, aunque sea comunista, se le nota que es un señor.»

También le enseñan a distinguir las marcas. Zapatos de Gucci con la banderita rojiverde, corbatas de Dior con áncoras y espuelas, trajes ceñidos en el talle de Pierre Cardin de esos que hacen que a veces lo confundan con un maricón de playa. Con ese atuendo almuerza en Fortuny, merienda en Embassy y cena en Zalacaín, rodeado de banqueros y de antiguos gobernadores civiles. Sólo fuma Cohibas —esos puros que se apagan solos—, y cuando llega la hora de pagar, tira, rumboso, encima de la factura, su idolatrada Visa Oro. Los maitres —esas gentes que han hecho del snobismo un arte de vida— sonríen compasivos. Salta a la vista que esos chicos, más que unos nuevos ricos, son unos antiguos pobres poco dispuestos a serlo de nuevo.

Les cuesta confesarlo, pero a estos chicos cada vez más civilizados —son pocos los que se dejan ya barba— les pirran los títulos. Los hay que se mueren por codearse, aunque sea de cuando en cuando, con la gente guapa (¿?) de la jet. El «Hola» es desde hace tiempo un evangelio que consultan semanalmente sentados en el retrete. ¡Qué señoras, qué joyas, qué casa, qué coches! Lucubran estrategias, analizan posibles batallas. Si Boyer lo ha conseguido, ¿por qué yo no? Lo que diga Alfonso Guerra les empieza a importar cada vez menos. Las alpargatas y el botijo del abuelo son desagradables recuerdos que es de un pésimo gusto sacar a relucir. Además, al Guerra, cuando se trata de hacer florecer el rosal de una señorita bien de Sevilla, tampoco parece importarle mucho el posible contagio.

Los hay —no muchos, pero los hay— que han visto premiada su tenacidad y que a fuerza de sonrisas y de favores han conseguido ya —o por lo menos eso pretenden— tomar el té de las ocho en el Palacio de Liria con el lord consorte de España y con su lady. Pero ¿cómo explicarles que eso está al alcance de cualquier cura párroco que hable alemán cuando pasa por Madrid?

Llegado el verano, y en Marbella, las cosas son más fáciles y las gentes más asequibles. Hay Gunillas a la vuelta de cada esquina y Lapiques hasta en la sopa. Los nietos de los terribles jabalíes que tanto desasosiego causaron durante la República retozan felices en patios y piscinas saludando a doña Olivia Valere, a don Jaime de Mora y a cualquier duquesa que se ponga por delante, por más impresentable que sea. Los invitan a cócteles, a bailes, a cenas. Sonríen ladinamente cuando algún re-

> torcido les llama socialdemócratas. Se acuestan aquí y acullá con nórdicas evanescentes que dicen ser primas lejanas de Olof Palme. A veces también lo hacen con alguna indígena facha de esas que rezaban el rosario para que ganara Milans y Tejero. Pero ¿y qué? También Marx tuvo sus escarceos con una baronesa. Y hasta se casó con ella.
>
> Es verdad que son encantadores. Ingenuos y encantadores. ¡Pero qué dura será la caída! Pobrecitos. Si supieran cómo se ríen a sus espaldas las viejas momias heráldicas que inventaron la educación, ya que no los buenos modales. «¿Has visto, titín? ¡Llevan camisas a rayas con un traje a cuadros! ¡Salen de noche con zapatos de ante como el pobre Thyssen! ¡Se les paraliza en el aire el dedo meñique cuando cogen un vaso! ¡Hablan todos como Suárez, sin pronunciar las equis! ¡Tasi, esito, el Ris! ¡Y pretenden tratarse con nosotros!»

El retrato es cruel. Pero así es el espíritu satírico clásico de escritores y periodistas del XIX y del XX. En José Luis de Vilallonga se advierte la desilusión hacia aquellos que conocería, y animaría en sus comienzos, porque representaban su antifranquismo predilecto, y la mejor noticia de una generación nueva, sin las complicidades antiguas de una buena parte del centrismo y de la derecha.

Descubrimiento y amor por lo europeo

A partir del ingreso de España en las organizaciones europeas, tanto económicas como de defensa o seguridad, y con plena aclimatación del socialismo español en el Gobierno, aparece una actividad y un protagonismo crecientes de Felipe González y de sus colaboradores en «lo europeo». Ya tiene Felipe González dos frentes en cuanto a sus preocupaciones y a su actividad: la interior y la exterior. En la interior aparece tranquilo, porque su mayoría en el Parlamento es absoluta, y tampoco tiene ninguna preocupación respecto a la unidad de su partido. Sus compañeros de todo el país saben que esta victoria reiterada y permanente del Partido Socialista en las urnas se debe en una buena parte a la personalidad atractiva de su líder. En España tiene siempre una alta cotización la figura del liderazgo. Es tradicional. Pero en el caso de Felipe González su atractivo consistía, en esa década de los 80, en su fácil comunicación con las masas de la izquierda, con un lenguaje popular, al tiempo que no provocaba alarma en sectores de una clase media o profesional que se distanciaban de la derecha. Felipe González había encontrado un nuevo ministro de Asuntos Exteriores, Francisco Fernández Ordóñez, construido para la conversación, el diálogo, la reflexión sin dramatismo, y con altos niveles de flexibilidad y elasticidad. Venía a ser como un diplomático excelente construido por sí mismo, en la vida social y política de nuestro país, y que después en el mundo internacional alcanzaría cotas altas de eficacia. La política exterior, tras la ruptura del aislamiento, y con el protagonismo español exigible, tenía estos dos hombres hermanados e integrados y con la atmósfera común de realismo. Los cuatro países europeos que estaban delante de nosotros —Francia, Inglaterra, Alemania e Italia— solamente tenían una gobernabilidad socialista: este era el caso de Francia. Los demás estaban en manos de la derecha. Felipe González no tenía barreras o fronteras en cuanto a las ideas, sino que el tratamiento era de país a país, o en su conjunto, y ya dentro de un proyecto de unidad económica, monetaria, política y de seguridad. El amigo de esta Europa, y el socio o colaborador en tantas cosas, eran los Estados Unidos de América. Allí el socialismo a la europea estaba en otro lugar del universo o de la atmósfera. Felipe González tampoco producía alarma en ninguna parte. Tuvo la dificultad en la recepción de Ronald Reagan, pero mediante manifestantes de la izquierda más radical. Felipe González atendería al presidente norteamericano con su cordialidad acostumbrada. Exactamente fue buen receptor de la que era entonces presidenta de Inglaterra Margaret Thatcher, y ya no era solamente la cortesía de la diplomacia obligada, sino el buen entendimiento y el agrado. Felipe González estaba embarcado en Europa con gran interés cuando tuvo lugar en Madrid la reunión de presidentes. Solamente Felipe González quería señalar la conveniencia de una carta social para hacer los equilibrios correspondientes en orden a la libertad económica y a la economía de mercado. Aquella se enviaba a la atmósfera, pero Felipe González se había hecho un gran sitio en Europa.

En 1988 tuvo una intervención en Bruselas y en «Les grandes conférences catholiques». Era ya otro Felipe González el que teníamos delante, aunque siempre por su servicio al realismo. Estos párrafos de su conferencia configuran claramente al nuevo líder socialista de la España contemporánea:

> España se democratiza internamente, moderniza su economía y su sistema de relaciones industriales, se abre al mundo integrándose en las instituciones europeas, políticas, económicas y de seguridad, tanto en su dimensión europea como atlántica. España recupera su lugar como nación europea y occidental, asumiendo que a las transformaciones internas —condición necesaria— debe añadir una condición suficiente, participar en la construcción de una Europa unida, política, social y eco-

nómicamente, y desde el punto de vista de la paz y de la seguridad.

Se me atribuye a menudo la condición de pragmático. No voy a rebatirlo ni a defenderlo. Desde luego, soy partidario de dar en cada momento el paso adecuado; pero, lo que es más importante, hay que darlo en la dirección adecuada, hay que saber hacia dónde caminamos y hay que hacerlo en tiempo útil. De lo contrario, corremos el riesgo de movernos en círculo, permanentemente desorientados, o de perder la oportunidad que se nos brinda en términos históricos. Y para todo esto es inicial la voluntad política, porque desaparece cualquier supuesta contradicción entre el interés nacional y el interés comunitario. Otra cosa también es el realismo. Debemos estar seguros de que no damos pasos en falso, de que sabemos en todo momento cuáles son las posibilidades de alcanzar los objetivos, porque para deshacer un error hace falta mucho más tiempo del que empleamos para cometerlo. El profesor Duverger cuenta una anécdota ilustrativa que da título a uno de sus libros. Nos señala cómo en la época estalinista, el Partido Comunista Húngaro decidió iniciar una plantación de naranjos a gran escala a orillas del lago Balaton. El ingeniero agrónomo responsable señaló que aunque el clima parece más benigno, en realidad, el invierno es muy riguroso, con heladas continuas. No le hicieron caso, se sembraron los árboles y, como era de esperar, se heló toda la cosecha de naranjas. El ingeniero agrónomo fue, sin embargo, sancionado, porque el Partido no podía equivocarse.

Aquí tenemos a este Felipe González que nada tenía que ver con aquel personaje joven que accedería, con la ilusión del idealismo demagógico, a la Secretaría General del Partido en 1974 y en Suresnes, en los arrabales de París. Habían pasado por él los últimos años de la clandestinidad, un quinquenio en la oposición —ya en la democracia— y los acontecimientos del mundo desde su privilegiada información en el Estado, con varias legislaturas en el poder. Pero todavía su nuevo perfil era este, respeto a la siguiente pregunta: ¿Qué quiere decir Unión Económica?:

Desarrollo, hasta sus últimas consecuencias, del mercado interior más allá de 1992. Ello implica la libertad de circulación de bienes y servicios industriales y agrícolas sin restricciones; así como la armonización de la fiscalidad europea para que no falseen las normas de la libre competencia, ni se hagan inútiles las otras liberalizaciones. Desarrollo armónico del conjunto de las economías nacionales, de manera que la cohesión económica y social sea no sólo una filosofía que impregne el conjunto de las políticas comunitarias, sino también una realidad tangi-

Felipe González había encontrado un nuevo ministro de Asuntos Exteriores, Francisco Fernández Ordóñez, construido para la conversación, el diálogo, la reflexión sin dramatismo, y con altos niveles de flexibilidad y elasticidad.

Se reunificaban las dos Alemanias aparecidas después de la guerra —la democrática y la comunista— y el pueblo derribaba el famoso Muro de Berlín.

Mario Conde, la gran revelación del mundo económico español, en la Banca y en la industria.

ble que conlleve la convergencia de las políticas económicas de los Estados miembros.

Es verdad también que no excluía el desarrollo de un espacio social y la participación de los interlocutores sociales, pero dentro de una atmósfera de convivencia y de estimulación a la creación de riqueza que cambiaría los niveles de renta y de trabajo. Pero este Felipe González de Bruselas tenía después el suceso en Madrid de la confrontación de los dos poderosos sindicatos, quienes declararían una huelga general con éxito en diciembre de 1988, y que desmoralizaron bastante al líder socialista. Pero no abandonaba el realismo. También es verdad que un empresariado moderno que actualmente tiene España, y fácil a la negociación con el Gobierno y los sindicatos, tenía también sus quejas, porque el socialismo, como un fenómeno natural, ejercía dos acciones: un intervencionismo del Estado en casi todo, y el gran descubrimiento de lo fiscal para sostener la obligada asistencia social en un Gobierno socialista. Ocurría, sin embargo, que los estímulos para la inversión y para el ahorro eran insuficientes a los efectos de creación de la riqueza y de la competitividad exterior. Teníamos un socialismo en el poder, obligado a aceptar los mandamientos constitucionales de la libertad, pero tenía la sensibilidad social de la vieja doctrina que creaba situaciones difíciles. Se agravaba lo social, por la presión de los sindicatos, y no había suficientes esperanzas en lo económico para aguantar la Europa económica del Acta Única. Los sindicatos conservaban, en una buena parte las viejas esencias del sindicalismo de clase del primer tercio de este siglo, y el Gobierno socialista estaba obligado a hacer reconversiones industriales por los avances del tiempo que no se detiene, al tiempo que se probaba claramente que la empresa pública solamente puede existir si es necesaria, y no con pérdidas en orden a la solidaridad y obligaciones con Europa, y la productividad y los resultados están mejor garantizados con la empresa privada.

En estos finales de siglo se producía el fenómeno de una integración obligada entre socialismo democrático y capitalismo. Eran dos fuerzas en guerra, que desde Marx, y más atrás, se tiraban a matar, y ahora estaban obligadas a convivir en armonía y, en ocasiones, hasta con placer. Era el gran suceso universal de los finales del siglo XX.

Pero es que, paralelamente a todo esto, tenía lugar en esa célebre o famosa década de los 80 el cambio espectacular en la Unión Soviética. Un hombre de la segunda generación del comunismo de Lenin, y fabricado en las organizaciones del partido y del Estado, Mijail Gorbachov, había iniciado con un grupo de compañeros la reforma de algo, que el tiempo había congelado, pero que resultaba un fracaso en orden a los tiempos nuevos: la estatalización y la socialización de todo, y además, la rectoría de un solo partido, y quince repúblicas de grandes variedades étnicas e históricas, centralizadas por un gran poder estructural. Todo ello era un sistema sin evolución y en decadencia rápida. Un régimen totalitario y sin libertades. Aquel personaje establecería la famosa Perestroika, y después la transparencia, para los comportamientos políticos. Su horizonte era el de un socialismo democrático que exigía un proceso lento y pacífico. Pero lo que podíamos llamar «clase dirigente» se dividía en conservadores de lo antiguo y en impacientes. Los conservadores llegaron a dar un golpe de estado en agosto de 1991. Los impacientes aparecen en un tráfico de tensiones de todas clases y que también han afectado a las quince repúblicas, con sus nacionalismos clásicos y sus etnias. Y por último la desmembración. La URSS había muerto. Setenta años de un régimen, con organizaciones económicas, sociales, culturales, políticas, militares y hasta científicas, necesitaban un proceso de más de una década para su transformación. A Mijail Gorbachov no le dejaron ir tan lejos, y empezaría en 1991 la convulsión general. Aquella gran potencia llamada la Unión Soviética se desmembraba en otra cosa, en una Comunidad de Estados Independientes, y ya no con las 15 repúblicas. Y en ese preocupante proceso sigue, con la expectación sorprendente del mundo occidental. Y ya sin Gorbachov.

Pero esto no había sido solamente la gran revolución de estos años, sino el propio Mijail Gorbachov había levantado el secuestro de los países de la Europa del Este, y que se habían entregado por europeos y norteamericanos a los soviéticos, con los acuerdos de Yalta y de Potsdam, después de la segunda guerra mundial. Estos pueblos promoverían sus propias acciones de libertad, y ahora están en sí mismos. Y el asunto no se paraba en la Europa del Este, sino que se reunificaban las dos Alemanias aparecidas después de la guerra —la democrática y la comunista— y el pueblo derribaba el famoso Muro de Berlín. Anteriormente a todo esto, Gorbachov primero con Reagan y luego con Buhs, habían acabado con la «guerra fría», y ese gran riesgo de una guerra nuclear. Todo esto era un huracán, o un volcán, de las libertades, que acababan con el comunismo como sistema político totalitario, y obligaba al socialismo europeo a ser todavía más abierto en orden a todas las libertades.

El socialismo español de Felipe González se acompañaba con prodigio a una Europa de liberalismo fervoroso y de socialismo comedido. En lo político, el pluralismo democrático y el protagonismo de la sociedad, con un Estado necesario y sin el protagonismo de los viejos dogmas sociales. En lo económico, la economía de mercado, en la competitividad, y con un solidaridad convenida y programada en acciones y exigencias. En la defensa y seguridad, un mayor protagonismo europeo, pero todavía con el socio norteamericano. Y la unidad política como proyecto pero todavía sin mencionar el federalismo. El protagonismo tiene estos tres países: la nueva Alemania Unida, Inglaterra y Francia. Felipe González suspira por la cohesión económico-social, como dos mundos reunidos, y pastorea a la manera de los obispos. Pero todavía es pronto.

Por todo esto, cuando han estallado los graves problemas de la crisis del carbón y del acero, y en sus consecuencias industriales, en nuestras regiones clásicas del Norte de España, en Asturias, en Cantabria y en el País Vasco; la reindustrialización técnica en la modernidad es una exigencia, pero en su tiempo, pero no mágicamente; y además ya estamos en las exigencias de los compromisos europeos. El socialismo en el poder ya no es, en exclusividad, una reivindicación social, sino una exigencia de soluciones económicas que proporcionen eso que se viene llamando el Estado de bienestar.

El empresariado español, acompañado por el europeo, le pedía en una famosa conferencia celebrada en Madrid, y en los comienzos del año 1992, todo esto, y allí estaban delante, como invitados y conferenciantes, varios ministros socialistas. En las medidas económicas todo esto: privatización de empresas públicas; impedir el aumento de la presión fiscal; potenciar el ahorro; menor progresividad del IRPF; aumento de la inversión pública para mejorar infraestructuras; y reducción del déficit público. En cuanto a medidas socio-laborales, éstas eran las propuestas: mantenimiento de la contratación temporal; suprimir el salario mínimo interprofesional; reducir las cuotas a la Seguridad Social; mejora del INEM; revisiones salariales ajustadas a la inflación; y control en el cobro de subsidios. La gran acusación del empresariado era la del abuso fiscal, la de la falta de estímulos a la inversión, una política de competitividad frente al mercado único que llega en 1993 y una baja del intervencionismo del Estado. El deseo era la homogeneización con Europa en lo económico y en lo social. Ahora el socialismo y el Gobierno de Felipe González tienen esta obligación en el camino hacia ese proyecto de una Europa unida en lo económico, en lo monetario, en la seguridad y en la política. La iniciación de este camino, pero ya avanzado, tendría lugar recientemente en la ciudad holandesa de Maastricht.

Un ministro socialista español, Carlos Solchaga, decía un día que primero era la libertad y luego el socialismo. Naturalmente, el socialismo, que tiene en España una tradición de más de cien años, conserva las esencias y se resiste a los excesos de las libertades. Quiere mostrar su imagen social y no aparecer uncido a la economía liberal. Pero esa es la polémica de la discusión en estos momentos entre la modernidad y la nostalgia, entre el realismo y las utopías. España tiene una larga historia en el mundo de las ideas, y hasta tuvo una guerra civil de casi tres años de duración, con un millón de muertos. Por España ha circulado el conservadurismo, el liberalismo, el socialismo, el comunismo y el anarquismo, con éxtasis dialécticos y de violencia. Y también pasaría por España, como por Europa, el fascismo. Ahora mismo todo está pasando por el gran espectáculo silencioso, pero visible, de las transformaciones. El origen del nacimiento del socialismo fue la lucha de clases y contra el capitalismo. Esta fue siempre la razón histórica de su existencia. Y ya en las democracias de este siglo, y con un socialismo democrático, se trata de limitar los excesos del capitalismo y el descubrimiento del Estado fuerte para un intervencionismo de varios frentes: en lo económico para crear riqueza; en lo social para repartirla; y en lo cultural para la creación de una nueva conciencia de igualdad. Así es el socialismo de estos finales de siglo.

En estos momentos el capitalismo y el socialismo aparecen acostados en la misma cama, pero sin erotismo. En la alcoba de la convivencia, y con un servicio común para los desagües. Mario Conde, la gran revelación del mundo económico español, en la banca y en la industria, decía esto delante del papa Juan Pablo II en Roma: «La economía de mercado ha demostrado ser el sistema económico que mejor garantiza el progreso técnico. El Estado encuentra su justificación en el plano moral de la distribución de los bienes a los ciudadanos, pero la experiencia nos demuestra que como garante de la mejor distribución, es caro e ineficaz. Aún hay algo más grave: el Estado ha acabado por imponerse a los individuos, configurándose como una estructura de poder. No se trata, obviamente, de destruir el Estado, ni de cuestionar su existencia. Se trata de avanzar en caminos más efectivos hacia la justicia y la libertad.»

Este es el gran reto del socialismo moderno. Su libertad, su igualdad y su solidaridad, no pueden hacerse sin el capitalismo. Se trata de una relación de conveniencia para hacer juntos la nueva sociedad de niveles de vida más altos.

Frente al socialismo español de estas obligaciones, aparece la derecha varia que en nuestro país fueron siempre vergeles aislados. La herencia del régimen franquista fue muy débil en sus personajes, y en su reacción y, sin embargo, aparecerían los que aspiraban a un centrismo que pudiera alejarles de una izquierda y de una derecha radicales. Aquello fue el fenómeno de Suárez y el de Fraga. Pero como eran varios —liberales, conservadores, socialdemócratas, democristianos, reformistas y otras especies sin identidad o sin color— tardaron mucho tiempo en agruparse, y en virtud de sus desesperanzas. Su diversidad, en cuanto a Suárez, les produciría la primera derrota tras un quinquenio de poder, y tras haber sido los verdaderos restauradores de la democracia. Luego andarían sueltos, aunque relacionados, pero sin un acompañamiento electoral suficiente, y con un atractivo reducido a ser los antagonistas de la izquierda. Fraga iba por otros caminos. Por fin un día decidieron la integración de una mayor parte, y así aparecen ahora mismo con la esperanza de ser una alternativa más vigorosa al socialismo en el poder. Sus líderes anteriores, en las diversas identidades, fueron Manuel Fraga, Óscar Alzaga, Javier Rupérez, José Antonio Segurado, Antonio Hernández Mancha y ahora en la integración de todos ellos, José María Aznar. Pero todo esto merece otro capítulo, y con las realidades en el escenario, y sin ningún interés, por mi parte, de andar por los camerinos. No me he educado en la intimidad inaceptable de la Historia, sino en la aparición de los sucesos, y de los personajes, a la manera como se hacían nobles los desnudos de Goya, de Velázquez, de Tintoretto, de Rubens o de Perellón. Es mejor el cronista de lo que pasa hacia el exterior, que el alcahuete revelador de lo que únicamente le gusta, que es lo íntimo.

En 1992, y cuando España es protagonista en la celebración del V Centenario del Descubrimiento de América y de los Juegos Olímpicos, en Sevilla y en Barcelona, el socialismo, con diez años en el poder, tiene brisas y no vendavales en su partido, en relación con las ideas, con sus comportamientos en el poder, y con su futuro. Su oposición, en la democracia, tiene las fuerzas de la derecha y de la izquierda, no es complacedor de las dos. Es impuro para la izquierda, o «derechizado»; y es insatisfactorio para la derecha, con grandes acusaciones básicas en orden a la gobernabilidad del país. El arraigo del socialismo es fuerte, y las grandes «bisagras» para quienes se acerquen a las mayorías absolutas en el Parlamento son Cataluña y el País Vasco.

El socialismo tiene ya la conciencia del Estado y del poder en la democracia, y entonces realiza grandes ejercicios para mantenerse como primera fuerza política, y digiere la asistencia de otros, cualquiera que sea su origen. Sus asistencias parlamentarias últimas proceden de los nacionalismos catalán y vasco, que son partidos de derecha moderna, sencillamente porque los nacionalismos están exclusivamente, a lo propio, y todo aquello que les falta —dinero y competencias de Gobierno— están en el poder central. Madrid, o el Palacio de la Moncloa, es igual, cualquiera que sea su dueño. El socialismo de Felipe González ha concentrado la izquierda moderada y democrática que se corresponde con estos finales de siglo. La muerte de las ideologías clásicas para la confrontación violenta o dura han fabricado otro país y otra sociedad. Los milagros han sido el progreso social, las libertades y una Europa asociada. El socialismo español, tras un exilio largo, y en una democracia joven, ha elegido el camino verdadero, pero todavía tiene las lógicas peripecias de la ruta con esa dificultad de acomodar «sus esencias» con el realismo. Cuando los objetivos sociales, y no los de las utopías, tienen que alcanzarse, inevitablemente, con la libertad económica, entonces, y a la manera del poeta Antonio Machado «se hace camino al andar». Liberalismo económico y socialismo ya van del brazo, y condicionándose, para llegar al mismo sitio.

Protagonismo de los nacionalistas vascos y catalanes

Tenían la vieja denominación de «comunidades históricas» el País Vasco y Cataluña, y así llegaron en la restauración democrática de 1977. España es un país construido, desde hace 500 años, por comunidades que eran históricas en virtud de su existencia y su protagonismo en la Edad Antigua y en la Media. Nos integraba la geografía, y luego estaba la pluralidad. Lo que sucedería después es que unos pueblos o regiones se diferenciaban de otros por su inclinación a lo propio, y en la búsqueda de liberaciones o de privilegios. Los reinados eran diferentes en los comportamientos de poder. España, por todo ello no es otra cosa que una integración de comunidades históricas. Los vascos y los catalanes, mediante sucesos de sí mismos, tendrían grupos de acción propia, y personajes singulares que fabricaron la idea de un nacionalismo con sus originalidades propias y su lengua. El vascuence, el catalán o el gallego no habían muerto. Por fin alcanzaron en la República de 1931 unos Estatutos de Autonomía y luego —vascos y catalanes— estarían en sus grupos de la clandestinidad durante el régimen de Franco, o en el exilio exterior, porque durante la guerra civil estuvieron al lado de la España republicana o roja, y serían también derrotados.

Su regreso en 1977, con la restauración democrática, fue triunfal. Pidieron cotas altas de situación y de gobernabilidad para sí mismos, desde su tradición nacionalista, y ya había aparecido en la dictadura el nacionalismo más radical en las ideas —en la izquierda dura— y que era ETA, que ejercía el terrorismo o la violencia como un ejército de liberación y llevaba adelante sus acciones desde 1959. Su operación histórica espectacular fue la del asesinato del presidente del Gobierno, en los últimos años del general Franco, almirante Carrero Blanco, y que abriría el período más débil de aquel régimen, porque el almirante era la expresión más pura y más clásica del franquismo, en el proyecto y en la acción. El rey Juan Carlos era el sucesor en la Jefatura del Estado, a título de rey, pero el almirante Carrero tenía las credenciales de la sucesión del poder. ETA hizo esta operación, y hay que decir, históricamente, que abrió rápidamente los caminos al cambio, porque con Carrero en el poder, y tras la muerte de Franco, el rey habría tenido más dificultades para la restauración democrática. El almirante estaba en la acción política y militar. Habría sido la resistencia y la defensa activa de lo que se había construido en más de treinta años.

El caso es que fue tan fuerte aquella realidad restauradora de lo vasco y de lo catalán, que aquella UCD en el poder, y con la presidencia de Adolfo Suárez, tendría la ocurrencia de generalizar eso de las «Comunidades», y se fabricaría un nuevo Estado: el de las Autonomías. Era una manera de repartir el privilegio histórico de protagonismo político y administrativo a todo el país. Un reverdecimiento de la vieja Historia congregaba un protagonismo político, y en solidaridad, con esta trilogía: Estado, Comunidades Autónomas y Ayuntamientos. España pasaba a ser 17 Comunidades Autónomas, y después se incluiría en la Constitución la diferencia de «nacionalidades y regiones», pero sin clasificarlas. Era un otorgamiento de oferta, sin más. Los nacionalismos solamente existían con evidencia en el País Vasco y en Cataluña, y algunos aires de lo mismo, pero solamente aires —sin relevancia— en Galicia y en Andalucía. Era como un espíritu federal sin formas de federalismo. Un poco de su espíritu.

El nacionalismo vasco

El nacionalismo vasco tiene cuatro formaciones políticas en la legalidad, y luego el violento de ETA, con el ejercicio del terrorismo. Estos cuatro nacionalismos son el PNV, Eusko Alkartasuna, Euskadiko Eskerra y Herri Batasuna. El PNV es quien tiene más fuerza electoral, y su gran protagonista actual —como he dicho— es Xavier Arzallus. En los finales de 1990 Xavier Arzallus pronunciaba una conferencia en la famosa Universidad de Deusto sobre Manuel de Larramendi, filósofo y teólogo del siglo XVIII, y fue una delicia de utopía y de realismo mezclados. Xavier Arzallus reproducía este pensamiento de Larramendi:

> ¿Qué razón hay para que la nación vascongada, la primitiva pobladora de España... esta nación privilegiada y del más noble origen, no sea nación aparte de sí, nación exenta e independiente de las demás? Las lenguas muertas, latín, griego, hebreo, arábigo y otras tuvieron cada una su nación aparte y gobernada por sí, sin dependencia de otras vecinas o distantes. Las lenguas vivas tienen hoy la misma independencia y exención, como la

francesa, española y demás. Pues ¿por qué el bascuence, lengua tan viva y de más vida que otra ninguna, no ha de ver a todos sus bascongados juntos y unidos en una sola nación libre y exenta de otra lengua o nación? ¿Por qué tres provincias en España (y no hablo ya del Reino de Navarra) han de estar dependientes de Castilla: Guipúzcoa, Alaba y Bizkay; y otras tres dependientes de Francia: Labort, Zuberoa y Baja Navarra. El abandono injusto de Castilla nos ha puesto en estado de mirar por nuestra subsistencia y libertad; ni parecerá extraño que nos valgamos de ella para dar un gran pesar a Castilla y otro a Francia, en desquite de los daños que nos han causado.

Arzallus dice que Larramendi sacude luego su poderosa cabeza y baja a la realidad con estas dos cosas:

> En la situación presente y en el tiempo que se halla Europa... no es deseable que Guipúzcoa se mantenga en forma de república soberana e independiente. No porque en sí misma tenga esta especie alguna repugnancia, sino por la ambición, pasiones e intereses de los reyes y reinos, nuestros vecinos... Sin duda esta idea es magnífica y gloriosa; pero si tal república no es todavía más que soñada, necesita mucho tiempo para ser fundada en realidad. Y si el francés por un lado, y el español, por otro, declaranse mutuamente la guerra, no nos deja tiempo para nada y menos para dirigir fantasmas de una imaginación delirante. Todo pudiera ser así si Castilla nos dejara en paz, si Francia nos diera tiempo. Dejemos, pues, para tiempos más holgados ideas tan bellas y pensamientos tan elevados y generosos y arrimémonos a algunos de los lados. ¡A Castilla, guipuzcoanos, a Castilla! En 566 años está muy arraigado nuestro amor, trato y correspondencia con Castilla.

Xavier Arzallus cerraba su conferencia en Deusto con este párrafo:

> Lo cierto es que en el secular pleito del pueblo vasco con su identidad política, Larramendi ha surgido como un testigo documental de enorme importancia e ignorado hasta hoy.

Xavier Arzallus asume la realidad española a la manera de Larramendi, pero de forma más avanzada y ya sin Castilla en el horizonte, sino la España de los grandes compromisos con Europa, y las reciprocidades de Europa con España. Conserva su nacionalismo, pero con formidables posiciones de acomodación y de flexibilidad. Está más cerca del espíritu de Larramendi que de ese otro gran protagonista que fue Sabino Arana. En Vitoria decía otra vez todo esto:

> Hoy nadie espera una gran guerra, pero todos miran con preocupación lo que consideran una potencia desestabilizadora de primer orden. Los Estados y las ideologías miran con suspicacia a los nacionalismos. Cuando no son sino el resultado de los intereses de los imperios decimonónicos o de los propios Estados menores que englobaron, intercambiaron, trasladaron u oprimieron a realidades étnicas, culturales, lingüísticas o religiosas íntimas y profundas, haciendo tabla rasa de su personalidad y de su deseo de vida propia y en común. Se trata de la principal asignatura del panorama político europeo, por no hablar de otros continentes. Y del mismo modo que nos tocó aguantar durante cuarenta años el régimen de Franco, porque nuestros presuntos amigos, los aliados de la segunda guerra mundial, consideraron como prioridad absoluta la no desestabilización del ámbito europeo occidental en los tiempos de la «guerra fría», tampoco ahora se mueve ningún Estado, ni España, ni Inglaterra, ni América, ni siquiera Suecia, a reconocer el estado Lituano, absorbido por la Unión Soviética en virtud del pacto Hitler-Stalin. El derecho de autodeterminación sólo vale, en la praxis política, cuando interesa a tal o cual Estado. Se habla de una nueva arquitectura europea. Pero luego todos consideran a las nacionalidades como meros materiales de construcción de grandes edificios. Y con tal de que no se resquebraje la Perestroika de Gorbachov, con el consiguiente peligro desestabilizador del equilibrio europeo. Están dispuestos a que los bálticos, ucranianos, moldavos, armenios o georgianos sirvan de meros cimientos de la gran casa imperial, independientemente de su íntima voluntad de construir casa propia, aunque sea pequeña. Ideologías que se jactan de liberadoras como el socialismo, o el propio liberalismo, siguen cerradas en su jacobinismo, en su desprecio a la voluntad firme de los pueblos menores a ser dueños de sí mismos. Tal vez sea la hora de recordar a esta Europa de los Estados que en el momento, cada vez más cercano, de elaborar la construcción de la gran Europa, es preciso preguntar a las nacionalidades que viven en su seno lo que quieren ser o cómo quieren estar.

En este asunto sus vaticinios serían próximos por los acontecimientos de los días finales de 1991. Lituania era ya su realidad nacional y desaparecía la URSS por una Comunidad de Estados Independientes, iniciada por los acuerdos de Rusia, Bielorusia y Ucrania; y a renglón seguido las repúblicas asiáticas y musulmanas en la misma situación de independencia y asociación. Pero aquellos nacionalismos integrados en la URSS nada tenían que ver con el fenómeno español de cinco siglos juntos, y sus orígenes anteriores. Ni tampoco con la explosión de otros nacionalismos en Yugoslavia. La Historia no se fabrica en las aulas, en los partidos, y hasta en algunos libros. La Historia no es otra cosa que los sucesos y sus personajes. En cualquier caso la claridad de Xavier Arzallus en orden a lo que quiere es evidente. Pero es también obligado, para una biografía plena, elegir otros párrafos de esta conferencia de Vitoria y de alguna publicación. Esta es otra de las afirmaciones del líder vasco del PNV:

> Se escandalizan porque uno haya dicho que le preocupa cada vez menos la Constitución española y mira cada vez más a la europea. Nos exigen públicamente lealtad al Estado. Se escandalizan porque proclamamos el derecho de autodeterminación para nuestro pueblo mientras nos escatiman facultades claramente acordadas en el pacto estatutario en La Moncloa, como el de las transferencias del personal de Justicia, o nos dicen paladinamente que no tienen intención alguna de utilizar las posibilidades que otorga el artículo 150-2 en orden a la profundización autonómica, o recurren una y otra vez al Tribunal Constitucional, que sentencia tras sentencia, va adoptando las interpretaciones más restrictivas del Estatuto, y más favorables al poder central. ¿Es que puede entusiasmar a un nacionalista vasco una Constitución que introduce el término «nacionalidad» pero se niega a constituir un Estado plurinacional; que deroga leyes que crean un agravio histórico, sin que tras tal derogación se dé cabida a las realidades políticas que dichas leyes suprimieron unilateralmente? Está claro que, hoy por hoy, las únicas lealtades políticas que profesamos los nacionalistas vascos son las que debemos a nuestro pueblo y las que consagramos a la palabra dada.

El gran problema, efectivamente, de Xavier Arzallus es el de hacer convivir todas estas actitudes con la gobernabilidad en el País Vasco en compañía de los socialistas, que es una fuerza política de toda España. Y también son vascos los socialistas. Además están en el Parlamento de la nación y ejercen la responsabilidad y la solidaridad con todo el pueblo español en muchas cosas. La periodista Julia Navarro hizo a Xavier Arzallus una inteligente entrevista. Y éstas fueron las dos respuestas del líder del PNV:

> Nosotros defendemos el derecho a la autodeterminación del pueblo vasco. Hace cien años que defendemos el derecho a la autodeterminación y a la independencia. Ya en el Aberri Eguna del 89 hicimos un manifiesto defendiendo la autodeterminación, pero explicando cómo la entendíamos. Porque un pueblo puede autodeterminarse para formar un Estado propio, o para estar con otros pueblos. Y dijimos, y digo ahora, que pasar del derecho al hecho es muy diferente. Una cosa es proclamar el derecho a la autodeterminación y otra tomársela, que por

cierto es lo que hizo Eusko Alkartasuna. No hay doble lenguaje, está muy claro lo que queremos y lo que defendemos.

El PNV defiende el derecho a la independencia. Pero desde el año 50, los dirigentes del exilio comenzaron a trabajar y fueron fundadores de la idea del Movimiento de Unidad Europea, que ellos mismos vivieron *in situ*. Quiero decir que según nuestros análisis, formar ahora un Estado vasco no tiene sentido, porque tampoco va a tener sentido el Estado español, el francés o el que sea. Por el camino que vamos está claro que los Estados que hoy forman la Comunidad Europea cederán soberanía, quieran o no, y no sólo por la desaparición de las fronteras. En el futuro se perfila que habrá una sola moneda, que habrá un Ejército europeo, que la política exterior será una sola, y que habrá una institución superior, con poderes propios, sobre todos los Estados que hoy integran la CE. Esto pasará en diez, quince, veinte o veinticinco años, pero pasará. Los Estados dejarán de seguir siendo Estados, porque tendrán que ceder soberanía.

Esto último es ya toda una profecía y muy cercana a las utopías a corto y a medio plazo. Cuando se escribe este libro se ha producido en Holanda —en Maastricht— una trascendental reunión de todos y hasta el federalismo europeo queda muy lejos. Y también la limitación de las soberanías. Los Estados han salido intactos, y la figura es la de una asociación para esto o aquello, pero cada cual como es.

Entonces mi recuerdo tiene que regresar al fundador del nacionalismo vasco, que fue Sabino Arana, y que dijo todas estas cosas, en una rica colección de pensamientos, y recogidos en un amplio texto. Alguien echaría de menos que no mencionara algo de este personaje sagrado del nacionalismo vasco. Por eso lo hago.

Bizkaya no ha sido nunca española ni por la raza, ni por las costumbres, ni por el idioma, ni siquiera por el territorio; y por las leyes sólo en este siglo y merced a la dominación española ocasionada por nuestra extranjerización en las ideas.

Los gobernantes españoles, y muy particularmente Cánovas del Castillo, saben perfectamente que si nuestra raza no ha degenerado, no hay más que una política que pueda despertarla, unirla y levantarla como un solo hombre, y es su política nacional, la tradición religiosa política de sus distintos Estados dentro de la idea de la confederación general de ellos: la política nacionalista.

También es verdad que Sabino Arana, con su independentismo tremendo sobre el Pirineo y el Bidasoa, evolucionaría más tarde hacia situaciones menos drásticas y violentas. Pero este personaje histórico fue el gran fundador del nacionalismo moderno y contemporáneo. Si el tiempo ha agotado a Marx, a cuyo amparo ideológico se hizo la gran revolución soviética que ha durado más de setenta años, también el tiempo agota otras muchas ideologías o actitudes, porque el tiempo es quien fabrica la Historia y ésta es implacable. En cualquier caso, el nacionalismo vasco vive con plenitud, aunque aparezca fraccionado, y tiene la mayor adhesión del pueblo vasco. La Historia española de estos finales de siglo hay que ofrecerla desnuda y de esta manera conocer la verdad de nuestros acontecimientos. Por eso me ha parecido conveniente reproducir pensamientos y actitudes de personajes muy relevantes del País Vasco en estos momentos y del pasado, y así tener una idea cabal sobre lo que pasa. He querido no apartarme de la Universidad de Deusto, en esos admirables encuentros que hace todos los años, con esa denominación de «Forum Deusto». En 1990 intervinieron Juan María Bandrés, de Euskadiko Eskerra y eurodiputado; Carlos Garaicoechea, líder de Eusko Alkartasuna y también con su alternativa en Europa; e Iñaki Esnaola, dirigente relevante de Herri Batasuna. Ahí están las manifestaciones muy claras de los tres:

Juan María Bandrés:

> Nuestra autonomía padece carencias importantes en su vertiente interna. Ha pasado el tiempo suficiente para hacer balance. Es necesaria la evaluación de la gestión de la autonomía, porque hoy es preciso reconocer que el Gobierno vasco y las Diputaciones Forales gestionan ya una parte muy importante de los servicios públicos y el ciudadano vasco se relaciona ya más con la Administración vasca que con la Central.
>
> El lehendakari recordó hace unos días la persistencia de lo que ha llamado una asignatura pendiente. No es la única, pero es muy importante: me refiero a la violencia. Esta cuestión no tiene ni un diagnóstico ni un pronóstico fáciles. En el fondo, el problema reside simplemente en la aceptación o no de las reglas de la democracia. ¿Vale para los vascos lo que han decidido la mayoría de los vascos, o debe imponerse la voluntad minoritaria de los más violentos por el imperio de la fuerza? ¿Vale el concepto de autodeterminación que han definido la mayoría de los vascos a través de sus representantes legítimos, o vale el otro —por ciento indefinido— defendido por los que emplean la violencia? Yo no quiero detenerme excesivamente en este problema y creo que, en el fondo, con ello contradigo la voluntad de los violentos y de su entorno social, que prefieren que se hable, y se hable a poder ser mucho de la cuestión. Casi todos, irónicamente, y quizá con alguna dosis de frivolidad, nos hemos remitido, alguna vez, a la psiquiatría social para explicar el fenómeno. Recientemente he visto un estudio —que ya no me atrevería a juzgar desde una perspectiva científica— de un psiquiatra y

psicoanalista sevillano que hace un estudio caracteriológico del personaje-tipo del fanático y, desgraciadamente, aplicándolo a nuestra realidad actual no parece concebir muchas esperanzas de que esto tenga inmediato remedio.

Carlos Garaicoechea:

Mi partido, Eusko Alkartasuna, ha manifestado claramente: que aún valorando los puntos importantes, siquiera parciales, del Estatuto, y respetando su vigencia en tanto no lo sustituya otro marco que merezca el consenso democrático mayoritario de la sociedad vasca, el Estatuto ha quedado en «vía muerta», y nuestra postura lógica es propugnar una revisión de los compromisos de 1979. Eusko Alkartasuna nunca ha renunciado a sus propios ideales y objetivos estratégicos que pasan por el derecho de la libre determinación de Euskadi. Nadie debe confundir los compromisos políticos con los ideales propios. Sin embargo, ha sido frecuente exigir al nacionalismo la renuncia a sus ideales y a sus objetivos últimos.

Por cierto, que nuestra pretensión no parece tan descabellada y utópica en todas partes. El prestigioso columnista Robert Mortimer hacía recientemente en *Financial Times* una predicción de la Europa del año 2000 y pronosticaba la presencia de algunas nuevas entidades estatales configuradoras de la unión política occidental, como Escocia, Flandes, Euskadi y Cataluña.

Iñaki Esnaola:

Encorsetados en una Constitución, rechazada por la mayoría, y encorsetados en un Estatuto que no responde a los deseos de la mayoría de nuestro pueblo, este nacionalismo vasco ampliamente mayoritario lleva viviendo estos últimos años en una esquizofrenia, a nuestro juicio, en la esquizofrenia que supone apoyar, teóricamente al menos, aquello con lo que no se está de acuerdo y, sin embargo, no poder llevar a cabo políticamente aquello que se desearía. Y estamos viviendo en esta esquizofrenia mientras que el centralismo, por el contrario, utilizando el instrumento del Estado de las Autonomías, está consiguiendo bloquear la aspiración nacionalista fundamental, dividir el nacionalismo, llegando a gobernar esta Comunidad Autónoma con un partido político en cuyos Estatutos se mantiene como objetivo la independencia de Euskal Herria.

Para Herri Batasuna la violencia de ETA, la lucha armada de ETA, es una violencia de contestación, y creo que la explicación la he dado previamente. Estamos en una situación de continua insatisfacción política; estamos en plena esquizofrenia política, haciendo lo que no queremos; y lo que queremos, no

ETA: Su operación histórica espectacular fue la del asesinato del presidente del Gobierno, en los últimos años del general Franco, almirante Carrero Blanco, y que abriría el periodo más débil de aquel Régimen, porque el almirante era la expresión más pura y más clásica del franquismo, en el proyecto y en la acción.

El PNV es quien tiene más fuerza electoral, y su gran protagonista actual es Xavier Arzallus.

Juan María Bandrés, de Euskadiko Eskerra.

Carlos Garaicoechea, líder de Eusko Alkartasuna.

Iñaki Esnaola, dirigente relevante de Herri Batasuna.

podemos hacer. Yo puedo decir que soy independentista, pero mañana si voy al Parlamento o a cualquier otra institución, no tengo ningún instrumento político en la mano para poder luchar por el independentismo, o por el ejercicio del Derecho de Autodeterminación, a pesar de que mis ideas, las ideas nacionalistas, son mayoritarias en mi propio país; y me dicen encima, que además no es posible porque los militares, porque... Pero, ¿no es esto una democracia? Pero, ¿no se puede ir en democracia, como he dicho antes, hasta Malzaga todos juntos, con unos objetivos y reivindicaciones concretas, que para cualquier nacionalista son el abecé y luego cada partido político pueda defender su opción sin ningún tipo de problemas? Pues eso, eso, aunque os cueste creerlo, es la causa de todo este follón que dura once o doce años; porque si aquí, en vez de reforma hay ruptura, y en su día hubiéramos ejercitado el Derecho de Autodeterminación, optado por la Autonomía, por federarnos o unirnos más si cabe, y lo hubiéramos dicho en las urnas, no hubiera pasado nada y cada fuerza política estaría luchando hoy en día por su opción. Y todo lo demás que os cuenten y os digan yo os prometo que son historias, que aquí no hay «masocas», que aquí no hay nadie que ande con el arma porque le da la gana, y porque gana dinero, y porque es mercenario; que podrá estar mal, que muchos no lo comprenderéis, que muchos lo combatiréis. Pero que es una realidad viva, que es parte de nuestro pueblo. Nosotros opinamos que la solución de la violencia está unida a la resolución, en sus puntos básicos, de los problemas políticos que anteriormente he descrito a grandes rasgos. Si hoy vosotros creéis que si los tres partidos, por ejemplo, nacionalistas vascos, declaran la independencia de Euskadi democráticamente por una mayoría ¿vosotros creéis que va a hacer falta una palabra para llamarle a ETA y que deje la violencia? Yo creo que la va a dejar ella sola, abandonaría y diría ¡paro!, ¡paro!, porque esas son las reivindicaciones, porque eso es por lo que yo luchaba, exactamente, por eso antes de morir Franco cuando todos estaban de acuerdo con esto.

En los comienzos de 1992 tenía lugar la Asamblea del Euzkadi Buru Batzar del Partido Nacionalista Vasco, y su presidente, Xavier Arzallus, tenía una intervención de gran importancia. En esos momentos el Partido Nacionalista asumía la gobernabilidad del País Vasco con los socialistas, y se había roto el Gobierno anterior de los tres nacionalismos. Pero esto tampoco aconsejaba el comedimiento al presidente; ahí va la reproducción de algunas de sus manifestaciones:

Cada vez que pienso en que Mijail Gorbachov confesaba a políticos occidentales su absoluta sorpresa por la reaparición de los nacionalismos en la Unión Soviética, no puedo menos de admirarme, primero, de su increíble falta de información; y, segundo, de hasta qué punto la repetición del dogma oficial hacía confundir la teoría con la realidad. Lo que parecía imposible para los Países Bálticos ha resultado una realidad hasta para las repúblicas íntimamente unidas al origen de la propia Rusia, como son Ucrania y Bielorusia.

Si la exclusiva aplicación a los pueblos colonizados del Derecho de Autodeterminación, tal como sostenían en el período constituyente tanto centristas como socialistas, cayó hecho trizas desde el momento en que los Gobiernos Comunitarios aceptaron la reunificación alemana en virtud, precisamente, del Derecho de Autodeterminación del pueblo alemán, también a otro tipo de argumentos les ha llegado su hora. Es sabido que el primer reino ruso nació precisamente en Kiev, capital de Ucrania, allá por el siglo X. Siglos de historia común, gente de la misma lengua y mayoritariamente de la misma religión, no han sido óbice para que Ucrania reclame su soberanía y consiga su independencia. No lo digo por erudición, sino saliendo al paso de quienes, sobre todo en este 1992, alegan la convivencia histórica como basamento indestructible de las grandes unidades. Y es que los pueblos, como las personas, a veces se juntan y viven unidos, pero también se separan. No hay, pues, argumentos definitivos más allá de la voluntad del propio pueblo empeñado en decidir libremente su propio destino.

Y más adelante de su discurso decía estas otras cosas Xavier Arzallus:

En esas altas instancias se temió seriamente que aquí nos lanzaríamos por la vía Lituana. Pero teníamos y tenemos muy claro que, aún siendo tan pueblo y tan nación como Lituania o Croacia o Ucrania, no tenía sentido el tomar decisiones en función de las decisiones y situaciones de otros. Pienso que el Gobierno español no ha tenido la misma serenidad. Y que su política recelosa, tardía y poco elegante ha tenido bastante que ver con los precedentes que entendían establecerse de cara a vascos y catalanes. Pero hay algo que también tenemos muy claro. Y hay que decirlo en estos momentos en los que se habla de pactos autonómicos y de reforma de la Constitución. Si el poder central cree que vamos a permanecer impasibles ante una política autonómica restrictiva, ante la constante sanción de Leyes de base o de Leyes que van cercenando y aun ridiculizando nuestra Autonomía; si piensan que vamos a pasar una y otra vez por las decisiones de un Tribunal Constitucional que, por vía interpretativa y constituida en cámara política, recorta repetidamente los contenidos del Estatuto; si creen que van a poder crear impunemente holdings portuarios, energéticos, industriales o financieros por sí y ante sí, deben tener muy presente que están poniendo las bases más seguras de graves conflictos futuros.

En las Cortes Constituyentes, como portavoz del Grupo Parlamentario del PNV, dije: «Esta es, tal vez, la última ocasión en la que el nacionalismo vasco se presenta con la mano tendida.» Sin embargo no fue posible el acuerdo. Hemos seguido conviviendo penosamente. Pero a nadie puede condenársele a convivir siempre penosamente.

Esta es la realidad de lo que sucede en el País Vasco, con una fuerte mayoría de nacionalismos compuesta por los cuatro partidos de esta identidad. El socialismo es una minoría estimable, pero solamente eso, y la derecha nacional, o el vascoespañolismo de la derecha clásica, es todavía más débil. Nuestro modelo de Estado tiene la insatisfacción perpetua en el País Vasco, aunque su nacionalismo más histórico, el PNV, apuesta por las libertades y democracia a los efectos de sus pretensiones.

El caso de Cataluña

Cataluña y el País Vasco tienen dos partidos decisivos en sus nacionalismos, aunque la estructura política es plural. La segunda fuerza, en estas dos comunidades, es el socialismo. Pero esta es la realidad: desde los comienzos de la democracia estos dos nacionalismos gobiernan sus comunidades. En el País Vasco se obligaron a una coalición con los socialistas para gobernar, en Cataluña gobiernan en soledad los nacionalistas de Convergència i Unió hace tiempo. El País Vasco y Cataluña quieren lo mismo y son diferentes. En Cataluña, primero gobernaría el nacionalismo clásico y más ortodoxo de Tarradellas, aunque con un juicio más claro en su regreso del exilio que aquel otro, iluminado y separatista de Maciá, el gran líder, entre la monarquía de Alfonso XIII y la República. Después de Tarradellas aparecería Jordi Pujol, que resulta una figura original de catalanismo: más adelantado que Cambó y más moderado que Maciá. Ni separatismo ni dependencia. En eso que se llama España, pero lo menos posible, y en Catalunya.

Después ocurre que los nacionalismos tienen la representación de sus diputados y senadores en el Parlamento de la nación. Y allí están, en cuanto a las asistencias, con quien gobierna, o al sol que más calienta, en el servicio de sus comunidades. En Madrid no plantean las ideas, sino los intereses. Lo capital para ellos es Euskadi y Catalunya. Y la alianza o asistencia con Dios o con el diablo. En este ejercicio son admirables —para su ejecución original— Miguel Roca e Ignacio Anasagasti.

Cuando en nuestra modernidad, en estos finales del siglo XX, se defiende el nacionalismo catalán, o el catalanismo, nos llevan a más de mil años de tradición con Wifredo el Velloso y Conde de Barcelona. Exactamente la historia de Cataluña, como de otras regiones españolas es larga, fulgurante, porque fueron ricos los orígenes, célebres los invasores, apasionantes las culturas y sensacionales los contubernios, y hasta el famoso y universal Richelieu patrocinaba la República en Cataluña y la ruptura con España, y todo esto tenía vientos del Norte y vientos del Sur y hasta Luis XIII fue Conde de Barcelona. Fueron unos siglos fantásticos. Luego en el siglo XIX aparecería la Reinaxença para la restauración de la lengua y de la cultura catalana, y ya en el siglo XX fue algo atroz con los sucesos sociales y separatistas en el primer tercio del siglo. Cuando se proclamaba la República el 14 de abril de 1931, Luis Companys proclamaba la República en Barcelona y Francisco Maciá establecía «el Estado catalán dentro de la confederación de pueblos ibéricos». Así es que Cataluña era en aquellos días una república, una nación y un estado. Luego todo eso se reduciría en función de la solidaridad de todo el país en la República española, y se fabricaría un Estatuto. Pero el proyecto catalanista estaba en su apogeo, y alguien puso en mis manos una carta de Francisco Maciá, gran símbolo del catalanismo de este siglo, a un amigo suyo, y que yo publicaría en mi colaboración habitual de la revista *Época*. Merece la pena incluir también aquella carta en este libro.

> *Sr. J. Conangia. Habana. Estimado amigo: No sabía cómo expresarte mi agradecimiento por el discurso que hicisteis el 11 de Septiembre en el Casal Catalá. No sólo por agradecimiento personal os doy las gracias, sino también por el agradecimiento del patriota que prescindiendo del yo personal, cree que se ha de ventilar todo aquello que representa ante el pueblo, el sentimiento noble y santo de la patria.*
>
> *Vuestro discurso ha sido también para mí un nuevo estímulo en estos momentos en los que he sufrido tantas amarguras de toda clase. Y digo de toda clase, porque hasta de los mismos catalanes hemos sufrido ataques viles y groseros y difamaciones y calumnias. No quiero, sin embargo, rebajarme, hablando de esas cosas porque la vida austera que siempre he llevado me da derecho a menospreciarlas, y han afirmado más todavía mi serenidad y fortaleza de alma. De todos modos quiero hablaros de mi viaje a Rusia y de las razones que lo motivaron.*
>
> *Como ya veríais por el informe, con la poca gente que habríamos podido armar, con todo, y haber podido hacer un gesto de*

dignidad, corríamos el riesgo de llegar a un acoso un poco mejor que el de Vera, pero que rápidamente hubiese ido al fracaso considerando las fuerzas que tiene España en la frontera, que son 4.000 hombres, la mayor parte de la Guardia Civil. Así y todo me lancé a la preparación de eso, habiendo comenzado ya una movilización lenta de gente de Cataluña que hemos ido efectuando en diferentes lugares de la frontera, habiendo alquilado algunas fincas y simulado la explotación de líneas y otras clases de trabajos en los diferenes puntos de la frontera, que se habían de utilizar para el traspaso de armas y concentraciones de la gente que tenía que venir, y constituyendo los Comités que habían de actuar de Gobierno Provisional en los lugares que fuésemos conquistando. Este montaje persiste todavía y no sabe usted los sacrificios económicos que nos cuesta, y los personales. Hay jóvenes que han demostrado y demuestran todavía un temple de verdaderos abnegados patriotas.

Cuando ya teníamos eso medio preparado, se me acercaron los comunistas ofreciéndome ir de acuerdo con nosotros y complementarnos en todos los medios que nos faltasen para llevar adelante la revolución, en una especie de alianza ocasional con ellos, junto naturalmente con los otros elementos que, como ya sabe usted, eran nuestros aliados, como son los de Euzkadi, los gallegos y los de la Confederación Nacional del Trabajo. Para realizarlo me pidieron que yo fuese a Rusia para ponerme de acuerdo con los elementos directivos de la III Internacional. Antes de emprender el viaje lo pensé mucho y lo consulté con los elementos que había en París y con el Directorio de Barcelona y de París, considerando todos juntos: 1.º, que con los escasos medios que había dado el empréstito, no podíamos ir más que al sacrificio dignificado. 2.º, que con lo nos ofrecían podíamos ir a un fuerte movimiento general en toda España que aseguraba no solamente la dignificación de Cataluña, sino la libertad definitiva por la que acordamos emprender este viaje.

En Rusia, después de muchas conferencias entre las cuales una con Bukharin y otra con Zinoviev, llegamos al acuerdo de que ellos se comprometían a avalar económicamente todos los gastos de organización, preparación y propaganda para la revolución en Cataluña y en toda España, y después dar lo que fuese preciso para armar a la gente. La consigna era:

a) *Derribar el directorio militar y la monarquía.*

b) *Abandono de Marruecos y reconocimiento de la República del Rif.*

c) *Amnistía total para los delitos políticos y sociales.*

d) *Proclamación en España de la República Federativa Popular.*

e) *Expropiación de los grandes latifundios hoy dedicados a los placeres de la caza y que no son cultivados, repartiéndolos entre los campesinos.*

f) *Libertad completa de asociación y propaganda.*

Esta fue la consigna, con la condición de que al día siguiente de su triunfo, cada uno quedaba desligado para seguir el camino de los propios ideales.

Ya puede usted suponer que a nosotros, mientras que salvásemos la independencia de Cataluña, poco nos había de interesar que ellos instauraran la República, no importa con qué carácter, en el resto de España.

De acuerdo con estos extremos (después de mes y medio) regresé a Francia para constituir ya el comité definitivo revolucionario y ejecutivo de todos estos acuerdos. Estando todavía allí adiviné una cierta discrepancia entre Bukharin y Zinoviev, sobre todo con relación a las campañas y ayudas que ellos pudieran dar a la organización de la revolución internacional y de otros movimientos revolucionarios parciales que pudiesen producirse fuera de Rusia.

Cuando ya estaban ultimados los trabajos para la constitución de este comité ejecutivo, y teníamos redactado el manifiesto que se había de dar al pueblo, tuvo lugar el Congreso Comunista en Rusia que ha hecho caer a los elementos de Zinoviev, que nos eran más favorables. Y digo eso porque Zinoviev en persona, al despedirse, me dijo: «Diga a los catalanes que los partidarios más fervientes de su independencia somos nosotros.»

Es más de agradecer esta simpatía que él manifestó porque ellos ya están convencidos que en Cataluña, en concreto, dado el carácter catalán, no tienen nada que hacer, porque no tienen ninguna fuerza. Naturalmente ellos comprenden que la cooperación que diesen a este movimiento revolucionario en España, aunque no les permitiese instaurar ni mucho menos sus ideales, les daría prestigio en otros lugares del mundo.

El resultado del Congreso Comunista de Moscú me ha intranquilizado a pesar de que sus representantes de aquí dicen que solamente lo respaldarán algún tiempo: de todas maneras, el retraso es evidente y ahora estamos pendientes de la resolución definitiva.

Este viaje, si todo se resuelve bien, ya ve usted la enorme trascendencia que tendría para Cataluña. Si se resolviese negativamente, moralmente nos daría la tranquilidad de espíritu de no haber ahorrado medios ni sacrificios para obtener la libertad de Cataluña: materialmente habría retrasado nuestros planes y nuestras posibilidades como ya podrá usted comprender por los gastos enormes que ocasiona haber tenido que esperar cuatro o cinco meses más, aguantando toda la organización con el montaje que ya os he explicado, lo que supone viajes, servicios de espionaje en la frontera, para estar en condiciones de saber en todo momento el estado de las fuerzas enemigas, constitución de comités, alquileres para depósitos, simulación de trabajos, mantenimiento de los movilizados y demás. En este compás de espera se encuentra ahora nuestra organización y no tardaremos en toma las resoluciones definitivas que naturalmente estarán de acuerdo con los medios que se recojan, durante este tiempo, del empréstito. A mí me hace sufrir, sin embargo, la lentitud, natural hasta cierto punto, del empréstito, porque como puede usted suponer la espera significa alargar los gastos a los cuales me he referido y que son imprescindibles. Recibí rápidamente y todo de una vez los medios del empréstito, que sería como si lo recibiésemos duplicados, porque se ahorrarían todos estos gastos de entretenimiento.

Yo, sin embargo, aparte de los comunistas, he conservado las alianzas que ya teníamos hechas y he procurado atraer los partidos revolucionarios de España, porque en el caso de romper con los comunistas pudiésemos también ir a un movimiento general de toda España. Uno de los éxitos mejores que yo creo hemos dado a nuestro partido separatista es que hoy no hay partido revolucionario en España que no se haya tenido que acercar a nosotros y pedirnos colaboración, y no hay ninguno que ya no admita el referéndum para Cataluña para que escoja su forma de Gobierno. Lástima que éstos no tengan bastante organización y que se encuentren como nosotros, sin medios combativos. De no ser así, la revolución no se haría esperar y la libertad de Cataluña sería un hecho.

Ahora, sin embargo, dentro de pocos días hemos de parlamentar con elementos militares, los cuales, como es natural, tienen una cosa y otra. Estos elementos militares de España que actualmente están de acuerdo con la Confederación General del Trabajo, son partidarios de la República Federal, y están naturalmente contra los federales y el Directorio de España. Si ellos concediesen un referéndum a Cataluña, para escoger la forma de Gobierno, nosotros iríamos al movimiento de acuerdo con ellos, porque en este caso nos darían las armas y los medios como lo han prometido los de la Confederación Nacional del Trabajo, aliados nuestros. Si ellos no concediesen este derecho a Cataluña, nosotros también iríamos al movimiento aprovechando nuestras organizaciones y nuestros medios que tendremos en aquel momento, para no dejar escapar el momento propicio, para nosotros, del desorden que reinará en España, y trataríamos de instaurar la República Catalana.

En este caso los mezclaríamos con los elementos de la Confederación Nacional del Trabajo que nos ayudaría, complementando nuestros medios, dándonos armas. También es probable que las armas fuesen entregadas en Barcelona, que es en donde las tiene en depósito el Ejército, cosa que motivaría habernos de trasladar con una gran parte de las organizaciones que actualmente tenemos en la frontera.

Ya habréis visto la posición de algunos elementos de otros partidos nacionalistas, especialmente la de Cambó, el más visible, en los momentos como los que pasa Cataluña, los más cruentos de represión en todos los sentidos, cuando hay tantos hermanos nuestros sufriendo en las prisiones de España, y esperando algunos de ellos la condena de muerte, él se entretiene dialogando con tanta osadía con la Dictadura, que es causa de tantos sufrimientos. En este diálogo, amigos y enemigos, han visto una colaboración o al menos una oferta de colaboración a este Gobierno que es el que ha sumido a Cataluña en el vilipendio.

Antes de acabar me place confesaros que, por encima de todas las amarguras, trabas y oposiciones, mis esperanzas y mi fe absoluta en Cataluña cada día son más fuertes.

Esta carta en la cual os explico cosas que solamente saben los más precisos, como es esto de última hora referente a los militares, os ruego que la leáis al doctor Murillo y a Arana a los que saludaréis muy afectuosamente de mi parte. Y vosotros juntos, dado el carácter que tiene, ya veréis el uso discrecional que tenéis que hacer y a quién la podéis enseñar.

Recibid, amigos míos, el afecto sincero y afectuoso de vuestro compatriota. Por Cataluña. Francisco Maciá.

Vois-colombes, 15 de enero de 1926.

Esta era la imagen del nacionalismo catalán en los comienzos del siglo XX. Había tenido lugar unos años antes, en 1923, el golpe militar o de estado del capitán general de Cataluña, Miguel Primo de Rivera, que había liquidado la democracia de liberales y de conservadores de la Constitución de 1876. Los movimientos sociales revolucionarios eran ya una realidad, y con el ánimo de la revolución soviética de 1917, y luego teníamos la guera de Marruecos, y que creaba nuevas situaciones y varios protagonismos. Pero Francisco Maciá fabricaba también su revolución armada con la famosa CNT, con los comunistas y con militares extraños para establecer la República catalana, y cuando el rey Alfonso XIII estaba en el trono. Todo aquello, y en 1926, era todavía pronto. Luego tendría lugar el suceso de la decadencia y salida del general Primo de Rivera, sin el acompañamiento real, y sucedería una dictablanda del general Berenguer, y luego la presidencia del almirante Aznar. Se había abierto un proceso de descomposición con estos impulsores principales: el mundo intelectual de pensadores de gran relieve como Ortega y Gasset y Unamuno, el movimiento socialista obrero y universitario y un reflorecimiento de los republicanos. Habían muerto liberales y conservadores y no había nadie en la estructura política del país. Primo de Rivera había descubierto ingenios jóvenes para el Gobierno, o para la nueva política, como José Calvo Sotelo, Yanguas Messía, Eduardo Aunós, Guadalhorce y otros, pero aquello no era organización política sino solamente figura para eso que se llamaba «la salvación nacional». El pueblo español estaba en otra parte y preferentemente en la izquierda por nuestra situación tercermundista. Primo de Rivera no tenía bases políticas. Por otro lado se habían hecho las carreteras, pero no podía hacerse tan pronto la revolución industrial y la asistencia social. Tampoco una nueva clase política que aparecía, estaba por una dictadura. Había terminado el siglo XIX y ya había empezado el XX.

Más tarde se proclamaría la República y habría singularidad y autonomía de trato. Cataluña era otra. Nada más. Pero más tarde hubo otra conmoción catalana. Fue en 1934, cuando la revolución social en Asturias. Ya no vivía Maciá, puesto que había muerto el año anterior, y Luis Companys, su sucesor, era el presidente de lo que ya se había establecido como Generalitat, que era una denominación clásica. En cooperación o en aprovechamiento de lo de Asturias, se propuso ser más de lo que era entonces, pero lo impidieron los militares o el Gobierno de la República y todo volvía a su lugar. Dos años después comenzaría la guerra civil y, naturalmente, los nacionalistas catalanes y los nacionalistas vascos estaban con la República, o con toda la izquierda política y social agrupadas, aunque los grandes protagonistas eran las fuerzas revolucionarias más radicales y visibles, porque fueron las que construyeron los aparatos militares de la resistencia y de una guerra de casi tres años.

El nuevo régimen del general Franco, tras la guerra civil, acabaría con aquel catalanismo político del separatismo. Lo que ocurría es que Cataluña y el País Vasco conservaban, aunque con otras manos, su protagonismo económico e industrial. Eran los paraísos modernos de la España de entonces. La Capitanía General de Cataluña y el Gobierno Civil eran preferentes, y hasta en el séptimo Gobierno del general Franco en 1962 haría ministro sin Cartera y presidente del Consejo de Economía a Pedro Gual Villalbi, que representaba a Cataluña. Era toda una excepción. Pero el nacionalismo clásico catalán no podía levantar la cabeza. Franco, en la guerra de la derecha contra la izquierda, tenía bases políticas e ideológicas y todo el aparato de poder ejercido por la experiencia histórica. Los políticos, y beneficiarios, y de adhesión al franquismo componen una larga lista. Hubo gobernadores con función de virreyes, alcaldes célebres y empresarios y banqueros afortunados. Cataluña tuvo siempre el talento de su supervivencia de esplendor. O para cada tiempo su gente.

Las cosas estaban muy claras en la restauración democrática de 1977. El País Vasco y Cataluña alcanzaban unos Estatutos de Autonomía bastante mejores que los elaborados en tiempos de Azaña, cuando la República. La primera personalidad nacionalista que regresaba del exilio y heredero de Maciá y de Companys era José Tarradellas. Tuvo altas funciones en la República y en la guerra civil, y su exilio había sido en Francia, donde había alcanzado

Después de Tarradellas aparecería Jordi Pujol, que resulta una figura original del catalanismo: más adelantado que Cambó, y más moderado que Macià. Ni separatismo ni dependencia. En eso que se llama España, pero lo menos posible, y en Catalunya.

Solamente los socialistas catalanes, que son una gran fuerza política, han descubierto que lo catalán y lo español reunidos en un Estado español, tienen solamente el amparo de la construcción de un federalismo.

Miguel Roca, gran representante de su Partido nacionalista en Madrid, y diputado en el Parlamento de España: «No queremos una descentralización administrativa. Queremos poder.»

el gran razonamiento respecto a la Europa que se fabricaba después de la segunda guerra mundial. Regresaba con la recepción máxima de popularidad, pero estaba lejos de la dialéctica y de los espíritus violentos para el separatismo de Maciá y de Companys. Sabía perfectamente que el objetivo de una democracia, tras una larga dictadura, era muy superior al de planteamientos de ruptura en cuanto a los fenómenos históricos nacionalistas. Hizo en seguida la concentración de todas las fuerzas en un Gobierno de la Generalitat, y con el ánimo de ir a un autogobierno catalán en el Estado español. Su desilusión no era Cataluña en sus comportamientos, sino Madrid con aquellos gobiernos de la UCD, que carecían de seguridad, y no la transmitían. Yo tuve la fortuna de conocer a este hombre y conversar largamente con él, en Barcelona y en Madrid, y mi complacencia era grande en orden a su buen sentido para saber exactamente lo que ahora era España, con un Estado de nacionalidades y regiones, la Cataluña clásica y moderna, y la Europa de todos. Pero Tarradellas había llegado demasiado tarde a la restauración democrática. Pertenecía a aquella generación de la República, de la guerra civil y del exilio. La experiencia y la razón habían construido un nuevo Tarradellas, pero sin renunciar a su catalanismo de origen. Estaba, perfectamente, en los acontecimientos interiores y exteriores de estos finales de siglo.

La segunda personalidad representativa del nacionalismo contemporáneo ya no estaba en la izquierda, sino en la derecha, y tampoco tenía el espíritu de Maciá ni de Cambó. Es Jordi Pujol. Tenía su propia singularidad. Cuando escribo este libro lleva varias legislaturas en el poder en Cataluña, con un nacionalismo ardoroso pero pragmático; con la ambición de un autogobierno pleno, pero sin incluirse en el separatismo. Y en estos momentos en que se dispone a proseguir ha dicho todo esto:

> Catalunya no es un invento. Catalunya es una Comunidad Autónoma, así lo dice la Constitución y el Estatuto. Pero no sólo es una Comunidad Autónoma, ni lo es principalmente. Catalunya es Catalunya, fundamentalmente es esto: es Catalunya. Y entonces, hay gente que se escandaliza mucho cuando hablamos de Eslovenia, cuando hablamos de Lituania. Es verdad que estos mismos, intencionadamente, silencian que también digo que los contextos son muy diferentes y, por tanto, los planteamientos también lo son. Pero se escandalicen o no, Catalunya es mucho más que una Comunidad Autónoma, Catalunya es una nación, con el derecho de que le sean reconocidas todas sus características lingüísticas, políticas, culturales, institucionales, el derecho de ser con plenitud. Y queremos que esta nación que es Catalunya sea una nación de corte europeo.

Queremos que Catalunya sea un país de Europa. Y esto no sólo en el sentido político, en el sentido de la competitividad, sino también en el sentido histórico. Historia, pasado, tradición, presente, futuro, modernidad, competitividad, exigen que Catalunya sea un país de Europa y, además, hay otra cosa: si nosotros, los catalanes, a pesar de tantos siglos de decadencia y de estar vinculados a un Estado que le había dado la espalda a Europa, nos salvamos, fue obviamente por fidelidad a nuestra identidad, pero también porque nunca rompimos ningún lazo con Europa. El lazo con Europa es sustancial a la nacionalidad catalana. Nosotros siempre hemos puesto el listón alto. Cuando nuestros antepasados a finales del siglo XVII se propusieron un modelo que estaba en Holanda, que quedaba muy lejos, entonces dijimos: ¿Por qué nos tenemos que fijar en otros países de Europa del Sur, que de hecho son países que están absolutamente estancados? Nosotros vamos a buscar un modelo al Norte de Europa para que realmente nos estimule y nos obligue. Y nos pusimos a hacer el listón, como nosotros ahora cuando hablamos de Alemania y de Baden-Wurttemberg y de Lombardía lo hacemos por esto, y cuando tenemos todos estos contactos con Túnez y con quien haga falta, obviamente, lo hacemos por eso. Pero nunca hemos renunciado a tener alguna relación con un país como Suecia, o con la propia Holanda, o con el mundo empresarial alemán, o con la propia cultura e influencia francesa, porque todos nos levantan en todos los sentidos. Por tanto, por Historia, por voluntad de ser, por proyección del futuro, por competitividad, por modernidad, por todo, Catalunya es un país de Europa, y un país que va hacia adelante. A pesar de todas las limitaciones y los problemas de todos los tiempos que queráis, somos un país que va hacia adelante, y un país que tiene posibilidades.

Entre las acciones más relevantes del tiempo de Jordi Pujol en el poder figuran la lingüística y la cultural. La situación de la lengua española es regresiva en el uso y en la enseñanza por disposición oficial y política. Una organización cultural catalano-españolista decía lo siguiente en uno de sus textos:

La primera y fundamental realidad es la de que aquí nadie se opone a la implantación, cultivo y propagación del idioma catalán; que todos somos partidarios del uso y cultivo de esta lengua, destacada entre las de España, porque la misma constituye una de las principales riquezas culturales de nuestra Historia. La otra realidad, paralela a ésta, es la de que tal implantación, cultivo y propagación se viene haciendo a costa de la paulatina desaparición del uso y cultivo del castellano o español, no solamente idioma oficial del Estado, sino propio de la mitad de los actuales habitantes de Cataluña. En virtud de estas dos primeras realidades queremos insistir en que no nos mueve el hecho de la esplendorosa propagación del idioma catalán, sino el que ésta se verifique en detrimento del otro idioma, también patrimonio cultural incuestionable. Hoy es imposible garantizar a ningún ciudadano de Cataluña que podrá realizar sus estudios desde el parvulario a la universidad en su propia lengua, si esta es la castellana, porque en uno u en otro curso o asignatura se encontrará con profesores que le explicarán en catalán, ya que en ningún caso se han establecido, ni se quieren establecer, aulas paralelas para castellano-hablantes.

La polémica es ardorosa y constante, y ofrezco estos dos símbolos de comunicaciones:

> Vivo en Cataluña desde hace cincuenta años. Cincuenta años en los que he visto de todo respecto al idioma catalán. He visto y he hecho: desde defender el derecho de todo catalán a expresarse en la lengua con la que su madre le proclamó, en la cuna, «fill meu del meu cor», desaprobar las dos hostias con un «hijo del Cuerpo» extremeño, o de Guadalajara, o gallego, o vaya usted a saber, obsequió a un poco avisado catalán que no entendió nunca por qué el franquismo vetaba su idioma materno, o sentirme manipulado —que es como se dice ahora— por personas cultas, intelectuales incluso, que trataron y hasta coaccionaron, para hacerme entrar en el círculo absurdo y egocéntrico de su catalanismo. Sin resultado claro. Estoy deseando irme a mi pueblo, a cien leguas de Madrid y mil leguas del mundo, usted ya sabe. Y sobre todo, a más de mil leguas de esta Cataluña a la que quise con verdadero amor, la que vio nacer a mis hijos, la que me abre los brazos de su nacionalismo siempre que me preste a olvidar que yo tengo un idioma que es mío y, más que el que más, variado, rico, luminoso. Y, sobre todo, el que empleaba mi madre al llamarme «hijo de mi corazón». Hasta usted habrá llegado, cómo no, el invento ese de la «normalización lingüística» para Cataluña. Es una falacia. La tan cacareada normalización no es más que un solapado subterfugio para ocultar la «obligatorización», valga la palabreja, del idioma catalán que, por otra parte, a mí ni me estorba ni me hace daño. Únicamente no me gusta. Sin que ello conlleve desprecio alguno por la cultura catalana que, como la madrileña o la murciana, son culturas españolas.

Y estas otras preguntas o interrogantes de otras personalidades que viven en Cataluña, y que son de otras partes de España:

> ¿Es normal que las instituciones públicas locales se dirijan a los ciudadanos exclusivamente en catalán, reservando el caste-

llano o español para la letra menuda especialmente cuando se trata de fines recaudatorios?

¿Es normal que organizada por la Generalitat se organice una peregrinación masiva a Roma para oír al Papa hablar en catalán y cuando además de este idioma se dirige a ellos en español, es abucheado?

¿Es normal que viviendo aquí aproximadamente la mitad de la población de castellanoparlantes no haya una sola entidad para velar por la protección del idioma común de todos los españoles?

¿Es normal que los niños castellanoparlantes sean sometidos en las escuelas a una «inmersión lingüística» desde su más temprana edad en la que el profesorado se dirige a ellos exclusivamente en lengua catalana, no teniendo opción en la mayoría de los casos para elegir otra escuela?

¿Es normal que haya 3 canales de TV locales y que todos ellos sean exclusivamente en catalán, promocionando la traducción simultánea, cuando se entrevista a castellanoparlantes como si estuviéramos en un país extraño, mientras que el único canal que podemos disfrutar los castellanoparlantes es el primer canal de TVE y con parte de su programación en catalán?

¿Es normal que la única oferta cultural promovida por la Generalitat sea exclusivamente catalana, a pesar de que constitucionalmente está encargada de velar por la protección de la lengua castellana?

¿Es normal que muchos de los ciudadanos castellanoparlantes nos sintamos auténticamente desprotegidos y resentidos por el olvido y abandono en que nos tiene el Gobierno central como si de filipinos o saharahuis se tratara?

¿Es normal que algunos ciudadanos que han llevado atribunales cuestiones lingüísticas hayan pasado un auténtico calvario social, algunos tengan que llevar protección policial permanente, y que incluso hayan tenido que emigrar a pesar de haber ganado finalmente el pleito?

¿No resulta evidente empezar a pensar que hay que hacer algo?

Exactamente la catalanización es progresiva, coactiva y constante, y lo español viene a ser otra cosa. Es verdad también que aquello que representa, políticamente, lo españolista y catalán a la vez, tiene una representación muy débil en el Parlamento catalán. Solamente los socialistas catalanes, que son una gran fuerza política, han descubierto que lo catalán y lo español reunidos en un Estado español, tienen solamente el amparo de la construcción de un federalismo. El socialismo catalán está integrado en el socialismo de todo el país, y por esta razón asume el compromiso con la condición de lo federal. Y es otra de las fuerzas protagonistas en Cataluña.

En Madrid el grupo nacionalista de Pujol asiste al Gobierno socialista de Felipe González en el Parlamento, pero también ha dicho que si alguna vez el Partido Popular o la derecha de José María Aznar estuviera en el poder, también lo asistiría. La misión política del nacionalismo catalán moderno es solamente Cataluña en su lengua, en su cultura y en sus intereses. Su autonomía actual aparece polemizada permanentemente porque aspiran a un autogobierno pleno, que es una forma de estar en España, sin estar en ella. Miguel Roca, gran representante de su partido nacionalista en Madrid, y Diputado en el Parlamento de España, decía esto recientemente: «Las queremos todas. Todo lo que hemos pedido en el Tribunal Constitucional, lo que nos han dicho que sí y lo que no. Hemos pedido y hemos perdido, pero no hemos renunciado. Hombre, nosotros queremos... lo he dicho alguna vez y sé que algunos se han enfadado: queremos más poder. La autonomía no sé para los demás, pero para Cataluña, y de acuerdo con la Constitución, no es una descentralización administrativa: es una descentralización del poder político. No queremos una descentralización administrativa. Queremos poder.»

Así es cómo estamos. Cataluña conserva también el partido nacionalista y separatista clásico, pero tiene un basamento electoral escaso. Si las comunidades españolas las dividiéramos en clases sociales, Cataluña estaría en la aristocracia por su cultura, por su economía, por su mundo científico y de pensamiento, por su universalización de comportamientos generales. Después ocurre que el catalanismo o el nacionalismo tiene iluminaciones de fanatismos utópicos, y bajan sus niveles al aldeanismo y al regionalismo acendrado. El amor a lo propio nunca puede ser una pasión, sino una identidad. Cuando han muerto la ideologías de dos siglos, tal como eran, y la vieja Historia no está en otra parte, con respeto y admiración, que en las estanterías, entonces ya no hay clasificación de personas o de ciudades, sino comunicación y colaboración de intereses para una vida mejor y justa. Y unidos, o juntos, los que hemos hecho la universalidad misma de eso que se llama España. Eso, Inglaterra o Francia, lo hacen mejor que nadie.

En los comienzos de 1982 Jordi Pujol tuvo una gran reunión en Sitges con intelectuales o gentes del pensamiento. Entonces yo publicaría una Carta al President y de la que reproduzco estos párrafos:

> Empareda usted a Catalunya entre Francia y España. Mi disposición de castellano no es ésta. Yo vengo del mismo corazón de Castilla. De donde emergieron los Reyes Católicos; de donde

se fabricaron los materiales para el Estado moderno de todo el país. Donde anduvieron místicos y *validos*. Donde los invasores moros levantaron castillos, y en cuarenta leguas a la redonda se hizo casi todo, en la Política, en la Literatura, en las Artes y en las Guerras, para hacer esto que llamamos España. En mi pueblo se diseñó el viaje de América, sin saber que había América. Pues, querido presidente, todo eso no lo han hecho los castellanos solamente, sino esas tres grandes rutas que se llaman Aragón-Cataluña; León-País Vasco; Asturias-Galicia, y en los flancos Extremadura y Valencia-Murcia; Andalucía era acceso, florón, partida, llegada, reducto, romanos, cartagineses, árabes, godos, y ya luego ácratas, y poetas, y flamencos, y toreros, y Mariana Pineda, y protestas, y estribo a África y a América, y María Santísima. Yo no tengo el sentimiento de Castilla a la manera como usted tiene el sentimiento de Catalunya. Yo tengo el sentimiento de España, como Reagan de California tiene el sentimiento de los Estados Unidos de América. Para mí los políticos, los escritores, los pintores o los músicos catalanes son mis compatriotas. No tengo diferencias sentimentales.

Otra cosa es el *autogobierno*. Pienso que hay una tradición de modo de ser, de situación en el mapa, de lengua originaria, de configuración histórica, que precisa el autogobierno. Esto, incluso, es más democrático. La burocracia de Madrid no puede gobernar a todo el pasís, metiéndole en un puño. Un autogobierno es solamente gobernar sus cosas, y que no son las cosas del Estado. Aquí no hemos dejado claro cuáles son las cosas de los autogobiernos y cuáles son las cosas del Estado. Hemos dejado también en una nebulosa peligrosa lo que es nación y lo que no lo es. Un autogobierno podría ser algo más que una región, pero tiene que ser una parte de ese conjunto que se llama nación, o patria, o estado, o pueblo, o país. Nuestra identificación en el mundo es como España, y entonces todo lo demás es hacia dentro y no hacia fuera.

Dice usted, honorable presidente, que «lo único que sucede es que la lengua castellana, una de las primeras del mundo, y el francés, el alemán y el inglés sirven para proyectarse y para ir a todas partes, pero para nosotros lo único que existe para ser es el catalán. Para ser no hay más que el catalán». Pienso que sí, íntimamente, familiarmente y hasta socialmente. Pero para estar —estar en España y estar fuera de ella— el español es básico. Así es como se llama en toda América, *el español*, y lo hablan centenares de millones. Y en eso de América estuvieron también los catalanes. El español es de todos, incluidos los españoles catalanes. Y los españoles vascos. Y los españoles gallegos. Éstas son las tres lenguas íntimas y familiares, y que no deben morir. Todos ustedes, catalanes, vascos y gallegos están afortunados —y no condenados— a ser bilingües, con lo cual serán más cultos que los demás.

Querido presidente, pienso que si hiciéramos así el Estado de las Autonomías, a lo mejor nos saldría mejor de lo que nos está saliendo. Un presidente de la Generalitat tiene que estar orgulloso también de mi pueblo castellano, y sentirlo como propio. Fue ese pueblo donde un día le dijimos a un rey: «Cualquiera de nosotros es tanto como Vos, y todos juntos más que Vos.» Afectuosamente.

Mi admiración y mi emoción por Cataluña es de hace mucho tiempo. En Lleida o Lérida empecé mi vida periodística y me vieron mis ojos débiles en «la Barraquer», y escribo en Barcelona, y mis libros principales se hacen allí. Por último, me ha deslumbrado la historia de Cataluña escrita por el historiador Marcelo Capdeferro. Ahora Cataluña tiene un gran protagonismo en España. El más alto de este siglo. También el País Vasco. Tres ministros catalanes en el gobierno de Felipe González, y entre ellos, el vicepresidente del Gobierno; y tres ministros vascos y uno navarro. Y, además, dos únicas «nacionalidades» en la nación española. Los nacionalismo y las independencias en España, que es un pueblo de referencia universal desde hace varios siglos, son iluminaciones fantásticas, o esquizofrenias sublimes. Las entiendo desde la imaginación y hasta desde los sentimientos, pero no figuran en la lógica de nuestros cinco últimos siglos ni en la Europa que empieza a construirse. Y, por último, en la democracia española de los finales de este siglo aparecen Catalunya y el País Vasco decisorios en orden al modelo de Estado, y a la conformación del poder en la capital de la nación.

Conjunción de la varia derecha

La derecha moderna o democrática del 77 tuvo como gran misión estas tres cosas: acabar con el franquismo, pacificar y convivir con la izquierda que venía de la clandestinidad o del exilio, alejarse de la derecha o conservadurismo y estar en el poder, para una garantía de la concordia. Después de casi un quinquenio de estar en el Gobierno, aunque con minoría mayoritaria en el Parlamento, y después de su naufragio, algunas de sus personalidades, con su electorado, se fueron a una alianza con el conservadurismo de Manuel Fraga. Eran los liberales, los democristianos y algunos personajes sin esas identidades clásicas. Pero tampoco todos, sino algunos de ellos. El líder de esta conjunción o alianza sería Manuel Fraga. Su relación era correcta, pero cada uno en su lugar. Su desafío estaba en la legislatura siguiente al gran triunfo del socialismo: en 1986. Pero no pasó nada notable. Mantenían lo que tenían y nada más, y que era una minoría estimable, pero débil, o muy alejada de la gran mayoría socialista. Entonces Manuel Fraga, construido para el poder y no para la oposición, mostró su cansancio o su impotencia y anunció más tarde su marcha. Estaba en la oposición desde su cese de ministro en 1969. Era demasiado. Su destino luego sería el de diputado del Parlamento Europeo y más tarde el Gobierno de Galicia. En las elecciones de 1989 ocurriría también la insuficiencia de aquella Alianza como alternativa al socialismo.

La sucesión de Manuel Fraga estuvo a cargo de Antonio Hernández Mancha, que tenía algún atractivo dialéctico para un sector de sus compañeros, pero no era bien visto o admirado por otras personalidades del partido, y hasta había derrotado a un aspirante el liderazgo, que era de una gran constitución cultural y dialéctica, Miguel Herrero y Rodríguez de Miñón. Y también pasaba a un segundo lugar una de las personalidades políticas más atractivas del partido: el catedrático de Derecho del Trabajo, Fernando Suárez, un parlamentario de gran brillantez, quien también se marcharía a ese exilio dorado, aunque aburrido y fatigoso, del Parlamento de Europa.

Las alianzas se habían roto y regresaba cada cual a su sitio: los conservadores, los democristianos y los liberales. Por fin, y en Bruselas, o en el Parlamento Europeo, comenzarían un día las conversaciones, principalmente entre el democristiano Marcelino Oreja, con un alto destino en la nueva Europa que estaba naciendo, y Manuel Fraga, a los efectos de la integración de todo lo que era el centro-derecha, pero en un solo partido, y acabando con las identidades de cada cual y las alianzas. Unidos, pero diferentes, no había dado resultado. Y el suceso se produjo. Otra vez estaban juntos conservadores, democristianos y liberales, pero integrados sin marca y con la desaparición de las identidades. La nueva organización se llamaría Partido Popular y todos ellos, en conciliábulos, en conversaciones, en discretas conjuras y ejerciendo el realismo exigente de la política, promoverían a José María Aznar, presidente de la Comunidad de Castilla y León, para el liderazgo del nuevo partido. Manuel Fraga había abandonado la idea de un regreso a ese liderazgo y se dispuso como candidato triunfador, como ya he contado, para el Gobierno de la Comunidad Autónoma de Galicia, su tierra natal. Manuel Fraga, con carne de estadista, no es feliz en otra parte que no sea en el poder. Está construido para este ejercicio y no para la esperanza. Ha dicho que éste es su último destino.

La reunión de liberales, de democristianos, de conservadores y de algunas personalidades relevantes de los primeros años de la transición, todos ellos integrados, se orientaban hacia el espíritu, y no hacia otra cosa, de lo que había sido aquella UCD de la restauración democrática. Pero guardándose de sus errores en cuanto a las baronías protagonistas y componiendo esto que se viene llamando el centro-derecha como alternativa a la nueva imagen del socialismo, que representa algo parecido a un centro-izquierda. Ningún radicalismo de los viejos tiempos existe en las dos grandes fuerzas políticas de la democracia. En las elecciones generales de 1989 —como digo— se volvía a poner de manifiesto, independientemente de su integración, su debilidad ante el socialismo, aunque era la segunda fuerza del país, y el propio socialismo seguía su proceso de perder votos y escaños pero manteniendo su mayoría absoluta, aunque esta vez fronteriza, y necesitada en ocasiones de asistencia parlamentaria, que le proporcionarían los grupos vasco y catalán, más el Centro Democrático y Social, que había elevado su representación en el 86 y en el 89, pero en su lugar modesto.

El centro de España, o Castilla-La Mancha, Extremadura, Andalucía, Murcia y Valencia tenían la gran proporcionalidad en beneficio del socialismo. Era una tradición histórica. La izquierda estuvo siempre en el Sur. Y en el Norte de España, en esas dos

Antonio Hernández Mancha (arriba) **tenía algún atractivo dialéctico para un sector de sus compañeros, pero no era bien visto o admirado por otras personalidades del Partido, y hasta había derrotado a un aspirante al liderazgo, que era de una gran constitución cultural y dialéctica, Miguel Herrero y Rodríguez de Miñón** (a la derecha).

Manuel Fraga, con carne de estadista, no es feliz en otra parte que no sea en el poder. Está constuido para este ejercicio, y no para la esperanza.

El Partido Popular de José María Aznar tiene mejores relaciones con los nacionalistas vascos y catalanes —PNV y CiU— que antes. Pero para alcanzar su colaboración, el Partido Popular tiene que ser una fuerza política próxima a la mayoría absoluta.

comunidades protagonistas, que son el País Vasco y Cataluña, la presencia de ese centro-derecha nacional, tenía la modestia del gran desaire. Eran las nacionalidades históricas con sus nacionalismos. Asturias seguía estando en la izquierda. La derecha, en refriega con el socialismo, era más abundante en Galicia, en Cantabria, en Castilla y León, y problemática en La Rioja y en Aragón. En Madrid tradicionalmente de la izquierda, había ascendido y hasta triunfaría en las elecciones municipales y autonómicas del 91. Su gran desafío es próximo y será el de las elecciones generales. Y ésta es la gran incógnita, o la gran curiosidad, en cuanto a tener más votos y escaños, pero eso de la «minoría mayoritaria» o de la «mayoría absoluta» es todavía un sueño. La Historia, que me ha revelado muchas cosas con antelación, ahora es prudente conmigo, y en ocasiones me recuerda que el análisis es para la razón, y no para la imaginación.

El Partido Popular tiene algunos regionalismos para la colaboración, pero no tiene actualmente bisagras. La estructura democrática de España tiene ahora este eje principal y que podría ser largo: Madrid, Vitoria y Barcelona. La democracia restaurada en 1977 tiene, en la última decena de este siglo, el protagonismo capital de todo un socialismo nacional, y el nacionalismo de catalanes y de vascos. Esta alianza de intereses políticos de unos y de otros es capital. El Partido Popular de José María Aznar tiene mejores relaciones con los nacionalistas vascos y catalanes —PNV y CiU— que antes. Pero para alcanzar su colaboración, el Partido Popular tiene que ser una fuerza política próxima a la mayoría absoluta. Solamente entonces conseguiría la asistencia de catalanes y de vascos, porque éstos no tienen en su cabeza «la idea de España», sino la de Catalunya y Euskadi, y solamente se convocan respecto a sus intereses.

En orden a la presencia de poder del Partido Popular en comunidades autónomas y en ayuntamientos es también reducida en comparación con el socialismo. Todo esto es el espejo de aquella tradición de la democracia anterior, o República de 1931. Eran entonces otras identidades de las fuerzas políticas de la izquierda y de la derecha, pero lo que sigue todavía claro en nuestro país, muchos años después, es que la izquierda, representada ahora mayoritariamente por el socialismo, tiene más asistencia que la derecha, representada por el Partido Popular.

Por otro lado, los dos sindicalismos protagonistas de nuestro país aparecen en una izquierda más radical y apremiada, y el empresariado y la banca se dedican, en exclusividad, a su propia y justa estrategia de intereses con un socialismo en el poder y que ha instalado —además— a sus cuadros en todas partes. El socialismo, con realismo de adaptación, se obliga a ser más liberal y entonces la banca y la empresa tienen la obligación inexcusable de una convivencia y de una alarma resignadas; pero al socialismo en el poder, con la aceptación ineludible de las libertades le sigue gustando el Estado con preferencia y así, el intervencionismo y la política fiscal han sido sus grandes descubrimientos y mecanismos para sus obligadas concesiones sociales y de influencia. El capitalismo es la querida amarga del socialismo, y la paga con prudencia. Cuando la izquierda era toda ella radical y revolucionaria, la banca y la empresa estaban con la derecha, a efectos de su supervivencia, pero ahora es otro el panorama. La banca y la empresa no mueren con el socialismo, aunque unos viven dulcemente y otros fatigosa o nerviosamente, pero ésa es la realidad. El socialismo ha descubierto la riqueza y sus hacedores y la necesita para fabricar mejor su imagen pública.

La nueva derecha ha roto su viejo cliché, está en la modernidad democrática y tiene la sensibilidad social y cultural que se corresponde con nuestro tiempo, pero tiene su vieja leyenda encima y se la enseñan a diario sus adversarios. Pero son, en los finales de este siglo, y como diría Torcuato Fernández Miranda, «trampas saduceas». Todos son distintos —en la izquierda y en la derecha— a como eran antes. La Historia entierra las figuras de otras circunstancias.

La Historia es vertiginosa en los sucesos y en los cambios y es más paralizante en las esencias. A la derecha le cuesta más trabajo todavía tener jóvenes, intelectuales y trabajadores que a la izquierda. La audacia tiene más seguidores que el comedimiento. La propia Iglesia, que en el pasado estaba cerca de la derecha por el anticlericalismo y el ateísmo de la izquierda, ahora no está en ninguna parte, y solamente en la Doctrina o en las ideas de sus textos, principalmente en orden a la moralidad individual y social. En ocasiones sacude al socialismo, pero no acerca su corazón a la derecha. Y ahora tiene la gran preocupación del capitalismo en solitario.

Las Fuerzas Armadas han dejado de existir en sus protagonismos históricos y políticos. Esto ha tenido lugar en la década de los 80, tras el golpe militar del 23-F, y también como la exigencia de nuestra presencia en compromisos y solidaridades con Europa. La figura política de Europa es exigiblemente la nuestra, o no estamos en ella.

Así es que los antiguos poderes fácticos, que en el mundo moderno y contemporáneo de dos siglos estuvieron cerca de lo que representaba el espíritu conservador, ahora ya no son ni siquiera poderes fácticos. El nuevo modelo de centro-derecha necesita otras bases y otra arquitectura. También es verdad que varios millones de españoles votan a la derecha, también en función del retrato clásico de la izquierda. Hasta la universidad, en las postrimerías de este siglo, carece del protagonismo que tuvo en el pasado. El protagonismo y los comienzos en Europa, han obligado también a la derecha a tener sus relaciones con esas uniones políticas de ideologías afines o iguales. A la manera como el socialismo aparece dentro de su Internacional. Esto es una novedad fértil de la derecha, pero también la Europa de estos finales de siglo y en su proyecto de unidad económica, monetaria y política no hace las distinciones del pasado. Las viejas confrontaciones han muerto para el logro de esa unidad, y porque varios terremotos han volado la Europa y la Rusia antiguas. Los biógrafos íntimos de Felipe González dicen que es más feliz en Europa que en España. José María Aznar se abraza ahora, con original frecuencia, con los conservadores, los democristianos y los liberales europeos. El comunismo y algo del franquismo superviviente son fantasmas. El retrato desnudo de la derecha en España es otro. Tiene la derecha grandes dudas sobre lo que tiene que conservar (lo conservador); sobre lo liberal, que ya es gaseoso; y sobre lo democristiano, con la Iglesia solamente en sus textos y encíclicas. Ahora la derecha del 92, y tras su convención de actualidad frente al socialismo, tiene todas estas denuncias y sensibilidades: contra la expansión de la droga; decisión firme frente al progreso de la inseguridad ciudadana; aportaciones de soluciones económicas para el remedio del paro; más Sociedad que Estado; menos impuestos y más servicios públicos; relaciones normales con el mundo sindical; denuncia constante a la corrupción; y presencia y protagonismo en Europa. Pero aquella derecha —llamada centrismo— tuvo el gran fracaso, y luego asociada a medias, y con varios accidentes de recorrido, como esos trenes inseguros, no tiene todavía su plenitud. Sus votos no son la obra, principalmente, de sus personajes, sino los de ese sector permanente de la sociedad española que no ampara a la izquierda. España, como otros países europeos, tiene las dos tradiciones de la izquierda y de la derecha en el pueblo. Son animadoras o desanimadoras, pero así es nuestra realidad. Los viejos y furiosos resentimientos han muerto. Ahora son otros modos de estar. Y la gran pasión es el poder. La crisis de las ideologías ha quebrado a la política sus apóstoles. En cualquier caso, el nuevo líder de la derecha, José María Aznar, ha levantado su barricada ante las elecciones generales próximas, las ve cerca, y dispone los cuadros y las estrategias. Es su gran prueba. El partido tiene también en su interior convulsiones manifestadas o discretas como resulta frecuente en una modernidad como la nuestra, en la que la ideología ya no es básica, y solamente ocupan un primer plano las estrategias.

La crítica o la denuncia al Gobierno socialista es constante. El

El capitalismo es la querida amarga del socialismo, y la paga con prudencia. (De izquierda a derecha, Solchaga, Boada, González, Boyer y Aguirre Gonzalo.)

La propia Iglesia en ocasiones sacude al socialismo, pero no acerca su corazón a la derecha. (De izquierda a derecha, J. M.ª Maravall, A. Guerra, F. Ledesma, E. Yanes, J. Delicado Baeza y F. Sebastián.)

Las Fuerzas Armadas han dejado de existir en sus protagonismos históricos y políticos. Esto ha tenido lugar en la década de los 80, tras el golpe militar del 23-F.

tema más ardoroso es el de la corrupción. Los partidos son grandes empresas, con su organización y su burocracia, y no reciben del Estado el dinero suficiente para la existencia y el combate. Entonces se implican, o se complican, con esto y aquello. Luego sucede que hay otra corrupción, la personal, y que es la más indeseable. Las denuncias al poder socialista son más fáciles, porque viene a ser «una clase instalada», y es más corriente el tráfico de influencias. El Parlamento no está todavía acostumbrado a las «Comisiones de Investigación», y siempre el más reacio es el grupo parlamentario que está en el Gobierno. El Poder Judicial es otro edificio todavía no construido para su eficacia, su autoridad y su independencia plena. Por el Poder Judicial pasa el aire de la política con todas sus consecuencias. El Consejo General del Poder Judicial y el Tribunal Constitucional nacen en el Parlamento, y hasta los jueces y magistrados se dividen en tres asociaciones, o están desunidos. El fenómeno de la corrupción ha sido todo un vendaval, y permanece. Puede acompañarse a esto otro fenómeno contemporáneo y es el del narcotráfico o drogadicción. Jamás España había padecido esta invasión. Ahora resulta que hasta es una plataforma, por nuestra situación en la geografía, para la circulación y venta en Europa. Así es que la derecha joven de José María Aznar tiene todos estos asuntos para la fabricación de su posición crítica: contra el terrorismo, la corrupción, la drogadicción y los excesos de poder de una mayoría absoluta socialista. Entonces, esta primera fuerza política de la oposición ejerce su función clásica. Los discursos son frecuentes y constantes. A manera de ejemplo, José María Aznar diría esto al Gobierno en el Parlamento sobre el tema capital de la competitividad en la economía española:

> Se han olvidado instrumentos como la política fiscal y presupuestaria, atenazado el Gobierno por los requerimientos electoralistas. Se lo diré con palabras claras: se gasta mucho y se gasta mal; se gastan lo que no tienen en lo que no hace falta. Este Gobierno no es que no pueda controlar el gasto público, señalado por tantos expertos como factor esencial de nuestra crisis, es que no quiere hacerlo, porque entiende que ello pondría en peligro su único y esencial objetivo: mantenerse en el poder.

Así es el clima. La nueva derecha es joven y también con cuadros tecnocráticos. Desaparecieron las identidades clásicas, como en el socialismo, y son también otra gente. Lo que sucede es que hay una España sociológica con grandes sectores antiguos que siguen clasificando el país a la antigua, aunque sin los violentos resentimientos. El socialismo aparece en todas partes, y también en Cataluña y en el País Vasco con gran fuerza. La derecha, sin embargo, es muy débil en estas comunidades y con la paradoja de que los nacionalismos principales —PNV y CiU— son la derecha. Aquella derecha de la Primera Restauración en los finales del siglo pasado fue protagonista o fuerte. La derecha de la República de 1931 fue débil. Y la derecha de esta Segunda Restauración hizo posible que se abrieran las puertas de par en par al socialismo, y éste lleva en el poder una década. La política española en las libertades —cinco democracias desde aquella primera de 1869— tuvo siempre menos investigadores que mágicos. La historia de nuestro «sufragio universal» es una leyenda fantástica. Cuando se convoca a votar al pueblo soberano, siempre lo hace «contra alguien». La beligerancia no es de reflexión, sino de sentimientos. Se oye la demagogia y la descalificación con éxtasis.

La izquierda radical, testimonial y desorientada

El regreso de la democracia española en 1977 por parte de la izquierda, y que fue siempre plural en el pasado, se reducía ahora al socialismo y al comunismo, aunque el socialismo tenía en los comienzos varias familias, y luego se integrarían y algunas desaparecerían. Aquellas otras izquierdas democráticas de la República habían desaparecido en el exilio. La más importante de todas era la de Manuel Azaña, y se acabaría con sus sucesores en el exilio, que durante largo tiempo conservarían la «legalidad» de aquella República. Las dos grandes fuerzas de socialistas y comunistas regresaban con Marx, pero en sus distintos grados. El Marx del socialismo había sido explicado magistralmente por Luis Jiménez de Asúa en Buenos Aires, en 1956. «La libertad y el derecho a la disidencia —decía el profesor— son los signos por los que se reconoce la democracia auténtica. Todo el que tenga miedo a la libertad no está seguro de la legitimidad de sus poderes. El derecho a la disidencia supone considerar legítimo el pensamiento ajeno, aunque sea distinto al nuestro, aunque sea opuesto, incluso hasta cuando nos es contrario y hasta odioso.» Marx era interpretado de una manera plural. Pero al poco tiempo la nueva generación del socialismo dirigente olvidaría el marxismo y pondría en un primer plano el socialismo o la socialdemocracia, poniendo sus ojos en Europa y en las exigencias y singularidades de estos finales de siglo.

El comunismo inicial de Santiago Carrillo establecía la diferenciación del «eurocomunismo» a los efectos de fabricar el comunismo propio de cada país, porque la Unión Soviética era diferente. El liderazgo socialista de Felipe González, como representante de la nueva generación, fue en aumento, mientras que el comunismo se vendría abajo, sin desaparecer, en una gran crisis del electorado, y en quiebras internas entre históricos y modernos, y también entre rivalidades sordas que tiene todo partido de construcción autoritaria. El desastre electoral de 1982 obligaría a Carrillo a dimitir y luego marcharse a otro partido propio.

Su sucesor sostenía el edificio ruinoso, pero no hacía una reconstrucción esperanzadora. Era Gerardo Iglesias. Por último aparecería Julio Anguita, con más aire de misionero y de ideólogo que el de pragmático para digerir lo que se le había venido encima, que era la gran crisis del comunismo en la Unión Soviética y que era la gran iglesia del comunismo universal.

Pero en los finales de 1989 fue aprobado en el partido un informe, presentado por Francisco Palero Gómez, que era la gran adaptación de los comunistas españoles a los acontecimientos soviéticos. Éste era uno de los párrafos del nuevo pensamiento:

> El nuevo pensamiento puede concentrarse, al menos, en los siguientes aspectos:
>
> 1. Reconocimiento explícito de la interconexión de los grandes problemas de la humanidad. La paz, el desarme, el hambre, la ecología, la deuda externa, etc..., son considerados problemas interdependientes y sólo solucionables desde la cooperación internacional. Como consecuencia inmediata de este criterio se constata que la lucha de clases no se dirime a escala planetaria por la confrontación entre los bloques; una confrontación bélica, dado el desarrollo de armamentos, no conducirá al triunfo de un sistema sobre otro, sino a la destrucción de la humanidad. El pragmatismo y el realismo se sitúan como notas predominantes en las relaciones internacionales, junto a la preeminencia de los valores morales y de los derechos humanos. El nuevo pensamiento así formulado es la aportación más eficaz para la resolución pacífica de los conflictos regionales.
>
> 2. Se produce una identificación total entre socialismo y democracia. Los derechos individuales del hombre no son contrapuestos a los derechos sociales. El hombre es el eje de todo y en consecuencia se unen los grandes conceptos de libertad, igualdad y fraternidad con los ideales de superación de las clases y de justicia social.
>
> 3. En las relaciones entre partidos y estados se reafirma la idea de independencia, de no injerencia, de desarrollo autónomo y libre de cada uno, según sus realidades históricas, políticas y sociales.
>
> Es el rechazo de la imposición de un modelo, y el punto final de la teoría de «soberanía limitada». Es, por consiguiente, la aceptación de las distintas experiencias en la construcción del socialismo y el rechazo a considerar a la URSS como la encarnación de los valores del socialismo.
>
> 4. En el orden interno, es la lucha contra la identificación del partido-estado-gobierno, y por consiguiente la reafirmación del pluralismo político y social, de la libertad de expresión, de asociación, de manifestación, de los derechos colectivos del hombre. Es la creación de un Estado de Derecho.

5. En el orden económico se rechaza la teoría que explicaba la existencia de dos mercados en el ámbito mundial, propiciándose la descentralización económica frente al burocratismo, y la economía mixta y la planificación democrática frente al estatalismo. Se reconocen que algunas leyes económicas, como instrumentos objetivos para el desarrollo de la economía, afectan a los dos sistemas sociales, realizándose mención especial al mercado como instrumento regulador y el Estado es reconocido como instrumento regulador de la economía, anulando las teorías estatalistas.

Se quiere poner así fin al estancamiento económico y a los graves problemas de abastecimiento que padecen muchos de estos países que llevó a la implantación de mercados negros y corrupciones diversas, reiteradamente denunciadas por Gorbachov.

Este nuevo pensamiento revolucionario produce actuaciones en la esfera internacional que muestran en la práctica el desarrollo de las teorías.

Recordamos, a título de ejemplo, acciones concretas realizadas en los últimos meses: la retirada de las tropas soviéticas de Afganistán, la superación de la confrontación chino-soviética, el reconocimiento del papel de la CE, los múltiples encuentros con los presidentes USA, o las últimas declaraciones del Pacto de Varsovia sobre la invasión a Checoslovaquia de 1968.

Uniendo estos ejemplos a las teorías que señalábamos, puede afirmarse que se inicia el fin de la guerra fría, el fin del espíritu de Yalta, o la división que confrontó al mundo en un sistema bipolar. No se puede ignorar y menos ocultar el papel jugado por EE.UU. y los países capitalistas como principales responsables en la implantación de esa dinámica de confrontación mundial. Ahora bien, la constatación de ese hecho no exime a los países del Este de los errores cometidos y en especial de la aplicación de un acentuado militarismo en la mayoría de sus actuaciones.

Constatado este hecho, debemos valorar como auténticamente esperanzador la valentía en la reflexión autocrítica iniciada en la URSS para la corrección de los errores del pasado, poniendo fin a un modelo político que acuñó Stalin y se desarrolló en la etapa Breznev, generando la difícil situación por la que hoy atraviesa este país.

Es imprescindible reconocer que existieron otros momentos históricos donde se intentaron procesos críticos correctores. Recordemos el XX Congreso del PCUS donde se denunciaron los crímenes de Stalin y el culto a la personalidad. La diferencia sustancial con aquel proceso estriba en que hoy se buscan soluciones democratizadoras donde el protagonismo principal es del pueblo. Afirmándose el pluralismo, se anula la teoría del partido único y el estalinismo de la economía.

Hemos de recordar también que en otros países «socialistas» existieron importantes corrientes democratizadoras, ahogadas por la fuerza, entre las que destacan la propia política del Partido Comunista de Checoslovaquia bajo la dirección de Dubcek y plasmada en su programa de acción de abril de 1968. Es lo que se denominó Primavera de Praga.

Nuestro Partido adoptó posiciones, con rigor y valentía, ante aquellos sucesos, en el apoyo al socialismo democrático y en la condena a la invasión que protagonizaron los países del Pacto de Varsovia encabezados por la URSS.

Sin duda esos acontecimientos marcaron la impronta de muchos PP.CC., y en lo que a nosotros se refiere, sirvieron para acentuar nuestro compromiso con un socialismo en democracia y para la elaboración de nuestra línea política autónoma.

Desde esa independencia el PCE apoya la «Perestroika», considerándola como un proceso revolucionario. Sin embargo, hemos de reconocer que no supimos valorar en profundidad la importancia del proceso que se iniciaba, lo que nos impidió observar su contenido global, las hondas consecuencias que su aplicación podría significar en la esfera internacional y en el desarrollo de los otros países del Este.

Los procesos que hoy se producen en los países del Este europeos, con la excepción de Albania, son consecuencia del profundo impacto de la «Perestroika» y del nuevo pensamiento político que ha generado, unido a su propia situación interna que demandaba, con urgencia, el cambio.

La ruptura del modelo que imperó en las relaciones entre la URSS y esos países y la reafirmación de la democracia como instrumento universal, es la invitación a los pueblos para que asuman el protagonismo de la historia, para el renacimiento de la concepción del socialismo democrático. El nuevo pensamiento es la negación de los dogmas y la invitación para el nacimiento de las ideas como instrumento único para el desarrollo del socialismo.

Finalmente, sería algo peor que una crisis y que era la desaparición del comunismo mismo como sistema político, y de la URSS, y de la bandera roja con la hoz y el martillo. Pero en los varios sucesos de este proceso se había creado en España una coalición de partidos, llamada Izquierda Unida, que albergaba a varias izquierdas como la del Partido Comunista de España, la de los socialistas más radicales o críticos que se habían ido del PSOE, y otras variedades. Esta coalición tendría la fortuna de haber superado la crisis horrenda del comunismo en el 82 y alcanzaba un grupo modesto, pero estimable, en el Congreso de Diputados y que lo convertía en la tercera fuerza del Parlamento. El protagonismo principal estaba a cargo de los comunistas. Esta coalición venía a ser el encubrimiento de un partido en crisis, pero sin ánimo de desaparecer. El gran problema aparecería pronto. Las varias gentes no comunistas de Izquierda Unida querían convertirse en un partido político, mientras que los comunistas estaban más a gusto de esta otra manera como coalición, y sin perder los ojos de lo que estaba pasando en la Unión Soviética. El coordinador de Izquierda Unida, Julio Anguita, se marcharía un día porque esta coalición se había convertido en partido en algunas comunidades. Por esos días tendría lugar el XIII Congreso del Partido Comunista y allí las cosas quedaron de esta manera: triunfaron los que querían la permanencia del Partido Comunista, y fueron minoría los renovadores. El partido estaba dividido. Fernando Pérez Royo, una de las cabezas más brillantes del partido, que era partidario de la disolución, decía esto:

> Entiendo que el PCE hubiera debido emprender hace ya algún tiempo un proceso que le condujera a dar vida a una nueva formación de izquierdas, dotada de un programa democrático y reformista y que se alineara en el campo del socialismo democrático, e integrándose en la Internacional Socialista. Esto era algo parecido, o igual, a lo que había hecho el dirigente comunista italiano Occhetto en un congreso célebre. Julio Anguita, por el contrario, decía que seguía siendo comunista y marxista con las nuevas vertientes. Esto lo tenía en los tuétanos. Y ésta era la orientación triunfadora. El partido, superviviente, y los ideales actualizados y en los territorios de la legalidad constitucional de la democracia española.

Los partidos comunistas europeos tenían su iglesia en Moscú, a la manera como el catolicismo la tiene en Roma. La discreción o prudencia de los partidos comunistas europeos fue grande respecto a evoluciones, o situación, en la propia Unión Soviética. Fueron muy discretos cuando el famoso «Informe Secreto» del XX Congreso del PCUS que destrozaría a Stalin. Pero sus sucesores seguirían manteniendo el sistema político de partido único, y el económico y social de estatalización y socialización. Solamente tras la llegada al poder de Mijail Gorbachov es cuando empieza el proceso de reforma. Un largo programa de silencio era el comportamiento del Partido Comunista Español, o una discreción dormida o apagada. Su estalinismo inicial fue fervoroso, y por eso me he dispuesto a reproducir un texto de Dolores Ibárruri, *la Pasionaria*, con motivo del XXX Aniversario del Partido Comunista de España. El silencio de la *Pasionaria* sobre la Unión Soviética fue clásico. Allí vivía y tenía las exigencias de la prudencia y los fervores antiguos. Pero este texto de Dolores Ibárruri es su retrato histórico más real. Cuenta a su manera, con grandes desfiguraciones históricas, aquella República de 1931; engloba en el fascismo a todos; arremete, por tradición comunista, contra anarquistas y socialistas, y se acompaña para la «guerra fría» de su idolatría por Stalin, frente «al imperio anglo-yanqui», que con los soviéticos habían ganado la guerra contra los fascismos. Los anglo-yanquis, Churchill y Roosevelt, habían entregado a la Unión Soviética la Europa del Este y una Alemania. Habían fabricado a su adversario provocador. Pero así era *la Pasionaria*, fiel a sus orígenes. En su regreso a España, su personalidad era ya otra por los años, pero no en su intimidad. El largo exilio la había obligado a asomarse a todo, desde su residencia en Moscú, y a tener dentro sus decepciones reales; pero se obligaba a sobrevivir como fue, y a convivir con sus viejos ideales, aunque ya de otro modo. La nueva democracia española obligaba a estar a los comunistas de otra manera, a como estuvieron en la República. Ya era solamente un símbolo. Pero *la Pasionaria* histórica es la de este texto:

> Conmemora el Partido Comunista de España el XXX aniversario de su fundación, viviendo bajo el desenfrenado terror franquista en el interior del país, y esparcidos por distintos lugares de la tierra millares de sus afiliados. Pero todos, los de dentro y los de fuera, unidos por rasgos comunes que ni el tiempo, ni la distancia, ni los avatares de la vida, han podido borrar: su fidelidad a los principios marxistas-leninistas; su devoción sin límites a la Unión Soviética y al camarada Stalin, y su entrega absoluta a la causa de la liberación de España de sus opresores fascistas.
>
> Con la fundación del Partido Comunista en abril de 1920, se abría una nueva página en la historia del movimiento obrero español. La gran revolución socialista de octubre desempeñó un enorme papel en el despertar de la conciencia de las masas populares de España, puso en pie y alzó a la lucha a millares y millares de obreros, campesinos e intelectuales progresivos, que buscaban afanados el camino hacia un porvenir feliz.
>
> No ha sido cómodo, ni llano, el camino recorrido por el Partido Comunista en estas tres décadas. Ante él se levantaba, junto a los escollos de la represión policíaca y de la influencia anarquista y socialista en el seno de la clase obrera, su propia debilidad ideológica, que era la expresión de la ausencia de formación teórica en el Partido Socialista Español, de donde procedía la mayoría de los que formaban el Partido Comunista.
>
> Las relaciones del Partido Comunista de España con el movimiento comunista internacional, a través de la Internacional Comunista, le ayudaron a llenar esta laguna ideológica, apren-

diendo en la experiencia revolucionaria de otros países y, sobre todo, en la grandiosa experiencia del Partido Bolchevique, dirigido por Lenin y Stalin.

Esto hizo posible que la influencia del Partido Comunista se dejaba sentir en todas las agitaciones populares de aquella época, en la cual la clase obrera y los campesinos eran impulsados a la lucha por la brutal explotación de que eran objeto, por su resistencia a la guerra de Marruecos, en la que morían millares de jóvenes españoles, y por su odio a la dictadura militar fascista del general Primo de Rivera.

Sobre la marcha, en el desarrollo del partido y de la lucha revolucionaria, fueron quedando al margen aventureros y gentes extrañas e inestables, a quien el ascenso revolucionario de las masas empujó al campo de la lucha, y que el reflujo del movimiento arrastró hacia atrás como restos podridos de un naufragio.

Los comunistas españoles comprobaron en su propia experiencia la gran verdad leninista de que «sólo un partido dirigido por una teoría de vanguardia puede cumplir su misión de combatiente de vanguardia».

A pesar de la fuerza que aún conservaban socialistas y anarquistas, el Partido Comunista de España se convirtió en el dirigente de la clase obrera a partir de 1932, cuando, por iniciativa de José Díaz, fue expulsada la antigua dirección, que había convertido al partido en un grupo estrecho y sectario.

Muchas eran las tareas que la situación excepcional que vivía el país planteaba ante el partido. Lo fundamental en aquel momento era lograr la unidad de la clase obrera frente a la amenaza fascista que se cernía sobre España, y cuya primera alarmante manifestación fue la sublevación antirrepublicana dirigida por el general Sanjurjo en agosto de 1932. Había que impedir que la República se hundiera y que las fuerzas reaccionarias tomasen de nuevo el poder en sus manos.

La división del proletariado español, la concepción menchevique del Partido Socialista sobre la dirección de la revolución burguesa, y la debilidad orgánica del Partido Comunista, fueron, entre otras, las causas principales de que la revolución en España, al caer la monarquía, fuese dirigida por la burguesía y no por el proletariado.

Las consecuencias de tal hecho fueron tanto más graves, porque la participación incondicional de los socialistas en los gobiernos republicanos confundió a los trabajadores sencillos que ingenuamente creían que a través de simples reformas llegarían al socialismo. Esta creencia paralizó su actividad revolucionaria, permitiendo a la reacción reagrupar sus fuerzas y pasar a la ofensiva contra los derechos vitales y las libertades democráticas del pueblo. Los socialistas se vieron obligados a abandonar la colaboración con los ministros reaccionarios y salieron del Gobierno tristemente aureolados con los asesinatos de decenas de trabajadores en Arnedo, en Castilblanco, en Casas Viejas y en Sevilla. El Partido Socialista fue incapaz de ahondar en las causas de su fracaso.

El Partido Comunista, tratando de corregir la situación y comprendiendo la gravedad de ella, se dirigió al Partido Socialista con la proposición de constituir el «frente único» para hacer más eficaz la movilización de las masas contra el peligro fascista, que cada día era más proximo. El Partido Comunista no olvidaba la responsabilidad de los socialistas por su actuación ministerial, que había llevado al país a una situación de tan extrema gravedad, y por sus crímenes contra los trabajadores.

Pero el Partido Comunista actuaba como un partido revolucionario marxista que se esforzaba por unir las fuerzas en la lucha en defensa de los intereses de la clase obrera, del pueblo y de la República, amenazados por la contrarrevolución fascista.

El Partido Comunista logró con un trabajo persistente y tenaz que en el seno del Partido Socialista, a despecho de sus jefes, se formase una corriente favorable a la colaboración con los comunistas. Ello hizo posible que en el movimiento insurreccional de octubre de 1934, contra el Gobierno fascista Lerroux-Gil Robles, luchasen juntos, en todas partes, los obreros socialistas y comunistas, impidiendo la consolidación de las fuerzas de la reacción y abriendo el camino para una mayor colaboración entre los dos partidos.

El VII Congreso de la Internacional Comunista en 1935, donde los problemas del Frente Único y del Frente Popular constituyeron el eje central de las discusiones, ayudó extraordinariamente al Partido Comunista de España a comprender sus tareas y a realizar la unidad de acción de todas las fuerzas progresivas para la lucha contra el fascismo. El Partido Comunista fue el alma del Frente Popular, para cuya creación y fortalecimiento hubo de vencer no pocas dificultades.

A cada proposición concreta de los comunistas, los líderes socialistas y republicanos oponían otras que desfiguraban el carácter del Frente Popular. Para ellos, el Frente Popular no debía tener más objetivo que las elecciones. Los comunistas insistían en la aprobación de un programa mínimo y en el mantenimiento del Frente Popular hasta que ese programa fuese realizado.

Constituyóse el Frente Popular sobre un programa que no era lo que los comunistas deseaban, pero que era ya un paso adelante en relación con el pasado. El resultado fue la victoria de las fuerzas democráticas en las elecciones de febrero de 1936 sobre las fuerzas reaccionarias.

El Partido Comunista no perdió la cabeza con esta victoria,

El comunismo inicial de Santiago Carrillo establecía la diferenciación del «eurocomunismo» a los efectos de fabricar el comunismo propio de cada país, porque la Unión Soviética era diferente.

Izquierda Unida: esta coalición venía a ser el encubrimiento de un partido en crisis, pero sin ánimo de desaparecer.

sino que consideró que la lucha iba a agudizarse y así lo declaró José Díaz, secretario del Partido Comunista, pocos días después de esta victoria. «Los acontecimientos van a desarrollarse de una manera rápida —dijo José Díaz— y hay que estar alerta, porque la lucha entablada en España entre la revolución y la contrarrevolución va a agudizarse.»

No engañaban al Partido Comunista las afirmaciones hipócritas que aparecían en la prensa reaccionaria sobre la «posibilidad de convivencia pacífica» y sobre la «libertad», cuando en realidad desde el mismo 16 de febrero de 1936 se preparaba ya la sublevación contra la República. El Partido Comunista, desde febrero hasta el momento de la sublevación fascista en julio de 1936, tanto en los mítines como en la prensa, al igual que en el Parlamento y en las reuniones sindicales y juveniles, se esforzaba por mantener viva la vigilancia de la clase obrera y de las fuerzas democráticas y exigía del Gobierno la prohibición de las organizaciones reaccionarias. El 15 de julio de 1936, es decir, tres días antes de la sublevación fascista, el secretario del Partido Comunista desenmascaraba los manejos de la reacción y exigía del Gobierno, en la reunión de la Comisión Permanente de las Cortes, se tomasen medidas para cortar la actuación de las fuerzas fascistas que conspiraban contra la República.

El 18 de julio, el día en que en Madrid se conoció la sublevación fascista, el Partido Comunista movilizó a las fuerzas populares para la lucha. Con esta movilización se logró en el primer momento paralizar la acción de los sublevados en Madrid, que quedaron aislados en el Cuartel de la Montaña, donde fueron rápidamente aplastados. Al mismo tiempo, el partido consiguió que se constituyese un Gobierno dispuesto a organizar la resistencia, en lugar del Gobierno de capitulación que los traidores trataban de constituir con la aquiescencia del presidente de la República para facilitar la instauración «democrática» del fascismo en España.

Simultáneamente, el Partido Comunista situaba en los frentes de la Sierra, cercana a Madrid, a hombres probados por su firmeza y combatividad, que a la cabeza de las Milicias Populares y con la colaboración activa de militares leales, cerraron la marcha de los fascistas sobre Madrid, clavándoles en las estribaciones de la Sierra, de donde no pudieron avanzar hasta que la traición de la Junta de Casado abrió a Franco las puertas de la capital de la República. No se concretó el Partido Comunista a organizar la defensa de Madrid, sino que envió sus hombres a organizar la resistencia popular armada frente a los agresores fascistas a todas las regiones de España que permanecían fieles a la República.

Pero hablar ampliamente de la actuación del Partido Comunista en la guerra nacional-liberadora de 1936 a 1939, no es po-

sible hacerlo en los marcos de un artíc
Basta recordar que el Partido Comunista
aparecía ante la España agredida por los i
cistas como dirigente y combatiente de van
blo heroico y de una clase obrera, que no reg
ni vidas para defender la República y la democ
Comunista fue el iniciador de la creación del Ejér
pesar de la oposición tenaz del ministro socialista
y presidente del Consejo de Ministros.

El Partido Comunista fue el organizador de la ind ia de guerra, terminando con «empresas especiales» que en nombre de intereses particulares, «sindicales» y «nacionalistas» se extendían como una plaga por el país y que impedían —en muchos casos conscientemente— que los frentes fuesen abastecidos con los necesarios medios de defensa.

El Partido Comunista, al participar en el Gobierno en el transcurso de la guerra, dio vida a las aspiraciones seculares de los campesinos pobres y obreros agrícolas de poseer la tierra, realizando una amplísima reforma agraria, que caló tan hondo en la conciencia de los hombres del agro, que aún hoy los franquistas chocan con la resistencia de los campesinos que, después de haber poseído la tierra, no se resignan a vivir sometidos a la feroz explotación semifeudal restablecida por Franco en el campo.

Después de la derrota de la República, el Partido Comunista, que no ha considerado nunca esta derrota como definitiva, se ha esforzado por restablecer la unidad de la clase obrera con todas las fuerzas antifranquistas.

Forjados en la escuela estalinista de la lucha y de la fidelidad a la clase obrera y a las masas oprimidas y explotadas, los comunistas españoles continúan su actividad en el interior del país y en la emigración. Y hoy, de un modo más tesonero y consecuente aún que en 1933 y en 1935, dedican y dedicarán sus energías a agrupar las fuerzas obreras y antifranquistas, no sólo para la lucha por la recuperación de la República, sino para impedir que España sea convertida en un campo militar, en una base estratégica de los incendiarios de guerra anglo-yanquis contra el propio pueblo español, contra la Unión Soviética y los países que se han liberado del yugo capitalista nacional y extranjero. Y esto, sin renunciar a la crítica sobre actitudes contrarias a los intereses del pueblo, mantenidas por diferentes fuerzas y partidos políticos.

Sin ninguna reserva, proclamamos nuestra confianza en la clase obrera y en las fuerzas progresivas de nuestro país, de la misma manera que ellas pueden confiar en el Partido Comunista. Nuestra confianza se basa en el conocimiento de la capacidad combativa de nuestros obreros, de nuestros campesinos, de su amor a la democracia y al socialismo, expresados en largos

..s de lucha y de esfuerzos heroicos por romper el yugo fascista y acabar con la explotación capitalista, y se basa, además, en algo que no puede ser detenido ni con las cárceles, ni con el terror, ni con la muerte: en el desarrollo histórico de la sociedad, ya que, como ha dicho el camarada Molotov, «vivimos en un siglo en el cual todos los caminos conducen al comunismo».

Treinta años de actividad, de trabajo constante del Partido Comunista por fundirse con las masas, por dar a éstas una conciencia revolucionaria marxista no han pasado en balde. Los obreros, los campesinos, las gentes progresivas honestas de nuestro país han visto a los comunistas diariamente en el trabajo por unir las fuerzas populares en defensa de la República.

Los han visto en los momentos de peligro en la guerra como los más abnegados combatientes por la libertad del pueblo y de la patria, y los ven hoy a la cabeza de las fuerzas de la resistencia contra el franquismo, vertiendo su sangre por conquistar la libertad para España.

En el aniversario de la fundación del Partido Comunista de España, dos tareas fundamentales se derivan de la situación nacional e internacional para los comunistas españoles:

En primer lugar, luchar sin descanso en defensa de la paz, amenazada por los incendiarios de guerra imperialista anglo-yanquis, ya que la lucha por la paz está íntimamente ligada a la lucha por una España republicana y democrática. Y en segundo lugar, a despecho de la actitud provocadora de ciertos dirigentes socialistas y anarquistas, agentes descarados del imperialismo angloyanqui, trabajar con entusiasmo por la unidad de la clase obrera, por la unidad de las fuerzas antifranquistas para la formación de un Frente Nacional Republicano y Democrático.

Para cumplir con honor estas tareas, los comunistas deberán esforzarse en dominar el arma invencible de la teoría marxista-leninista, que les dará confianza en sus propias fuerzas y en las de la clase obrera, energía y seguridad para vencer las dificultades y les ayudará a encontrar salida a todas las situaciones por complicadas que parezcan.

La realización de estas tareas será la mejor manera de celebrar el aniversario de la fundación del Partido Comunista, el mejor homenaje que podremos ofrecer a todos los que cayeron en la lucha bajo nuestras banderas, soñando con una España liberada de la opresión reaccionaria y fascista, con una España de democracia popular, con una España socialista.

La libertad, por delante

Cuando escribo este libro, y su publicación va a tener lugar en la primavera de 1992, aparece abierta la crisis en Izquierda Unida. Uno de sus dirigentes más relevantes, Pablo Castellano, decía lo siguiente: «No queremos ser correa de transmisión del Partido Comunista.» Así es que el problema que tiene planteada la izquierda española más clásica es la de su congregación o su dispersión. Y es que el tema de la izquierda española en su conjunto tiene que soportar estos vendavales de finales de siglo, que la desautoriza en algunos de sus viejos dogmas, mientras que otros han sido ya digeridos por la sociedad misma que tenemos delante. También en estos años había tenido lugar la salida de comunistas relevantes hacia el socialismo, como Enrique Curiel, que dejaría hasta su acta de diputado; y lo más sorprendente, más tarde, era el ingreso de los compañeros del nuevo partido de Santiago Carrillo también en el socialismo. La gran tradición de Santiago le obligaba a aconsejar ese ingreso, pero se quedaba fuera por un respeto obligado a la Historia. Desde el socialismo de los años 30 se había ido al comunismo de José Díaz y de Dolores Ibárruri —el estalinismo español de la época— y en los finales de su vida no podía regresar. Toda su historia y su biografía había sido comunista. Todos estos comunistas en el socialismo de Felipe González aspiran a ser «la corriente de izquierdas».

Europa, en su proyecto de unidad económica, monetaria, de defensa, y política, tiene unos materiales que son diferentes a los que tenía en la primera mitad de este siglo. En orden a las ideas aparecen los conservadores, los liberales, los democristianos y los socialistas alejados del marxismo. Ésta es la figura de la Europa actual y próxima. El comunismo ha muerto en su lugar de origen, la Europa soviética del Este ha desaparecido, y ahora es un proceso de nacionalismos asociados y no integrados. Alemania se ha unificado, y van del brazo el capitalismo y el socialismo para hacerse servicios comunes: el capitalismo es quien crea la riqueza y los altos niveles de vida, y el socialismo vive exclusivamente para corregir sus excesos mediante la creación y el mantenimiento de una conciencia social. El fenómeno de lo económico y de lo social en convivencia, y hasta con dulzura, es el signo de la Europa democrática.

En los comienzos de este siglo estaban confrontadas la libertad y la justicia. Ahora el gran protagonismo es el de las libertades, porque la justicia —aunque no toda— ha sido asumida. Y en tiempos de libertades no hay limitaciones para el progreso o para la cultura, que eran también banderas de la izquierda. Así es que el suceso de la izquierda política y social origina las variedades y las desavenencias. Hay una izquierda superviviente y antigua, y otra izquierda más al aire de algunas insatisfacciones actuales. Pero aquel fenómeno antiguo o clásico de «la izquierda» y «la derecha» ha terminado, o tiene otro retrato. Por eso estamos delante de una verdadera selva de la izquierda, en la que aparecen diferentes tribus. La derecha, después del franquismo, tenía también una rica variedad, pero ahora ha mejorado bastante su integración y ya puede decirse que es un bosque, y no una selva. La crisis de las ideologías ha sido la causa principal. Hemos vivido del siglo XIX, pero ahora resulta que estamos terminando el siglo XX:

En cualquier caso, el socialismo moderno tiene en nuestro país a una izquierda que le arrebata parcelas sociales, y también se presta a ser su bisagra en el poder frente a la derecha. Los socialistas no olvidan aquellas palabras del profesor socialista español Fernando de los Ríos, tras su conversación con Lenin: «¿Llegará Rusia a comprender que la igualdad sólo puede ser buscada por la vía de la libertad?» Pero los nuevos comunistas están ahora cerca también de aquellas manifestaciones de Fernando de los Ríos. Lo que sucede luego es que la libertad tiene varias versiones. El mundo intelectual o cultural sigue viviendo en la izquierda, pero tiene una referencia menor que en el pasado. En el periodismo hay articulistas brillantes, y se les advierte la desorientación o la soledad en las ideas. Algunos fueron comunistas de proclamación o de ejercicio, y tienen varios frentes de acción para su inercia, y que son el socialismo, la derecha, el inolvidable franquismo, la Iglesia, y todo lo que siempre sería para ellos deleznable o criticable; pero ocurre que todo eso tampoco es ya lo que era. Lo del franquismo es un resentimiento viejo, y ya está lejísimos de la Historia. El socialismo es su salvación, porque no hay otra izquierda digerible, porque otras son reliquias. La derecha es democrática, a la manera europea, y tiene una conciencia de modernidad, porque de otro modo no circularía. La Iglesia, tras su Concilio Vaticano II, no está en los compromisos políticos, sino en las manifestaciones derivadas de su doctrina, y ése es su deber de 2 000 años. Las generaciones actuales han creado sus costumbres libres de vida, y ya no aparecen secuestradas por las tradiciones. Las libertades de expresión son las infinitas, que se corresponden con los estados de derecho de las democracias. Los dos sindicatos obreros protagonistas tienen las ideologías clásicas del socialismo y del comunismo, y constituyen los nuevos «poderes fácticos», con los partidos, y el mundo financiero y empresarial público y privado. El Estado, con diez años de socialismo, viene a ser como la estatua de la Libertad en Nueva York. Se ve, o está, en todas partes. Hay *beatifoul people* con gentes de la izquierda, y en decadencia la prostitución por las facilidades sexuales. Hasta periódicos de derechas anuncian el erotismo o prácticas carnales en anuncios de invitaciones sublimes. La izquierda política, o intelectual, o literaria, o artística, tiene menos campo. Entonces algunos se obligan a crearla a diario, o por resentimiento petrificado o por nostalgia. Cuando el fascismo y el comunismo han muerto, y el mundo que aparece construido rechaza los dogmas, la izquierda clásica está sin sitio. Los llamados «derechos humanos» están suscritos por todos, y el término y concepto de «progresismo» se lo reparten entre sí. Solamente la libertad es el instrumento para la opinión o para la denuncia. El fascismo y el comunismo la suprimieron, y alguna derecha e izquierda fueron felices con aquello. Hay algo, ahora mismo, en algunos izquierdistas impenitentes con Stalin o con Breznev en sus tuétanos, que no pueden ser santones de la libertad, aunque ahora la ejercen con fulgor. La sociedad que tenemos delante hasta ha fabricado ricos de izquierdas, y son felices. La derecha trae también su pesada carga histórica, y se libra de ella con sufrimiento y apuros. El viejo mundo de la izquierda intelectual ha muerto. Es otro el paisaje.

Hay, sin embargo, otra realidad política, social, moral y hasta universal, que no tiene cuadros críticos, o sugeridores, de influencia. Nunca la universidad estuvo más alejada, o más ignorada, o más en ninguna parte que ahora. Lo que murió, porque venía del XIX, y ya era antiguo, todavía no ha sido sustituido por lo que reclama el siglo XXI. Estamos en un gran vacío, y se empeñan en sobrevivir los supervivientes tardíos de la antigüedad. Todavía tenemos anticuarios, que fue siempre una gran pasión en nuestro pueblo, en España.

Pero el comunismo español se resiste también a morir porque ha sido un partido histórico en este siglo, y entonces su líder y el acompañamiento de los clásicos han hecho el gran esfuerzo en su último congreso que ha sido el XIII. En su informe, Julio Anguita decía muchas cosas que tenían la naturaleza del magisterio histórico en orden a las ideas. Pero se proponía hacer posible la convivencia del Partido Comunista en ejercicio, y de las libertades. Éste era uno de sus párrafos:

> Si hablamos de una nueva formación política estable y permanente, es porque ninguna unión ocasional puede ser suficiente para realizar tarea histórica de tanta envergadura. Tal formación política representaría una garantía actuante del carácter democrático y pluripartidista de la sociedad socialista hacia la que marchamos y, en definitiva, una forma muy elevada de concreción política de la alianza de las fuerzas del trabajo y de la cultura. Esa nueva formación política presupone la necesidad de que exista un fuerte Partido Comunista de masas, con un gran núcleo de cuadros preparados que actuaría, en el seno de la nueva formación, con los mismos derechos y deberes que los otros, esforzándose por desempeñar un papel unitario y por pesar en su orientación en el sentido de la realización de una política socialista consecuente.

> Izquierda Unida no puede definirse como una organización política con una seña de identidad única y procedente de cualquier familia política o ideológica. Su definición debe ser mucho más laica y mucho más amplia. Izquierda Unida es el resultado permanente de la permanente aportación teórica, política, ideológica y cultural de las distintas fuerzas políticas y colectivos que concurren en la misma a través, y fundamentalmente, de la elaboración colectiva y de la apuesta en común de un programa que al ser aceptado por todos es la pieza clave de su cohesión. Insistimos en la idea que el programa es el elemento básico, fundante y constante de la unidad dentro de la pluralidad.

Todo esto estaba muy claro para Julio Anguita. El Partido Comunista tendría que existir, y también Izquierda Unida. En ningún caso la desaparición del partido. Pero también en los documentos aprobados por el Comité Central en julio de 1991 aparecerían también estas cosas:

> El PCE será un instrumento colectivo volcado al impulso de la más amplia acción social articulada y convergente en lo fundamental en torno a Izquierda Unida y las relaciones de trabajo cotidiano y de elaboración programática que Izquierda Unida tiene y debe tener con los sectores de izquierda más activos de la sociedad.
>
> Ante nosotros, la necesidad de definir una nueva organización para un PCE renovado que estrena otra concepción de su trabajo político. Nuestro objetivo para convertirnos en una organización política inserta en la sociedad nos debe hacer prestar una atención prioritaria y urgente a las organizaciones de base.
>
> Entendemos que el PCE es una aportación más dentro de la pluralidad de la izquierda en la medida en que tiene una concepción estratégica diferenciada de otras y en plano de igualdad. Ello nos obliga a organizar nuestra opinión en aquellos aspectos que afectan precisamente a la visión global del proyecto en el que estamos. Es aquí donde la corresponsabilidad y la coherencia se hacen imprescindibles. El derecho a las propias opiniones en debates de esas características es incuestionable, así como su organización para su mejor defensa y proyección pública.

Todo quedaba muy claro en orden a los que triunfarían en el XIII congreso del Partido Comunista. Se decidieron a sobrevivir, y a ser aliados con esa alianza de varias izquierdas y que es Izquierda Unida. Entonces la crisis aparece en los diferentes pensamientos y actitudes ante esta cuestión. El gran protagonismo de las libertades ha creado en nuestro país, y para la izquierda, una verdadera jungla. Nines Maestro, en un artículo sobre el XIII Congreso del Partido Comunista de España, decía esta frase ingeniosa y tenaz: «Al supuesto difunto no le dio la gana de morirse.»

Otra figura de las tres pasiones

El relato anterior de una dictadura y de una democracia, y sus sucesos y sus cambios, sería un relato insuficiente en orden a una figura plena de este país. Es muy atractiva la relación de los sucesos, o de los acontecimientos, y también es larga la lista política de los protagonistas que me he visto obligado a reducir, porque son muchos. La dictadura del general Franco tenía una clase política amplia, y después estaban las organizaciones sociales, económicas y culturales. Se producían libros, teatro y cine con gran abundancia, independientemente de la limitación de las libertades, porque éstas fueron a más, a medida que el tiempo pasaba, y el ingenio estuvo siempre por delante de todas las cosas. Las generaciones literarias, y hasta de pensamiento, no se interrumpieron. Y la universidad estaba rebelde, pero tenía su gran profesorado.

Cuando apareció la democracia y se abrieron puertas y ventanas de par en par, la lista más copiosa de personajes estaría en la política. Era el pluralismo de los partidos y una trepidante novedad. El sindicalismo estaba en la calle o en las huelgas, el empresariado levantaba sus castillos, y después con la descentralización general del Estado en diecisiete comunidades autónomas se aumentaba de manera espectacular la población política. La Iglesia seguía existiendo, pero era menos bulliciosa. Y el Ejército, después del golpe militar del 23-F, pasaría despacio a una situación de silencio o de reserva en sus organizaciones o en sus casas. El periodismo, con las libertades de expresión, era más vibrante, y en seguida tendría lugar su gran revolución con programaciones de radio en cadena y las televisiones privadas que se sumaban a las públicas.

Todo esto coincidía con la crisis de la ideologías, con otra manera de estar de la política y de los políticos, y al final coronado todo esto con la liquidación del comunismo en aquella universal URSS, la liberación de la Europa secuestrada por los soviéticos, la liquidación del muro de Berlín y la reunificación alemana, y hasta un proyecto europeo para fabricar alguna vez los Estados Unidos de Europa, una vez que estábamos asociados en lo económico, en lo monetario, en lo político y en la defensa. En España seguía existiendo eso de la *izquierda* y de la *derecha*, pero las dos con soda. Y un centrismo para la oportunidad. Entonces, y con este paisaje por delante ¿cómo son las pasiones en alza, o figurativas, de una situación? Pues estas tres: el poder, el dinero y el amor.

El poder

El poder estaba representado, principalmente, por un partido histórico, el PSOE, que lleva tres legislaturas en el Gobierno y con mayoría absoluta en el Parlamento. Luego tiene también una gran parte de los gobiernos y parlamentos autonómicos. Esta mayoría absoluta de un Poder Ejecutivo se impone sobre el clásico Poder Legislativo; y el «control del poder» es reducido. Era la nueva generación política que tenía, y sigue conservando, la noticia de que el poder es para su ejercicio, y eso aparece respaldado por lo que se llamaba «el pueblo soberano». La oposición en el Parlamento ejerce principalmente el desahogo dialéctico, o la crítica y la denuncia sin esperanzas. Pero, al mismo tiempo, las instituciones principales del Poder Judicial, como son el Consejo General del Poder Judicial y el Tribunal Constitucional, nacen en el propio Parlamento o Poder Legislativo. Así es que la gran influencia la tiene siempre el poder, y que en la democracia actual tiene su símbolo en el Palacio de la Moncloa, donde gobierna y reside el presidente.

Pero la figura ansiada de poder se extiende a todas partes. Los partidos tienen eso que llaman «el aparato», que es donde se elabora la estrategia para su propio gobierno y las elecciones. El poder también aparece en las organizaciones financieras y empresariales, porque son los aparatos de dirección y de responsabilidad. El poder en los sindicatos es el grupo reducido de confianza en el acompañamiento al líder. La noticia del poder como realidad, y como deseo, se extiende a todas partes. Dicen algunos que es una herencia clásica española y, además, con la realidad próxima de la dictadura anterior. Pero el poder ha sido para las nuevas generaciones un descubrimiento útil para el ejercicio de la autoridad. Este país es individualmente anárquico, y necesita al poder como orden. Pero ahora el socialismo contemporáneo, que ha tenido la primera novedad en la Historia de estar en el poder tanto tiempo, tiene en sí mismo la exigencia de conservarlo. No aparece en su mentalidad un regreso a la oposición, porque entre otras cosas fue en seguida «una clase instalada». Tuvo la fortuna de un líder carismático, y después la tradición de una buena parte del país en la izquierda, que tiene el motivo histórico del resentimiento social, porque España tenía un pasado social injusto, minorías culturales gloriosas y escasas, y aunque eso ha remitido en las últimas décadas, todavía aparece la buena recepción al eco de liberadores en el Sur de España y en una parte del Norte. En estos años yo escribía lo siguiente con el título «El amor al poder».

> Cristina Almeida es una abogada de pobres y de obreros, porque viene de la izquierda más pura y radical. Es una mujer aparatosa de figura, sonriente de dominio triunfal, y socarrona de leyes y de personajes. Si hubiera sido fiscal sería terrible, pero une a la defensa la acusación como se corresponde con los mandamientos de la ley. En una reciente entrevista habla de la prepotencia de los socialistas, «antes, durante y después de la huelga del 14 de diciembre». Pero su gran originalidad es cuando dice, exactamente, esto: «Eso de que Franco era un señor que sólo educó y gustó a unos cuantos fascistas es completamente falso. Franco educó a los niños que actualmente gobiernan y llevan las riendas de este país. Niños que mamaron desde su más tierna infancia el autoritarismo, la intransigencia y la falta de libertades. Es verdad que también pelearon por ellas. Pero, en cierta forma, hemos roto con el franquismo sólo de puertas para afuera.» Mi reflexión se pone de parte de Cristina Almeida, pero el asunto es más importante que la anécdota. El propósito del socialismo, desde su tronco fundacional, ha sido siempre el poder, para construir una nueva sociedad. El ejemplo de los comunistas o bolcheviques rusos es bien claro; acabaron con aquella sociedad absolutista, latifundista y aristocrática —independientemente de las flexibilidades últimas— y lo que establecieron fue una prepotencia del Estado y del partido, con un pueblo obediente. La única manera como ha visto el socialismo histórico la liberación contra liberales y conservadores, era alcanzar el poder, y luego ya, que no se moviera nadie. Lo que le ha ocurrido al socialismo desgajado de los comunistas, es que aceptaron la democracia en su pluralismo político, económico, social y cultural, pero se les nota bastante el gozo del poder, que es una fidelidad a sus esencias.
>
> En la Europa occidental y en los Estados Unidos de América hay unas democracias de sufragio universal, de libertades de expresión, y organizaciones, y de manifestación, y solamente se ventilan las luchas por el poder a través de las urnas; la derecha antigua o clásica era explotadora y opresora, y entonces nació la izquierda combatiente contra aquella explotación y opresión. Pero eso ocurrió durante cien años, por referirme al 1848, cuando el famoso manifiesto de Marx y Engels en adelante. Ya sé que la opresión era más antigua, histórica y hasta prehistórica, pero

nos estamos refiriendo a la edad moderna y contemporánea. En el mundo libre, el nuevo Estado y las organizacion de trabajadores han cambiado el rostro de las viejas cosas.

Ahora bien: los españoles es verdad que tenemos ciertas inclinaciones a alcanzar el poder en cualquier cosa, por amor al mando; y desde los gobiernos resulta que el fervor es el del autocratismo. La sensibilidad del poder en el mando es una característica de los españoles, tal vez por la situación y los episodios del pasado. Quien está en el poder —por ejemplo— no ama la libertad; y, sin embargo, quien está en la oposición la ama desaforadamente. Esto no es una herencia del franquismo, sino una construcción genética.

Después ocurre que en todos los partidos se impone la disciplina y la obediencia, y esto hay que ejercerlo en todas partes, en el propio partido y en el Parlamento. No son discutibles los que están arriba; y los que se permiten tener opinión contraria a lo que dicen los que mandan, se les acusa de herejes. Así es que nuestro inconsciente atávico es la admiración y el gozo por el poder, y no otra cosa. Luego la prepotencia es su consecuencia.

El dinero

Hay algo que se ha instalado en la nueva sociedad y que es eso que se llama «la igualdad de oportunidades». Entonces hay más gente de clase media y humilde en las universidades, la formación profesional es varia y tiene mucho alumnado en virtud de la revolución industrial y tecnológica, y la gran aspiración de la seguridad y de la estabilidad es el dinero, que tiene dos caminos. El principal, y el más importante, es el del trabajo; y luego aparace también ese dinero oscuro en sus varias formas de corrupción. Pero la pasión principal es el dinero, porque el nuevo tiempo se ha abierto a niveles de vida más altos, y aparece la relación social con gasto, el ocio, los viajes y los modos de estar en la sociedad. El dinero es también una pasión.

Pero la España moderna ha puesto en un primer plano de popularidad y de prestigio a los banqueros, y son famosos los nombres de Alfonso Escámez, de Mario Conde, de Emilio Botín, de Luis Valls, de Emilio Ibarra, de Claudio Boada, y Amusátegui. También aparecen los que están al frente de la banca pública. Si lo que está en boga, con el vendaval de las libertades, es la economía de mercado, y las relaciones económicas de todo el planeta, el mundo financiero ocupa lugares de popularidad y de prestigio preferentes. Pero en nuestro país la figura más popular es la de Mario Conde e, inicialmente, por su figura y su juventud. Luego

La España moderna ha puesto en un primer plano de popularidad y de prestigio a los banqueros, y son famosos los nombres de...

... Alfonso Escámez,

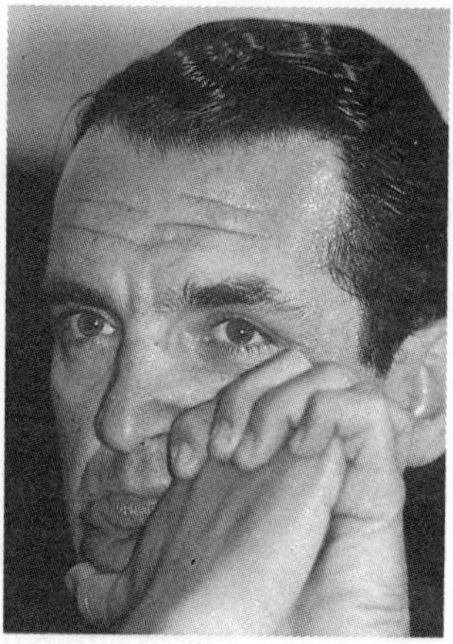

... Mario Conde,

... Emilio Botín,

... Luis Valls,

... Emilio Ibarra,

... Claudio Boada,

... y José María Amusategui

resultaba que era, además, un hombre procedente de la cultura y del conocimiento del Estado. Una de sus notas originales fue la de su colaboración de un curso en Moscú. Esto era toda una originalidad, y yo escribía estas cosas en un largo artículo:

> La Unión Soviética se organizaría hacia la democracia con Mijail Gorbachov a partir de 1985 y entonces tuvo dos asuntos principales que están resultando, lógicamente, largos: el pluralismo político y social, y la convivencia económica de lo privado y de lo público, como en Occidente.
>
> Ocurre que en este largo proceso estamos, y ahí viene la imaginación y el valor de Mario Conde. Se dispuso a asistir a ese curso y lo patrocinó económicamente. Pero además pronunciaría una conferencia de esas que se llaman magistrales. La figura de Mario Conde es moderna, y nada tiene que ver con los viejos patrones del empresariado clásico. Su procedencia es la universidad y después hasta ejercería la función tan prestigiada de abogado del Estado; y un día se marchó a la economía privada y sería el más joven presidente de banco de nuestro país. ¿Se atrevería decir en Moscú sus opiniones? Pues así lo hizo. «Algunos de nuestros dirigentes políticos —dijo— se formaron en una atmósfera que respetaba más a la Cuba de Castro que a la América de Kennedy; esos mismos dirigentes han orientado a nuestro país hacia la Comunidad Económica Europea, y ello sin violencia ni rupturas.» En la Unión Soviética no procede recuperar nada, porque el zarismo era malo también, pero olvidarse de Marx y de Lenin en cuanto a las utopías, aunque sigan estando en los altares para muchos, parece obligado. Mario Conde y Mijail Gorbachov hablarían también en privado; y allí las confidencias serían mejores.

Y un poco más tarde Mario Conde protagonizaría otro suceso singular. La Iglesia universal de Roma está inquieta por la soledad del capitalismo, aunque haya sido feliz con la desaparición del marxismo. Tiene justas desconfianzas del capitalismo en soledad. Entonces se organizaría un coloquio en el Vaticano sobre «Capitalismo y ética» y en ese coloquio intervinieron la ex presidenta del Parlamento Europeo Simone Veil; el norteamericano Brzezinski, el ideólogo próximo a Gorbachov, Yakovlev, el gran analista Revel y Mario Conde. Ésta era otra vez la gran novedad española y algo voy a reproducir de mi crónica de entonces. «En Europa —dijo el financiero español— somos testigos de las dificultades que viven grandes masas de población, durante decenios sometidas al sistema de economía planificada y que luchan por integrarse a la economía de mercado.» Ciertamente han pagado un alto precio de la planificación. Lo que tiene que ocurrir es que no fracase el sistema de libertades, porque también el objetivo contemporáneo es moral y social en cuanto a un beneficio general de los pueblos. Entonces Mario Conde dijo que la primera afirmación sería la del progreso técnico. «La economía de mercado —dijo— construida sobre la propiedad privada, ha demostrado ser el sistema económico que mejor garantiza el progreso técnico, y esto lleva, inevitablemente, al progreso social.»

Y, finalmente, proseguía yo así mi crónica:

> Y el tema capital sería el del Estado. Dijo que encuentra su justificación en el plano moral de la distribución de los bienes a los ciudadanos, «pero la experiencia nos demuestra que como garante de la mejor distribución es caro e ineficaz. Hay algo más grave. El Estado ha acabado por imponerse a los individuos, configurándose como una estructura de poder, la más potente de la sociedad moderna, que olvida el fin para el que fue concebida y frente al cual la minoría más débil es precisamente el individuo». Mario Conde se pronunciaba por reiniciar un debate sobre el alcance y cometidos del Estado y con objetivo de un recorte de funciones y hacia el destino de la sociedad civil. Recordó también a los empresarios que ahora tienen la legitimación social más alta de la historia moderna, y esto les asigna una especial responsabilidad. «No se trata —terminaría Mario Conde— de destruir el Estado, ni de cuestionar la existencia. Se trata de avanzar en caminos más efectivos hacia la justicia y la libertad.» La intervención de Mario Conde era profunda, real y actual, y tenía todas las características del hombre intelectualmente muy bien conformado, y que al tiempo, está ejerciendo la gran experiencia de la economía y la realidad, y con las viejas utopías sociales muertas. Pero con el deseo de la supervivencia, de la moral, de la justicia social y de la ética. Capitalismo y ética es una exigencia.

Todo esto representa el nuevo mundo del dinero, de la economía y del trabajo. Pero, independientemente de los artífices y de los teóricos de esta nueva realidad, aparece también popularmente la pasión del dinero para vivir, porque otra situación resulta aterradora. El dinero es toda una ambición de placer y de seguridad.

Y el amor

Las libertades generan otra cultura y otros comportamientos. Ahora la eterna pasión por el amor tiene características diferentes a aquellas otras que en el mundo clásico se correspondían con las exigencias y costumbres, y luego aparecería el Romanticismo, en los comienzos del siglo XIX, con la pasión libre e instalada en la imaginación. Ahora es otra cosa. El amor es una realidad de ejercicio, que se acerca más a lo carnal que al espíritu, aunque también tienen lugar otros fenómenos que proceden de una formación mayor a la hora de construirse una personalidad. La universidad y las empresas están ahora llenas de mujeres, y existe el paralelismo de categorías en la mujer y en el hombre. Pero la noticia del amor se integra muchas veces en los fenómenos sociales y es algo eterno o vitalicio, que tiene formas diferentes, como ahora es la exaltación distinta de la moda para la mujer, con grandes diseñadores y celebraciones, y la celebrada virginidad en la mujer se deja en un segundo plano a la hora de construir una relación. La cabeza, simbólicamente el corazón y el sexo se distribuyen sus territorios, pero este tiempo es otro. También aparece la noticia y la picaresca, en pleno auge, y un día no tuve otro remedio que escribir este artículo con el título de «Protagonismo del corazón»:

> Hay una obligación de que lleguen a mi casa las revistas de información general, y hay media docena de ellas que son un primor. En dos escribo, simultáneamente, y se mezclan el deber y el gozo. La prensa diaria sobresaliente tiene que ser devorada por un cronista para llenar los manantiales de la información. Pero luego hay una incógnita que se plantean algunas gentes —en orden a los juicios— respecto a eso que llamamos «las revistas del corazón». Proclamo que yo también las leo, y ya sé que hay algunos pedantes, y hasta mortales aburridos, que hacen la denuncia o la crítica de que no las leen. Vaya mi respetuosa comprensión hacia aquellos que no las leyeran, por tener un mundo íntimo ajeno a lo que pasa en el mundo. Lo mío es imposible, porque aparte del periodismo, he escrito novelas y teatro, y todo esto aparece indisolublemente unido con el corazón. Pero al hacer el juicio sobre estas revistas alguien piensa que somos exagerados por la atención que prestamos a estas lecturas y por el éxito glorioso de estas publicaciones. Lo que sucede es una realidad que tratamos de evitar y que es el pueblo que somos, y no otro. En España la noticia íntima, el patio de vecindad, el sainete, aquellas inolvidables revistas frívolas y literarias de los años 20, los amores célebres, las letras de canciones y las zarzuelas, todo esto eran asuntos del corazón. Yo llevé al teatro el monólogo de Adela Larra, *La dama de las patillas*, amante de Amadeo de Saboya, y el personaje, históricamente, siempre me pareció un primor. Ahora estaría en las grandes páginas en color de estas revistas. El amor, la desesperación y la fatalidad de la Fornarina, fueron todo un deleite. Así es que lo que ha pasado en este país —y sucede— es que siempre hubo afición a contarlo, aunque de otro modo, en las tertulias o en las covachuelas. Luego llegaban los carnavales y ocurrían cosas

grandiosas y allí los matrimonios se perdían cada uno por su lado con la careta y el antifaz puestos. Es hasta simbólico que nuestros arquitectos construyeran casas con patios de varias plantas, y las viviendas en ellos, donde cada cual se conocía lo del otro, y se decían en común las cosas que pasaban en la propia casa y en la corte. Pero un día, y en el fragor fundacional de publicaciones y de revistas en color, aparecían estos símbolos: *Hola, Diez Minutos, Semana* y *Lecturas*. Luego vendrían más, y otras. El último ejemplar de *Hola* tiene trescientas páginas, que resulta increíble. Su fundador fue un contemporáneo mío de la prensa, un gran periodista, y que fue Eduardo Sánchez. Ningún país europeo tiene hoy la riqueza de nuestras revistas del corazón, y eso no es por otra cosa que por nuestra predisposición a esta noticia, y porque la fabricamos con esplendor. Y luego, paralelamente, están las revistas de información general y política, que ponen nuestro prestigio periodístico muy alto, y en ellas se integran la cabeza, el corazón y el hígado. Pero todo esto que cuento tiene alguna motivación en que ya se cuenta la vida de todos. Anteriormente ocurrían sucesos grandiosos del corazón en nuestra aristocracia, y todo quedaba dormido o distribuido en la selectividad de pocas gentes. También es verdad que eran frecuentes en el pasado los crímines pasionales, y que ahora resucitan. La Historia registra suicidios gloriosos, como el de Larra, quien harto de los absolutistas de don Fernando VII y de los liberales de Cádiz —que ya estaban anticuados— en aquella década de los 30, conoció a una mujer para reconfortarse la vida; entonces no tuvo fortuna y se suicidó. La narrativa y el teatro de entonces están llenos de estas cosas, pero no las publicaciones escritas. Lo que ocurre también ahora es que la gran vida social aparece en las publicaciones, y sabemos lo que ocurre con mujeres y varones conocidos e ilustres, en París, en Nueva York, en Madrid y en alguna costa famosa. Ha aparecido una nube de fotógrafos que localizan a las mujeres y a los hombres célebres, con la misma mentalidad que los detectives. El caso de Isabel Preysler ha sido famoso y simbólico en nuestro país, y tampoco se libra de las páginas del color esa nieta de Franco casada con un anticuario frances. Miguel Boyer era un socialista, fue ministro de Economía y Hacienda y un día descubrió a Isabel Preysler. Entonces se separaría de la hija de mi inolvidable amiga Elena Soriano, y se casaría con Isabel. Miguel Boyer pasaba de las revistas políticas a las revistas del corazón. Eso era inevitable. Sus razonamientos económicos, su escuela científica para la economía y para la física, su efigie gris o sosegada, era glorificada en aquellas revistas. Jamás habría aparecido en estas publicaciones el anticuario francés Rossi, que puede tener joyas de la antigüedad, pero ningún atractivo —a excepción de los que haya descubierto la nieta de Franco—, sin embargo Carmen invade las páginas de las revistas del corazón y ahí está el anticuario con su significación de vender cosas del XVII, del XVIII o del XIX. Mi queridísimo amigo Alberto Cortina tenía derecho a tener un romance como los que tuvo el rey don Alfonso XII, y su hijo don Alfonso XIII, y don Eduardo Dato, y don Juan March, pero éstos eran otros tiemos y entonces las revistas del corazón no existían para la celebración social. Este país nuestro no es gélido, sino calenturiento, y la gran tradición ha sido siempre la del corazón y eso otro que tiene el caballo del general Espartero en la calle de Alcalá de Madrid. Pero ahora el mundo asoma los secretos de todos, y las fiestas grandiosas, que antes eran íntimas y clasistas. Algunos socialistas —por ejemplo— han descubierto el mundo de los gozos, la pasión por las mujeres, la felicidad en las playas, los gozos de la noche, y quedan ya muy lejos aquellos gráficos de los obreros clamando contra la tiranía de las oligarquías. Y también el antifranquismo de los años 60 y 70 con los trajes de pana. Aquel primer tercio de este siglo, cuando cada cual estaba por separado y eso era «la lucha de clases», está muriendo en un largo proceso de una relación entre todos. El otro día estaban comiendo en el restaurante más importante, y más caro, de París los de la Trilateral, con la presencia española. Y de golpe se quedaron estupefactos con la presencia de un chico socialista con su amor, que antes había sido comunista. Todos ellos eran personajes para las revistas del corazón. Así es que yo, semanalmente, leo todo, los artículos dogmáticos, reticentes, o de mala uva; y después las delicias del mundo íntimo, porque esa es la España que tenemos delante, y todo lo demás sería simulación. El otro día vino a entrevistarme esa maravillosa periodista que es Carmen Rigalt, peligrosa con la pluma como nadie, para hacerme una entrevista con destino a una revista del corazón. Y lo celebré. Tuvo la curiosidad por mi estado y le dije que tenía la cabeza iluminada, y el corazón en el museo o en la vitrina, pero refulgente.

ÍNDICE ONOMÁSTICO

Las cifras en cursiva remiten a las ilustraciones